位于格干沟谷地里河滩上的原始野生苹果树和成片的野生苹果林
（左：初冬时节；右：仲春时节）

刻在石头上的羊群

石头上的图案纹路

尚可辨识的石刻图案

石刻的图案符号

略显模糊的石刻

尚可辨识的石刻图案

石刻图案

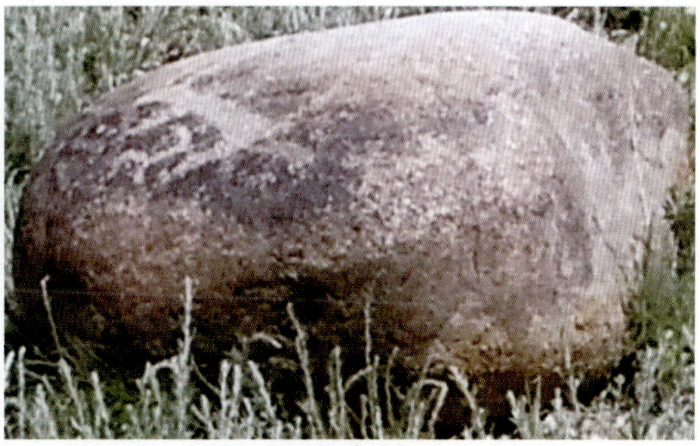

跪乳的盘羊母子

石头上刻出的盘羊群

生动的盘羊母子

盘羊群石刻

盘羊石刻

巨型盘羊(角)石刻

巨型盘羊(角)石刻

石刻图案

连续几块大石头上都有的石刻(岩画)

巨型土墩古墓（左）和草原石人（中/右）

文保碑（左）和大麻扎内景（右）

大麻扎外景（正面）

大麻扎旁古瓷窑出土的(青花)瓷器残片(地点:阿力玛里镇)

清代陶窑遗址现场出土的部分文物与陶制品残片(地点:索伦古城和拱宸城附近)

文保碑(左:正面;右:背面)

本次调研时的现场，掩隐在果林与灌木草丛之中的富尔干卡伦及其文保碑的正面

芦苇与荆棘丛中的察罕额博卡伦遗址及前立的文物保护碑

烽火台遗址及其前立石碑正面

石碑背面(铭文)

遗址及其前立的标志碑（文保碑的正/背面与近景，地点：霍尔果斯中部边防连）

文物保护碑（左：正面；右：背面，地点：霍尔果斯南部边防连）

庄严雄伟的第六代国门（2018 年 9 月启用）

［穿过其中进入南部联检厅，所行驶的公路（路面）即为“双西”公路的“0/零”公里］

第五代国门(联检厅)

中哈国际边境合作中心(联检大楼)

中哈国际边境合作中心内标有国徽的国家界柱与地面划界标志线

(中国国徽和红色所在一侧为中国,相接的另一侧为哈萨克斯坦)

国家界柱通道上的红/蓝双色地面划界标志线(体现"一步跨两国")与两国的名称文字

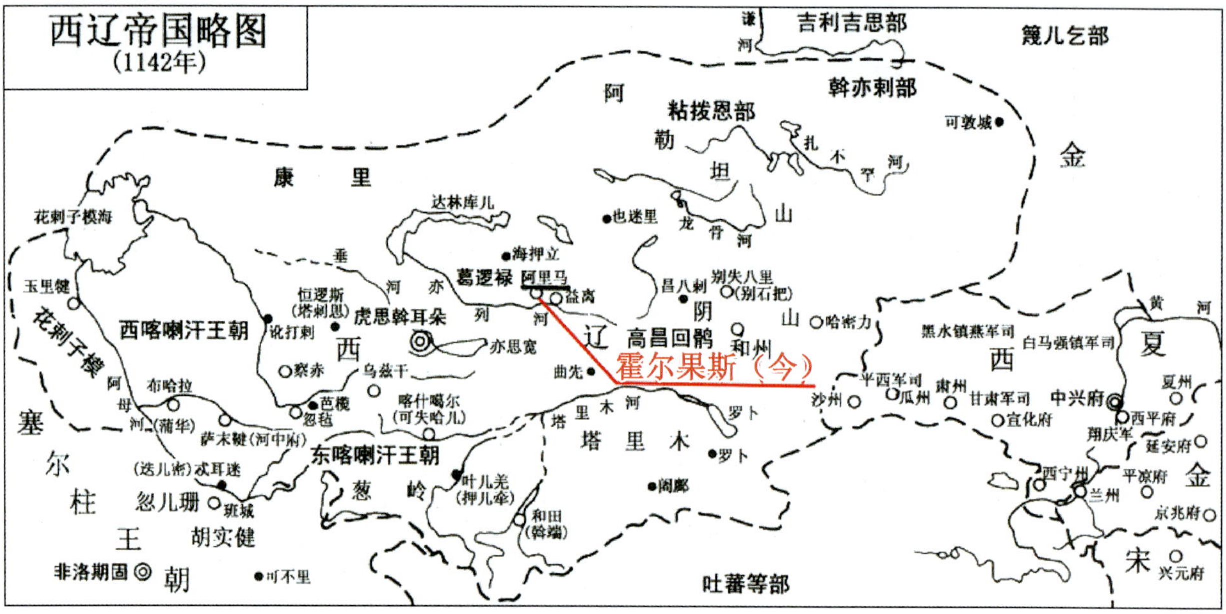

西辽时期(公元 1142 年)的葛逻禄—阿里马(今霍尔果斯)

(地图源自《中国边疆通史丛书 · 西域通史》)

金、南宋(西辽)时期的阿里马-1(今霍尔果斯)(公元 1127—1279 年)

(地图源自新疆维吾尔自治区测绘地理信息局《地图上的新疆》第 26～27 页)

金、南宋（西辽）时期的阿里马-2（今霍尔果斯）（公元1127—1279年）
（地图源自《图说新疆历史丛书·宋辽金时期的新疆》第49页）

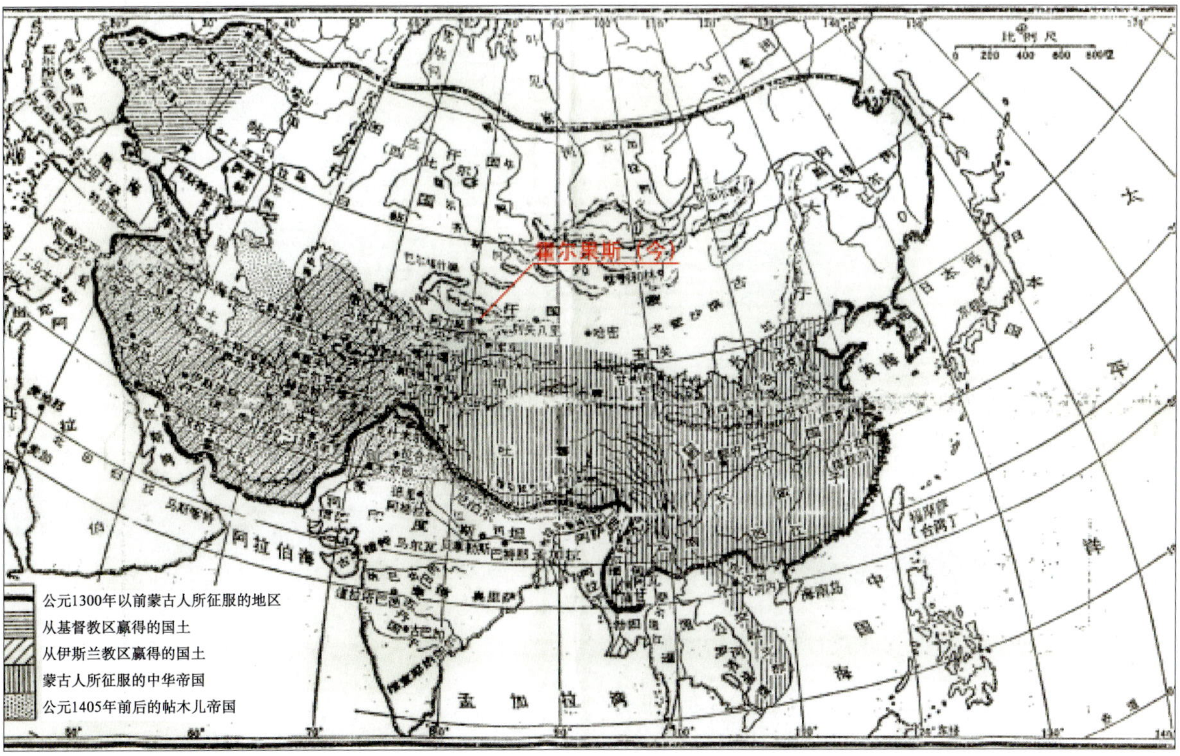

公元1300年蒙古帝国时期的阿力玛里（今霍尔果斯）（地图源自《世界通史》[美国国家图书馆藏]）

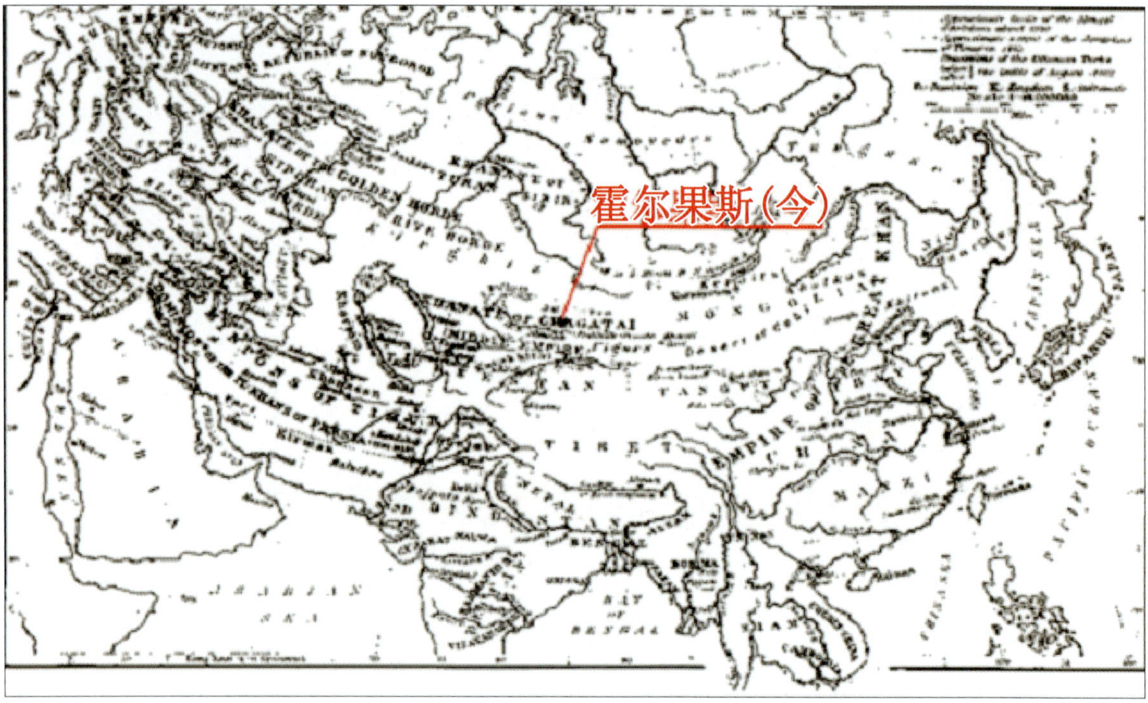

1300 年的蒙古帝国(元朝和四大汗国)，1227 年的成吉思汗的帝国，1405 年的帖木儿帝国中的阿力麻里【图中英文标记为“Almalik”即“阿力玛里”(今霍尔果斯)】

(地图节选自《钱伯斯世界地图集》)

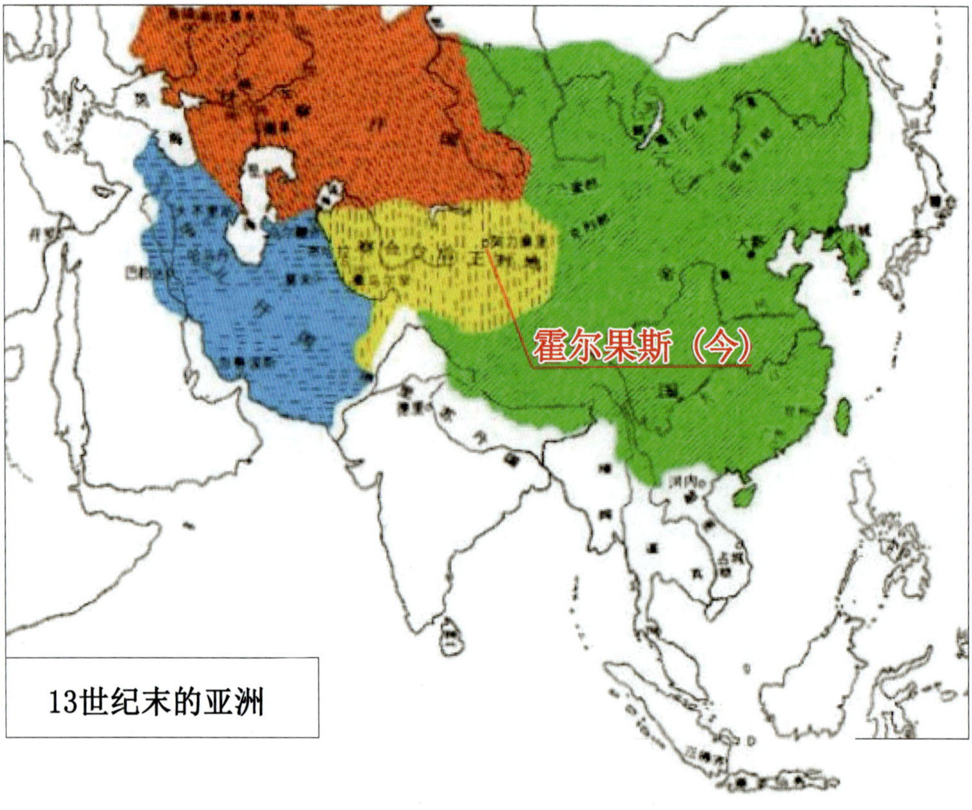

13 世纪末的亚欧大陆地图中的阿力玛里(今霍尔果斯)

(地图源自周一良等主编《世界通史・中古部分》)

中世纪地图——元朝和四大汗国版图中的阿力玛里(今霍尔果斯)
(地图源自顾颉刚、章巽编,谭其骧校《中国历史地图集(古代史部分)》
(上海)地图出版社,1955 年 3 月第一版)

元时期的察合台汗国与阿力玛里(今霍尔果斯)
(地图来源:《图说新疆历史丛书 · 元明时期的新疆》第 1 页)

元朝时期的察合台汗国与阿力玛里(今霍尔果斯)
(地图来源:《丝绸之路 西域文明》第 164～165 页)

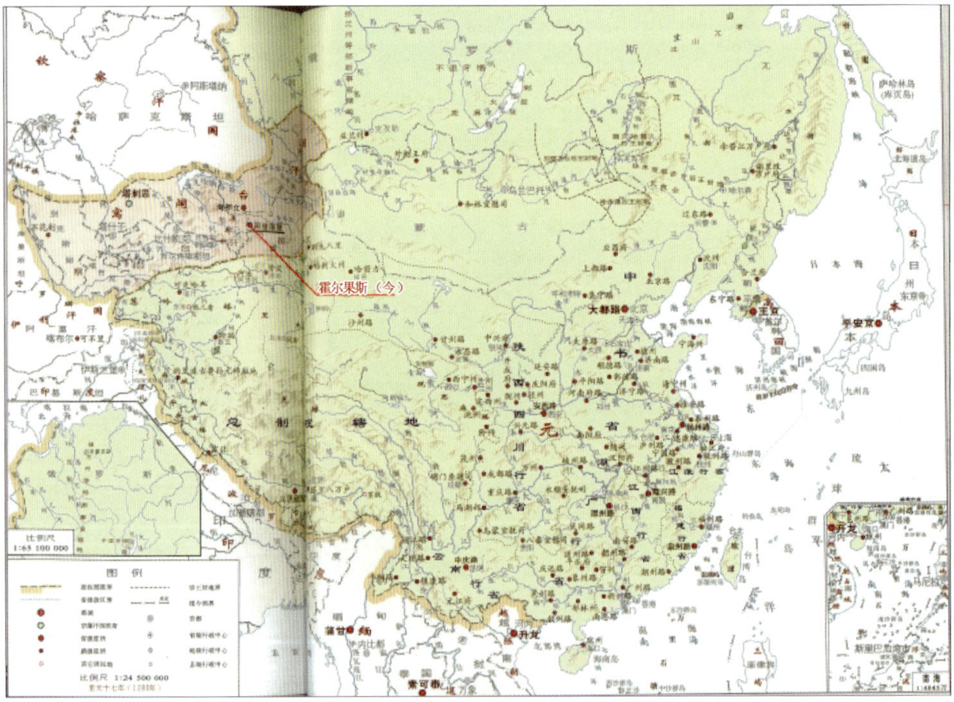

窝阔台汗国时期(公元 1280 年)的阿力玛里(今霍尔果斯)
(地图来源:新疆维吾尔自治区测绘地理信息局《地图上的新疆》第 28～29 页)

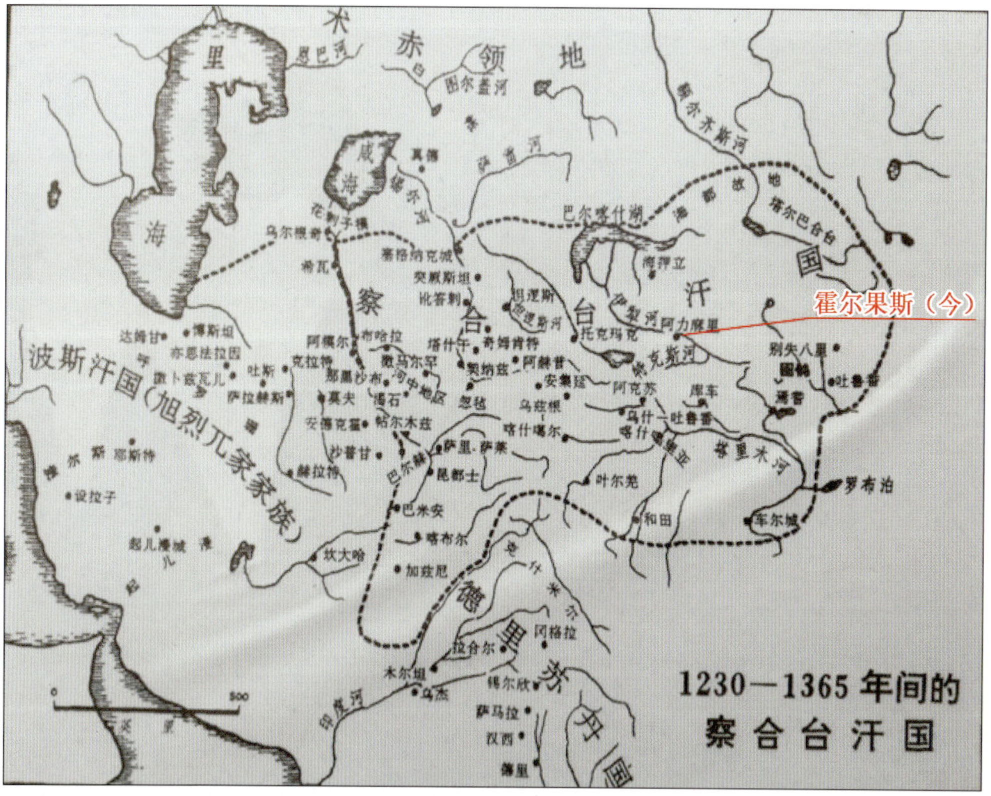

察合台汗国时期的阿力玛里—1(今霍尔果斯)
(地图源自霍尔果斯《草原之夜风情园》内的有关图片介绍)

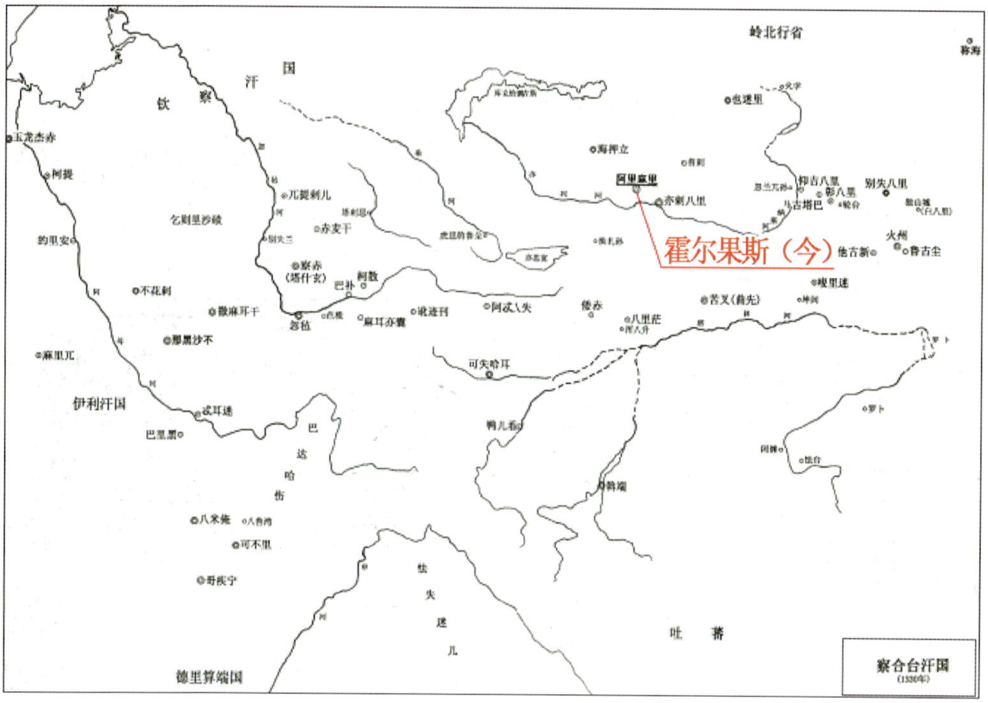

察合台汗国时期的阿力玛里—2(今霍尔果斯)
(地图源自《中国边疆通史丛书 西域通史》)

（宋）元与察合台汗国时期的阿力玛里（今霍尔果斯）
（地图源自【英】理查德·奥弗里（Richard Overy），等.《泰晤士世界历史》
深圳（广州）：希望出版社，新世纪出版社，2011 年 8 月，第 128～129 页）

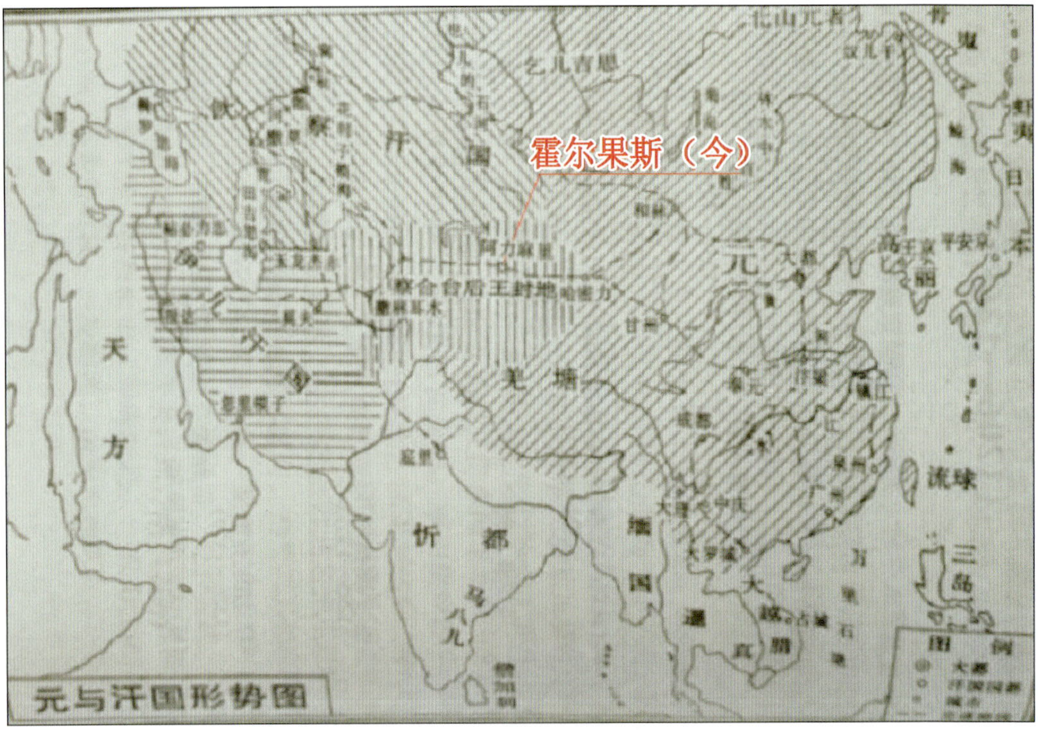

元与察合台汗国时期的阿力玛里（今霍尔果斯）
（地图源自《中国军事史》第 152 页）

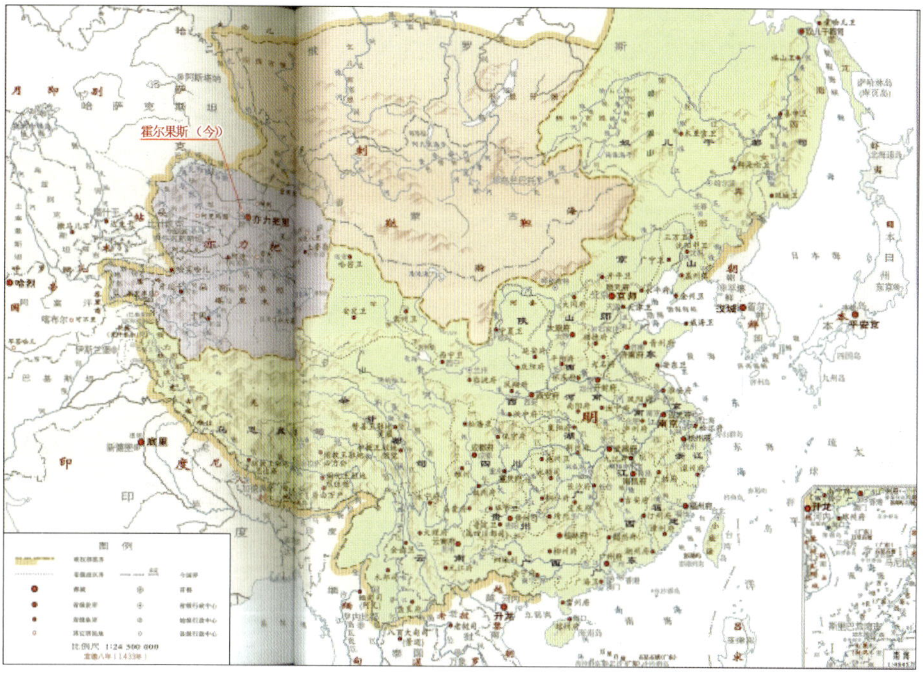

明时期“亦力把里”(今伊宁)偏左靠近现在国境虚线处应为“阿力玛里(实际后期已废弃,故用虚线表示)”(今霍尔果斯)
(地图改绘自:新疆维吾尔自治区测绘地理信息局《地图上的新疆》第32~33页)

清时期的拱宸城-1(今霍尔果斯)(地图来源《丝绸之路 西域文明》
第314~315页,《图说新疆历史丛书 清朝时期的新疆》第1页)

清时期的拱宸城-2(今霍尔果斯)(地图来源《地图上的新疆》第 32～33 页)

清时期(乾隆嘉庆年间)的拱宸城-3(今霍尔果斯)

(地图改绘自新疆霍城县惠远[镇]伊犁将军府馆藏《清乾嘉时期新疆疆域图》)

霍尔果斯历史文化遗存略考

王　勇　著

东南大学出版社
SOUTHEAST UNIVERSITY PRESS
·南京·

内容提要

本书是首部通过史迹遗存的图片和资料等信息系统介绍霍尔果斯人文情况的专著。口岸城市霍尔果斯地处中亚要冲，有“百年口岸 千年驿站”的美誉，是当今“一带一路”陆上丝绸之路经济带的重要节点。霍尔果斯历史悠久，文明积淀厚重，拥有源自史前文明、辉煌于蒙元察合台汗国时作为王城都邑、被称为“中亚乐园”的鼎盛历史，人文景观奇特。本书借助现场踏勘获取的第一手照片等资料，通过对当地史迹遗存和历史文脉的研究梳理，揭开了笼罩在霍尔果斯人文历史上的神秘面纱，初步还原出古称阿力玛里(“苹果城”)、今为霍尔果斯市口岸新城的本来面貌，掀开了这座历史文化名城巨大冰山的一角。书中展示的史实，对读者了解霍尔果斯，认识国家西部大开发战略和“一带一路”核心区建设具有一定的意义，也为基于有关人文资源发展当地文化经济提供了依据。本书对边疆地区进行文化产业建设，有积极的推动作用，对开展相关(历史)文化研究和搞好文物资源的保护，具有重要的参考价值和借鉴意义。

图书在版编目(CIP)数据

霍尔果斯历史文化遗存略考 / 王勇著. —南京：东南大学出版社，2020.1

ISBN 978-7-5641-8113-0

Ⅰ. ①霍… Ⅱ. ①王… Ⅲ. ①通商口岸-文化史-伊犁哈萨克自治州 Ⅳ. ①F752.9

中国版本图书馆 CIP 数据核字(2018)第 266110 号

霍尔果斯历史文化遗存略考(Huoerguosi Lishi Wenhua Yicun Lüekao)

著　　者 王　勇
出版发行 东南大学出版社
社　　址 南京市四牌楼 2 号
出 版 人 江建中
经　　销 全国各地新华书店
印　　刷 安徽新华印刷股份有限公司
版　　次 2020 年 1 月第 1 版
印　　次 2020 年 1 月第 1 次印刷
开　　本 787 mm×1092 mm 1/16
印　　张 17.5　　彩插 16 页
字　　数 436 千
书　　号 ISBN 978-7-5641-8113-0
定　　价 98.00 元

本社图书若有印装质量问题，请直接与营销部联系。电话(传真)：025—83791830

谨以此书
献给亲爱的祖国！

献给新兴历史文化名城“阿力玛里”——霍尔果斯

献给建设和保卫边疆的同胞！
献给投身援疆事业的朋友们！

献给苏州对口援疆霍尔果斯
前方工作组的各位同志！

献给为新中国新疆石油工业
付出了全部青春热血的父母至亲！

作者简介

王勇，男，重庆人。1959 年 4 月出生于四川省江津市（今重庆市江津区），天津大学管理科学与工程专业研究生毕业，工学硕士，苏州科技大学研究员级高级工程师，中国软科学研究会理事，中国现代项目管理发展报告编委会委员，苏州环境文化协会副会长。曾在国有特大型石油企业长期从事生产经营与项目管理工作，参加过东北辽河、华北冀中和内蒙古石油（石化）等多项国家级重点石油工程建设（全国石油大会战）。主要研究方向：项目与企业管理、市场与经济性分析、资产与项目评估、“一带一路”史迹文化工程、网络图标基础理论及其应用等。

多年来，作者不断总结管理实践活动内在规律，系统梳理和探索相关问题，精心提练和阐释反映问题与规律的要素概念。取得的系列成果包括：先后出版著作 14 部，参编著作 9 部，在国家和省部级以上十余家刊物发表有关项目和企业管理等方面的论文约 50 篇；主持和参与完成多项纵（横）向科研课题和有一定规模的各类（投资）项目前期（管理）研究与项目可行性论证（评价），另有与亲友合作获得已授权的国内专利 10 项（其中 3 项为发明专利）和多项（申请）已进入实质审查阶段的发明专利。代表作：《项目可行性研究与评估（第 2 版）》《投资项目可行性分析——理论精要与案例解析（第 3 版）》《项目市场需求管理与建设条件分析》《项目经济性分析与评价》《管理三维斡旋体系》《不同资源要素投入条件下项目经济性分析模式研究》等。

2016 年 7 月—2018 年 1 月作者参加了江苏省对口援疆工作，挂职受援城市伊犁哈萨克自治州霍尔果斯市任该市住房和城乡建设局项目管理顾问，本书为其援疆工作的最新理论研究成果。

序　言

中国边疆地域广袤、民族众多、文化灿烂，在漫长的历史发展进程中留下了丰富多彩的历史文化遗产，成为中华民族优秀文化宝藏的重要组成部分。在这方面，新疆就颇为突出。新疆拥有160多万平方千米的面积，5 600多千米的边境线；周边接壤8个国家，从北向南依次是蒙古、俄罗斯、哈萨克斯坦、吉尔吉斯斯坦、塔吉克斯坦、阿富汗、巴基斯坦与印度；同时，新疆又是联通中国内地与中亚、西亚乃至欧洲，是古丝绸之路的重要通道，丝绸之路在新疆有三条线路，可通达上述不同区域。可见，新疆虽深居欧亚大陆腹地，却像拉铁摩尔所说是“亚洲的枢纽”，地缘地位极为重要。历史事实也是如此，数千年来，蒙古高原的游牧部族、新疆南疆塔里木盆地的绿洲城郭与内地长期交往、交流、交融，创造了灿烂的历史文化，共同铸造了今天新疆多元一体的文化格局。

不过，也应该看到，在漫长的历史发展过程中，大量的历史文化或因自然灾害、或因历史变迁、或因战争而被遗弃于荒野之上，或尘封于泥土之中，从此默默无闻，遭受时间之轮侵蚀。今天，发现、研究这些历史文化遗产对更好地认识中国统一多民族国家的历史发展进程，对更好地认识新疆在中华民族发展历史中的地位，意义重大。同时，在建设“丝绸之路经济带”核心区的大背景下，如何合理利用和更好地保护这些历史文化遗产也都是新的课题。

王勇教授在这些方面付出巨大的努力，做出了可贵的贡献。王勇教授系苏州科技大学研究员级高级工程师，1959年出生于四川江津（今重庆市江津区），少儿时期曾在新疆生活了15年，对新疆素怀深厚感情。2016年7月王勇教授主动要求援疆，作为柔性引进的援疆干部，赴江苏省对口支援的新疆伊犁工作，任苏州市对口援助的霍尔果斯市住房和城乡建设局项目管理顾问。霍尔果斯位于新疆的最西面，与哈萨克斯坦交界，隶属于伊犁哈萨克自治州。2010年5月霍尔果斯被中央批准为经济开发区，2014年6月被国务院批准设立霍尔果斯市。霍尔果斯从一个深居内陆默默无闻的边境小镇，转变为新疆乃至全国对外开放的前沿，开始了大规模建设。王勇教授注意到当地有大量历史文化遗迹缺乏系统勘查和研究，作为长成于新疆、长期工作于东部沿海发达地区的他敏锐地认识到历史文化遗产对这个边疆新城的意义。他认为，一方面，任何城市文化都必须有其赖以塑造的历史基础，这对其人文环境的形成与文化自信的培养意义重大；另一方面，地方传统文化需要加以传承，维持文化的丰富性和多样性对这座边境城市未来各民族的发展意义重大。

因此，他决定勘查霍尔果斯辖区内的历史文化遗产，探寻这座新诞生不久的边境小城的历史文脉。

在江苏省对口援疆指挥部和苏州市前方工作组的支持下，王勇教授全力调研霍尔果斯地区的历史文化遗址。伊犁地区地处天山北麓的盆地，有较丰富的降水，土地肥沃，草原辽阔，适宜人们生产、生活，历史上汉、唐、元、明等时期，乌孙、突厥、瓦剌等部族在此游牧，曾是多个西域游牧政权的政治、经济中心所在。清王朝统一新疆后，亦设伊犁将军于此，统辖南北疆，成为其统治新疆的政治中心。1884 年新疆设立行省，虽然政治中心移至迪化（今乌鲁木齐），但是伊犁将军则一直存续到清王朝灭亡。民国时期，伊犁由于历史原因以及毗邻俄（苏）的便利，仍然长期是重要的贸易口岸，文化也较发达。中华人民共和国成立后，伊犁哈萨克自治州为副省级行政机构，同样有着较大的影响。正是这种地缘和历史背景，伊犁拥有大量的历史文化遗迹。

王勇教授以一己之力，致力于勘查霍尔果斯经济特区的历史文化遗迹，取得了突出的成果。经过两年多跨越三个年头的实地勘查、多方咨询并辅以阅读大量的历史文献资料，他基本摸清了霍尔果斯辖区的历史文化遗迹，共计 110 处。他详细加以梳理，将其分为 8 类，分别是军事遗址与烽燧、古代城池与聚落、古墓葬、古岩画与碑石、古瓷（陶）窑厂、古寺庙、古树名木、近现代文物等。王勇教授反复踏勘、多方咨询，拍摄大量照片、绘制多种示意图，撰写相关说明，并完成研究报告、论文多篇，旨在使有关部门重视此问题，并给予关注、及早地保护和恰当地开发利用。王勇教授的工作得到了广泛的认可，霍尔果斯经济特区重视其调研报告所反映的情况，江苏省也将其报告列为援疆的独特成果；中国社会科学院《要报》以及“新疆智库”内刊均刊登其部分研究报告，关注霍尔果斯经济特区建设中历史文化遗存面临的问题和需要保护与开发的思考。

现王勇教授将其研究报告、论文和拍摄的图片汇总，编辑成书。其主要内容共包括五部分，分别是“绽放于古今陆上丝绸之路的历史文化奇葩”“霍尔果斯历史文化实考”“丝路遗珠　史海拾贝”“图片中的霍尔果斯主要史迹遗存情况”“有关文献附图中和歌曲里的‘苹果城’与霍尔果斯”。其中，前三部分是作者的调研报告和研究文章，后两部分为文化遗存等的图录与说明。作者首次对霍尔果斯经济特区历史文化遗迹加以系统勘查和研究，辅以系统的统计、分类和图文对照，较为完整地呈现出霍尔果斯经济特区丰富的历史文化底蕴和文化传承的脉络，十分难得。特别值得注意的是，作者还专门罗列了当地古树、野生苹果树林、野生杏树林等，既反映出作者对历史文化存续的把握，也体现出其强烈的环境保护意识。此外，作者对中华人民共和国成立后的文化遗存也高度重视，诸如国门、界碑、边境岗楼、红色歌曲、兵团历史遗存等，反映出作者对国家、边疆历史发展深厚的大历史观。王勇教授的著作厘清了霍尔果斯经济特区内的基本文化脉络，摸清了当地历史文化资源的基本情况，深化了人们对霍尔果斯经济特区历史文化资源的认识，奠定了进一步勘查、发掘、保护和利用基础。

当然，作为项目管理专家，王勇教授不是历史学家或考古学家，其著作并非历史学或者考古学研究，而是基于实地调研之上对边境地区历史文化遗存现状的研究报告，反映出作者对边疆地区历史文化现状的深深忧虑，希望立此存档，记录边境地区历史文化遗存存在的问题，引起政界、学界乃至民间对边境地区历史文化遗存的关注、保护和适当利用，而不能任其散落和毁坏。作为新成立的城市与经济特区，文化对其意义重大，历史文化遗址的发现、保护和利用，将使这个新兴边境城市厚重的历史得以展现，丰富的文化遗存将会浸润这座边境新城，那温暖的人文情怀将会温暖这座崛起的口岸贸易城。

我本人与王勇教授认识的时间并不长，在多次交流中深为王勇教授强烈的历史文化自觉所打动，深为其对新疆深厚的热爱与情怀所感染，深为其忠勇的历史担当所感动。值此新书出版之际，向王勇教授表示由衷的祝贺和敬意，并期望王勇教授能够继续关注新疆边境地区的历史文化保护问题。

是为序。

许建英

2018 年 9 月 10 日于北京—纽约的飞机上

许建英，男，博士、研究员，现任中国社会科学院中国边疆研究所新疆研究室主任、博士生导师。

前　言

翻开中外地图，地处欧洲—亚洲大陆地理中心位置，在祖国广袤土地的最西端，在古丝绸之路和当今“一带一路”陆上新丝路主线的关键节点上，有一座屹立在中国—哈萨克斯坦边境上以著名的国门口岸形象为人所熟知的新兴特区城市霍尔果斯(见本书第五章的有关地图及示意图)。这座由国务院于 2014 年 6 月才批复行政立市的当今我国最年轻的口岸城市，看似建城时间很短，但这只是由于过重的历史尘埃覆盖于这片有深厚人文积淀土地上的表象。实际上，这座现代作为边关重镇的特区城市在古代却是一座被称为阿力玛里(又称阿力马，或阿力麻里、阿拉马力、阿勒玛里、阿里麻里等不同汉音译名，下同)曾有过极为辉煌历史的名城，从历史上看，似乎应称之为古城新市更为贴切。本书即是依据近期有关调研查实的情况资料，就这座城市人类活动情况的基本脉络，在其尘封久远的人文源流方面做的一次有益探索和初步地追溯。

可以说，这是一本大胆地以大量史迹遗存的真实图片展示，以求能初步简要地还原或描述和叙说一座表面上看似新兴实则曾几度兴废的古城新市的“文明简史”——一部关于城市伴随古今丝路文化和文明盛衰沉浮的史海钩沉之作。之所以如此称之，盖因迄今为止“钩沉”所发现和保留下来的历史遗迹与文化遗存及对有关史实的研究已相当清楚地表明，霍尔果斯虽然作为现代城市的时间很短，但从本地有人文遗迹存在的事实和历史文献资料的记载上看，又实实在在地应该是一个可作为在中华民族发展历程中曾谱写过辉煌篇章、为中华民族的发展与中华文化的融合、在古代陆上“丝绸之路”居于特殊显赫地位和做出过杰出贡献的著名古城所在；是当年那座由边疆少数民族在与中原唐王朝几乎同一时期，于中国西北夹在南北天山间、伊犁河谷地带所建的葛逻禄(部落国)和随后作为蒙元时期四大汗国之一的察合台汗国前后两度创立的著名王城——“苹果城”阿力玛里故都的延续！如不提及其灿烂的过去，似乎当今的霍尔果斯城根本就没有存在过什么自古以来就有的人类文明或值得留念的文化，正像现在的人们对这座城市的了解除了一百多年的口岸史和近些年才开始以外向型边贸经济飞速发展的成果著称于世的名声而鲜有为人知晓的过去一样。但如果把历史仅仅拉回到 700～800 年前，作为中华民族历史上蒙元时期之察合台汗国的王城，那时被中亚和欧洲各国尊称为“中央帝国”之都的中亚乐园“苹果城”阿力玛里王城可谓大名鼎鼎、风光无限！

当时的阿力玛里在地缘政治经济中的地位和古代丝绸之路上的重要性，人们至今仍然可以很容易地从众多史籍的文献记录里(如被美国国家图书馆收藏的在公元1300年时的蒙古疆域图等众多史迹图册,见本书第五章的有关附图)看出,也可以从散落在各种历史文献的记述里了解到,那时来自西方没有到过中原腹地的中亚或西亚与欧洲的商人和游客,许多人都往往把到了"中央帝国"之都的"苹果城"阿力玛里就以为是到了传说中的中原本土的中国。以至于,因各种各样原因往来于此的很多人都会带着自己的背景文化驻足和长期生活于此,从而极大地繁荣和兴盛了当时的王城。据说这个曾经在相当长时间(大约有40年)里平静包容过各种不同宗教和文化的都邑之"阿力玛里的宫阙",一度曾被来自西亚波斯的著名学者称为"人类的核心"①。但是,岁月悠悠,此等辉煌的古代王城故都如今其平原部分的主城仅仅是真实留存于辖在霍尔果斯市域内一个离边境线不足10千米的小城——阿力玛里镇内,成为深埋在一大片苹果林地下2米左右,不时会有零星文物出土的古代遗迹!如果继续以此古代著名王城存在的时间坐标为参照,对这座城市的前后时代进行穿越,那么更多显示为远自史前时期和草原时代(主要以石器时代的岩画和石刻为标志)与战国及隋唐,近至与后来宋(蒙)元同时代,到明清和民国的不同时期文明的历史遗存,则会让人们不得不为中华民族的先民们曾经在这片土地上所创造出的灿烂文化和辉煌的人类文明而感到强烈的震撼和深深的叹服!为我们伟大祖国的怀抱中能坐拥着这样一座有从辉煌汗国王城到现代口岸边关重镇独具奇葩历史的文化名城而自豪!

写作本书不得不从最初的动因和当地有关全国文物普查工作的史迹说起。

缘于刚来援疆时于业务工作中发现的问题,笔者开始对新兴口岸城市人口与经济社会发展情况引起了一些特别关注,当初每每看见美丽城市却因种种原因而在傍晚开始尤其是周末几近变成空城产生的疑惑。最先感觉的原因是这座当初建于戈壁之上的城市主要是由于缺少吸引和留住人们的东西而变得犹如离它不远、似乎没有什么文化内涵的图开沙漠一般,进而了解到所在地作为边关口岸因依托外贸的强力推动和国家的巨资投入才得到迅速发展的城市经济,在很大程度上依然存在受国际外部环境影响的巨大风险。进而才留心并意识到,其实这里曾存在着诸多如卡伦遗址、古城遗址和古墓葬等大量可以证明其历史文化的遗存之物,由此产生了强烈的对所在城市历史文化的敬畏与热爱之情!并深沉地引发出探究心理和想为养育过自己的西域故土贡献心力的强烈愿望,于一番挣扎和努力后,最终促成和转化为当年苏州文化援疆的重点工程项目,成为在苏州对口支援霍尔果斯前方工作组领导下,在中共霍尔果斯市委组织部、霍尔果斯市住房和城乡建设局与旅游局的关心帮助下,受笔者的派出单位苏州科技大学委托牵头主持的历时长达一年有余的专项课题研究工作,成为一项为推进苏州文化援疆工作而开展的旨在通过研究和填充口岸历史、挖掘特区重镇历史文化资源、夯实边关城市未来文化产业发展基础,以期再现古城新市辉煌的正式调研任务。

---

① 吐虎鲁克·铁木尔汗麻扎墓园碑文记载:古波斯(今伊朗)三次来苹果城的著名学者志费尼,在其著作中称"阿力玛里的宫阙成了人类的核心"。

我国第一次全国文物普查始于1956年。由于那时刚刚成立的新中国完全处于百废待兴、艰苦创业的初期，国家财力弱，普查规模小，尚不规范，留下的可资利用的统计数据十分有限。当时属于霍城县辖域内的现今霍尔果斯市的文物只有少量著名的不可移动文物被列入其中。但从1981—1989年间开展的第二次全国文物普查，其普查的规模和成果则都远超过第一次普查。在这次文物普查中，于全国范围内调查登记的共有不可移动文物40余万处中，属于今天霍尔果斯辖区内的一大批历史文化遗存被首次得以确认。而起止于2007年4月—2011年12月的第三次全国文物普查，历时近5年，再给现在的霍尔果斯市记录下了一些新的宝贵历史遗存。具体说来，霍尔果斯市辖区内现存不可移动文物被发现和考证的时期，主要集中在第二次全国文物普查阶段。发现和确认的不可移动的重要历史遗存，主要为古遗迹、古墓葬等。但实际上，在边疆地区各族人民长期共同生产生活以及辖区内自清代以来（包括生产建设兵团在内）的屯垦戍边过程中，据有关各方的人员反映和笔者带队近期通过踏勘方式于现场进行的实际情况查证，现在又有了更多的变化——许多尚未列入在册管理的历史文化（资源）情况，以及一大批有待进一步考证确认的不可移动的重要历史遗存或遗迹都已发现，急需进行必要的补充修正和加强保护，并在尊重引导和不断完善管理的基础上适当地加以开发利用。

本书作为笔者新近主持完成的一个调研课题的最新成果，也整合梳理了自己参加援疆助霍工作以来，自2016年7月起跨越两个寒暑花费了十多个月的时间，持续认真调查、仔细详尽分析、不断深入研究有关霍尔果斯区域历史文化资源问题，包括收集和整理各种遗迹或遗存的信息和历史资料、文献记录，不辞辛苦地到现场逐一踏勘落实、多方反复咨询与核实（准）确认，依靠现有的拍摄条件和采取相应的手段，从不同渠道直接获取第一手资料并形成有关报告和文章后，进行汇总编辑所成的研究心得。为保证资料信息的可靠和尽可能的完整，2018年8月，笔者利用暑期最后的时间再次进疆，又补充到一些新的素材。这些多为中后期专题进行项目调研时记录下的原始素材和信息，现主要通过对有关图片的反复筛选，用最为直观的表达，力求以史料对特区城市霍尔果斯的历史文脉做出一个简要的节点式归集和脉络式梳理，力争能据此初显这座看似边关新市实为古镇名城的厚重历史。

在本书中，笔者以霍尔果斯辖区的历史遗存（遗迹）为依据，把现已发现的经整理后通过与历史文献的对比分析，将认为能基本确定是历史遗迹的丰富实物照片等资料，斗胆以一孔之见和一家之言，从不同角度和不同层面按照一定规律（人文史演变的自然时序）再辅以遗存特性不同的主要特征说明，粗线条地按史前（石器时代）文明、草原文明（实为古代欧亚地区内陆人类文明特有的一种现象）、古代文明、近代文明和现（当）代文明的人类文明发展演进的基本线索，史料撷英，辅以必要情况的说明后做简要地串接和必要的诠释，从而对特区城市的人文历史做出初步勾勒和素描式简绘，希望能为读者一步步、一层层地揭开雾蒙般笼罩在霍尔果斯头上神秘的历史文化面纱，初步领略这座历史文化名城独有的奇特风采，管窥其厚重人文历史之一斑。所选用的图片资料，大多为笔者于现场所摄，少部分来自挚爱这片热土的领导、同事和朋友与向导们提供的素材以及有关的参考文献。在此谨向这些热心人士和有关文献的作者表达深深的谢意！笔者在前期的踏勘与调研以及后期的研究与写作中都深深地体会到，所成作品不过是笔者在友人们的帮助下掀开的这座古城新市巨大（历史）文化冰山的小小一角。

更多散发着芳香、属于这座千年古城积淀厚重的历史和瑰丽多彩的奇葩文化，有待更多有识之士和专家学者们的进一步挖掘、探索、发现与考证。相信读者从书中大量的不可移动文物的直观实物（景）图片中，以及所编配的那些文字说明里，一定能相当清楚地看到一块正拭去历史尘埃的中华瑰宝，看到一个有着璀璨鲜活文化、民族特色浓烈、文明气息淳厚、人文脉络清晰、历史积淀厚重的边关要塞之城，一座从古代丝绸之路重镇阿力玛里一路蹒跚着走来，在新时代跻身"一带一路"核心区建设重要节（支）点城市地位，正创造着一个恢弘灿烂未来的霍尔果斯！希望此番的努力探索，能以立此存照的方式给当地急需加强保护与管理的文物事业起到积极的推动作用，为那些关心和关注国家西部大开发的有识之士，以及致力于"一带一路"文化建设的人们搭建起一个有一定参考和借鉴价值的史料平台。

最后，笔者以一名初涉史学研究领域的新人，受学者的良知和试图促成政府对当地历史文化资源加强保护与适当开发利用的美好初衷的驱使，囿于专业背景和学识水平，也限于研究条件和视野习惯，于较短时间里匆成此书，虽用图片集萃方式对当地本土人文脉络进行简陋粗略地勾勒，也初步搭起了原始粗糙的有关"苹果城"历史文脉与项目研究的框架式平台，但付梓前仍深感还有不少须弥补的瑕疵与缺憾，特别是对书中但凡因认识局限产生的错误、存在的疏漏与其他种种不足等更是诚惶诚恐。为此，笔者首先恳请读者和有关专家学者不吝批评指正，以期今后能有机会予以修改和完善。除此之外，也非常希望能借此表达自己对这片曾经创造过中华灿烂文明的西部文化热土的深切热爱，十分渴望能以此书的参考和借鉴作用为国家西部大开发事业和正强力推进的"一带一路"核心区建设及其支点城市的文化发展做点有益的贡献，也为有关历史研究与文化产业建设，以及生活和工作在边疆的人们和管理机构"有责、负责、尽责"地守护好祖国边疆的文化国土略微起点抛砖引玉的作用。

更多地，笔者最希望本书的读者在将来无论以旅行者还是经济与文化的建设者身份来到霍尔果斯时，来到中国西部这座有着积淀深厚的历史文化资源、独特魅力的边陲特区"古城新市"时，都能带上更加美好的期许与更多的对中华文化的自信和自豪；也希望有志于建设和发展好"一带一路"西部核心区的边疆文化核心区的读者，在努力工作以使霍尔果斯再次以"苹果城"新形象成为丝绸之路经济带支点城市的同时，能够更深入地了解和欣赏到祖国这座有着重要的历史文化影响的名城的魅力及其瑰丽独特的风貌。

笔者衷心祝愿每一位来到新疆，尤其是来到新兴历史文化名城霍尔果斯的旅行者和工作者，都能够体会到作为中华民族一员的自豪，都能够圆好自己美好的中国梦想！

著者

2018 年 9 月于苏州

目　录

第一章　绽放于古今陆上丝绸之路的历史文化奇葩

——基于霍尔果斯暨“苹果城”阿力玛里人文史迹遗存的文明溯源

2014年设立的霍尔果斯市是一个典型的口岸型对外商贸新城，其蜚声海内外的国门口岸形象和飞速发展的经济备受海内外关注。同时，霍尔果斯辖区作为中国古代西北少数民族建政时的王城（也是元代汗国都邑）与近代西北边境贸易的口岸，又有着积淀深厚、绚丽多彩的历史文化遗产。

目前，学术界对霍尔果斯的研究大致可以分为两类：一类是从历史研究的视角探讨霍尔果斯作为古代中国西北边疆政治文化中心的地位与影响，以及近代随着中国西北边境的内缩，霍尔果斯成为中国边境口岸的历史变迁①；另一类则是从经济发展的视角对当今霍尔果斯作为国际边境口岸相关问题的研讨②。有关霍尔果斯历史文化的研究在上述成果中都有不同程度的涉及，但总体上看，多是宏观层面的研究，对霍尔果斯的微观研究，特别是近代以来霍尔果斯的历史文化变迁，成果很少。对今天霍尔果斯历史文化资源的研究多停留在一些旅游景点及传说的介绍上，霍尔果斯地区丰富的历史文化资源鲜为人知，其历史文化遗产的现状令人堪忧。积极探究这座城市从辉煌汗国王城到现代口岸边地演变的历史，不断加强对霍尔果斯历史文化资源的有效保护与适当的开发利用，对于更新人们有关古城新市历史文化的认识，提升特区城市的文化品位，提高霍尔果斯在国家西部大开发和“一带一路”核心区建设中的地位，推进国家向西开放的“一带一路”建设事业，充实和丰富国家边疆（边境）文化的内涵，增强特区城市民众的文化自信和文明自觉，从源头上促进城市文化产业的发展都有着十分重要的基础性作用和重大的现实与历史意义，值得有关部门高度重视。

---

① 代表性论著可参见厉声，等：《中国新疆历史与现状》（新疆人民出版社2009年版）；贺灵：《丝绸之路伊犁研究》（新疆人民出版社2010年版）；厉声、石岚：《哈萨克斯坦及其与中国新疆的关系》（黑龙江教育出版社2014年版）；伊犁师范学院学报编辑部：《伊犁研究 文化篇》《伊犁研究 史地篇》（光明日报出版社2015年版）；任冰心：《中国新疆霍尔果斯口岸贸易发展史研究》（新疆大学2003年硕士学位论文）；丁岩，等：《拉哈特古城遗址调查与试掘》（《考古与文物》2017年第6期）等。

② 代表性论著有冯素俊：《中国西部百年口岸霍尔果斯》（新疆人民出版社2007年版）；新疆伊犁哈萨克自治州霍尔果斯口岸管委会：《今日霍尔果斯》（新疆人民出版社1998年版）；王英：《“丝绸之路经济带”背景下中哈跨境旅游合作区建设发展研究》（新疆财经大学2016年硕士学位论文）；纪光萌、由亚男：《中哈边境文化旅游产品需求测度研究——以霍尔果斯口岸为例》（《新疆财经大学学报》2017年第2期）等。

(一) 历史悠久的古代王城与政治中心

位于新疆维吾尔自治区伊犁哈萨克自治州伊犁河谷谷口的霍尔果斯，是国务院 2014 年才批准设立的边境口岸城市。历史上霍尔果斯所处的伊犁地区曾是许多西北少数民族生活繁衍的重要地域。根据史书记载，“伊犁之地在汉及魏为乌孙，在唐为突厥，在明为瓦剌”①。从 13 世纪至 19 世纪的 600 多年时间里，以“苹果城”阿力玛里（该地名汉译亦称“阿力麻里”“阿勒玛里”或“阿里麻里”，甚至“阿拉玛力”“阿拉马力”（蒙古语音译）或“阿理玛里”等，下同）所代表的伊宁—霍尔果斯地区一直是新疆及中亚一带的政治、军事、经济、文化中心。在陆上古丝路 2 000 多年的历史上其发挥的影响力超过了 1/4 的时间。

在霍尔果斯，自古以来就有一处被称为阿力玛里“苹果城”的地方。“阿力玛”是突厥语“苹果”的意思，“里”是突厥语“城”之意。阿力玛里最早建于何时，史书上未找到详细的记载。但相关史籍表明，蒙元帝国四大汗国之一察合台汗国和之前的葛逻禄均建都于阿力玛里（现为霍尔果斯市的阿力玛里镇）。公元 14 世纪 20 年代，察合台汗国分裂成为东西两大部，东察合台汗国初期的都城仍在阿力玛里。其演变过程是，公元 12 世纪（1124 年），生活在我国北方的契丹宗室耶律大石率众西迁，在中亚建立了西辽王朝，自称大汗。当时居住在现为新疆伊犁等地的葛逻禄部臣服于西辽，阿力玛里即是葛逻禄部之王城。在其后蒙古崛起、西辽灭亡的变迁中，葛逻禄部阿力玛里王奥扎尔成为最早率部归顺成吉思汗并参加西征的地方部族，由此得到了成吉思汗的信任。奥扎尔死后，成吉思汗命其子昔克纳克承袭王位，并以自己的长子术赤之女为妻，结成姻亲。元太祖二十年（公元 1225 年），成吉思汗将其征服的广袤土地封给他的四个儿子。二太子察合台被封于中亚，即著名的察合台汗国。察合台以阿力玛里为首都，这使当时的阿力玛里成为远近闻名的“繁华之城”，加之位于丝绸之路北道要冲，阿力玛里得以迅速发展，13 世纪初到 15 世纪，阿力玛里城是西域（新疆）乃至整个中亚地区的一座大城，成为历史上有名的城市，极盛时期持续近一个世纪，被誉为“中亚乐园”，欧洲人甚至称之为“中央帝国之城”。以至于三次到过此地的波斯著名历史学家志费尼在其名著《世界征服者史》中称“这里的宫阙成了全人类的核心”②，在古代陆上丝路和中亚地区有过重要的影响。

阿力玛里故城遗址区曾先后出土过元代景德镇和宋代龙泉窑瓷器、叙利亚文景教徒墓碑、察合台汗国金银币等文物。东察合台汗国歪思汗统治时期（1417—1432 年），厄鲁特蒙古强盛起来，向西扩展到阿尔泰山以西，歪思汗被迫将首都迁徙至亦力把里，将汗国的中心转移到伊犁河谷和天山以南。《明史》称之为“亦力把里国”。“亦力”即“伊犁”，“把里”蒙古语为“城”之意，故亦力把里即伊犁城，与阿力玛里城相去不远（现今高速公路的实际距离不足百公里）。到 17 世纪，厄鲁特蒙古中的准噶尔部逐渐强大，17 世纪 70 年代准

① 徐松：《新疆识略》卷 4，《伊犁舆图》，文海出版社，1965 年影印本。

② 吐虎鲁克・铁木尔汗麻扎碑记，语出【伊朗】志费尼：《世界征服者史（上、下）》，内蒙古人民出版社，1980 年。

噶尔部首领噶尔丹称汗后，也建都于伊犁，史称准噶尔汗国。

准噶尔汗国在噶尔丹的带领下，不仅统一了厄鲁特各部，还四面出击，西扰哈萨克，东侵喀尔喀蒙古，向南占领喀什噶尔、叶尔羌，终结了察合台汗后裔对南疆长达一个半世纪的统治。统一了天山南北的准噶尔汗国从此成为困扰清朝康、雍、乾三朝中国西北边境安全的问题。乾隆二十年(1755 年)，位于天山北部的游牧王国准噶尔汗国发生内乱，清王朝乘机出兵，最终消灭了准噶尔汗国。

统一后的天山南北地区被清政府称之为“西域新疆”或“新疆”，伊犁继为天山南北总汇之区。清朝在新疆设立“总统伊犁等处将军”(简称“伊犁将军”)，为清政府在新疆的最高军事、行政长官，统辖从额尔齐斯河、斋桑泊以南到帕米尔，包括天山南北、巴尔喀什湖以东以南的广大地区。清政府在新疆推行“军府制”后，出于驻防需要，先后在伊犁修建了从西北到东南一字排开、以惠远城为中心的九座城池，构成一组古城群，“驻防满洲八旗官司兵分驻惠远、惠宁两城。惠远居西，惠宁居东，相距七十余里……在惠宁城东南。其余六城分驻绿营官兵，在惠远城西北者五，曰绥定，曰广仁，曰瞻德，曰拱宸[①]，曰塔尔奇，惟熙春一城在惠宁城东南”。[②] 惠远城(今新疆霍城县境内)即为伊犁将军驻节之所，而拱宸城则坐落于今日霍尔果斯境内，为新疆生产建设兵团(以下简称兵团)62团场部所在。

(二) 近代中国边境口岸地位的形成

“霍尔果斯”蒙古语的汉意一般为“驼队经过的地方”或译为“驼粪成堆之处”，引申开来可作“畜牧地”解释，故有哈萨克语译为“积累财富之地”的意思，自古为丝绸之路北道上的一个重要驿站。丝路北道进入新疆后，由哈密向西，沿天山北麓与古尔班通古特沙漠南缘伸展，中间经过吉木萨尔、阜康、昌吉、呼图壁、玛纳斯、乌苏、精河，最后到达伊犁，由此向西经霍尔果斯到达阿拉木图、塔什干等中亚地区，作为中国的边境口岸，霍尔果斯的兴起和发展与近代中国西部边疆的变迁密不可分。

1759 年清朝统一新疆后，主要按原准噶尔旧有疆域的划界原则，厘定了清王朝的西北疆界，“凡(准噶尔)旧有游牧，皆我版图”。在这一思想的指导下，清政府对准噶尔原有疆域进行了实地调查与测绘，并于乾隆二十六年(1761 年)7 月完成了《(钦定)皇舆西域图志》初稿，确定了新疆西部自额尔齐斯河起至帕米尔的疆域分划。其中，与哈萨克交界处是清西北疆界的主要地段，分别由伊犁将军下属的驻塔尔巴哈台、伊犁两处参赞大臣管理。伊犁参赞大臣所辖疆界地段自巴尔喀什湖北岸东端，沿湖北岸往西至吹河(今哈萨克

---

① 为了开发伊犁地区，乾隆二十九年(1764 年)清政府又从黑龙江调来索伦达斡尔官兵 1 000 多人，称为索伦营，这是霍尔果斯河一带第一代的索伦、达斡尔居民。他们在霍尔果斯河一带建筑房屋，开荒种地。正是鉴于霍尔果斯地区的发展，乾隆四十五年(1780 年)，伊犁将军即在霍尔果斯河东 20 里处，修建了拱宸城(也称霍尔果斯城)。

② 祁韵士:《西陲总统事略》卷 5,《城池衙署》，文海出版社，1965 年影印本。

斯坦境内楚河），转向西南至塔拉斯河，再转而向东南过哈喇布拉岭至纳林河。[①] 可见，当时清伊犁辖地十分辽阔，巴尔喀什湖以南的伊犁河、吹河、塔拉斯河，都是清朝的内河。霍尔果斯距离边界还很远。由于历史上中亚各民族长期在新疆开展贸易，为此，清政府允许哈萨克、布鲁特等外藩部落到伊犁、塔城、阿克苏等地通商互市，一切以官为经理，不准官兵与商民私自交易。伊犁成为清政府对哈萨克人开放的一个主要交易集市，其贸易额约占新疆对哈萨克交易总额的 4/5。[②]

19 世纪 20 年代，随着俄国对哈萨克草原兼并的基本完成，俄国又开始依托哈萨克斯坦向清西北边疆扩张，逼近了巴尔喀什湖以东以南的中国领土。1854 年，俄国出兵占领了中国境内的古尔班阿里玛图（今阿拉木图），控制了新疆与中亚交往的要道，随后利用军事手段不断蚕食巴尔喀什湖以东以南的中国土地。

1860 年第二次鸦片战争期间签订的中俄《北京条约》对中俄西部边界走向作了原则规定：中俄两国未经划定之西部疆界，今后应顺山岭的走向、大河之流以及中国常驻卡伦路线而行，即从沙宾达巴哈界牌起，经斋桑湖、特穆尔图淖尔至浩罕一线为界。中国西部边疆地区的卡伦，分常驻、移设、添撤三种。常驻卡伦是常年设置不移的卡伦，移设卡伦是按季节不同而移换设置地点的卡伦，添撤卡伦是根据需要随时设置或撤出的卡伦。这三种卡伦绝大多数距国境线都很远，与边界线毫不相干。因此该条约为俄国割占中国西部领土制造了所谓的依据。

自 1862 年 8 月起，伊犁将军明谊和塔尔巴哈台参赞大臣明绪作为“会勘地界大臣”与俄国代表巴布科夫、扎哈罗夫（俄国驻伊犁总领事）开始在塔尔巴哈台（即今天的新疆塔城市）进行勘分西部边界的谈判。为了给清政府施压，沙俄西伯利亚军队开始向中国境内纵深地带推进，紧逼中国常驻卡伦。在俄国威逼下，1864 年 10 月《中俄勘分西北界约记》（又称《塔城议定书》）签订，界约规定了从沙宾达巴哈起至帕米尔为止的中俄边界线。《中俄勘分西北界约记》使中国蒙古、新疆约 44 万平方千米的边境地区被划入俄境，其中 3/4 以上在新疆西部。霍尔果斯河虽然还是清帝国内河，但它同边界线距离已大大缩小，近者仅 100 多里，远者也不过 200 里左右。[③]

19 世纪 60 年代新疆爆发了大规模的反清起义，清政府在新疆的统治几乎被全部摧毁。中亚浩罕国趁机派遣军官阿古柏入侵新疆，建立起“哲德沙尔”侵略政权。沙俄也趁新疆陷入割据纷争之机，以代守为名，出兵占领了伊犁地区。光绪二年（1876 年），清军在左宗棠的指挥下开始了收复新疆的战争。到了 1877 年 12 月，清军就已收复了除伊犁地区之外的新疆全境。随后，清王朝政府即派吏部左侍郎崇厚为全权大臣，赴俄交涉归还伊犁问题，签订了《里瓦几亚条约》（又称《伊犁条约》）。《里瓦几亚条约》让中国收回伊犁，却

---

① 厉声、石岚：《哈萨克斯坦及其与中国新疆的关系》，黑龙江教育出版社，2014 年，第 131 页。

② 厉声、石岚：《哈萨克斯坦及其与中国新疆的关系》，黑龙江教育出版社，2014 年，第 148 页。

③ 吕一燃：《中俄霍尔果斯河界务研究——从〈伊犁条约〉到〈沿霍尔果斯河划界议定书〉》，《近代史研究》，1990 年第 5 期，第 110 页。

得割让霍尔果斯河以西地区、特克斯河流域及沟通天山南北的穆素尔山口，对塔城、喀什噶尔等处边界作出有利于俄方的修改，此外还许诺俄国广泛的在华通商特权。对此，清政府内部强烈反对，矛头主要集中在“分界”问题上。为此，崇厚回国后立即被捕。清政府以崇厚所议条款多有违训越权之处，拒绝批准，改派驻英、法公使、大理寺少卿曾纪泽为钦差大臣前往俄国，改订条约。

对曾纪泽的谈判，清政府确立了“重界轻商”“以商定界”①“索地为重”②③的谈判原则。经双方唇枪舌战，1881 年 2 月 24 日中俄《改订条约》最终签订。根据新条约，在伊犁地区，中国收回了特克斯河(即贴克斯河)流域 2 万多平方千米的土地，但俄国仍割占了霍尔果斯河以西 1 万多平方千米的土地，霍尔果斯河由中国的内河变成了中俄两国界河。伊犁已处中国西部边境。1884 年新疆建省，省会东移至迪化(今乌鲁木齐)。1881 年霍尔果斯更是被辟为正式通商口岸。1851 年的中俄《伊犁塔尔巴哈台通商章程》、1881 年的《中俄改订陆路通商章程》以及民国时期特殊的与苏联的关系，都为经由霍尔果斯的中俄(苏)国际贸易通道发展提供了条件。当然，在近代很长一段时间这种贸易带有明显的不平等性。

(三) 基于史迹遗存考察梳理的霍尔果斯本土人文历史脉络

新中国成立后，伴随中苏同盟关系的确立，霍尔果斯口岸曾以其优越的地理位置进入一个兴盛期，成为中苏贸易西部最大口岸和国家进出口物资的集散地之一。1962 年，中国与苏联关系恶化，霍尔果斯口岸对外除保持通邮外，完全停止了进出口贸易。1983 年经国务院批准，霍尔果斯口岸正式恢复开放。20 世纪 90 年代以来，霍尔果斯口岸发展非常迅速，进出口货物不断扩展，口岸常驻人口和单位不断增长。2004 年 5 月，中哈两国共同建立了中哈霍尔果斯国际边境合作中心，这是我国与周边国家建立的首个跨境国际边境合作区。霍尔果斯也由此成为中国向西开放的桥头堡。2014 年 6 月，国务院下发《国

---

① 朱昭华:《试论曾纪泽的中俄陆路通商交涉》,《西域研究》2011 年第 2 期,第 38～45 页。清政府任命曾纪泽为兼任驻俄公使、钦差大臣,前往俄国重开谈判。总署认为修约交涉的最高目标以“全收伊犁为是”,“全境交还方与通商利益,如嘉峪关通商,哈密、巴里坤、古城等城指定一处留货及东路由尼布楚、北路由科布多,比之二百年来只走恰克图一路可省脚费数千里,皆俄国求之多年不得者,若非全境交收,此等利益岂能轻许。”“否则仅议条约酌予通融,倘能就绪尚是中策,若俄国不能全交伊犁,且执与崇厚所议约章专条妄事争辩,或于崇厚所议外横生枝节,不能就我范围,则惟有随时随事请旨遵行,宽其时日,缓以图之。”(《清季外交史料》卷 19,第 49 页)清政府认可了“重界轻商”“以商定界”的谈判原则。此点也与曾纪泽的看法相同。“臣所鳃鳃过虑者,窃恐廷臣所议,除偿款以外,所有通商、分界各条,逐条均须驳改。在议者所持,固属荡荡平平之道、堂堂正正之辞也,然言经而不言权,论理而不论势,俄人必不见允,则不待智者而后知也。”(喻岳衡点校:《曾纪泽遗集》,岳麓书社,1983 年,第 28～29 页)“(分界、通商、偿款)三端之中偿款固其小焉者也,即就分界、通商言之,通商一端亦似较分界为稍轻”,“臣奉命使俄后,通盘筹画,必以界务为重者,一则以伊犁、喀什噶尔两境相为联络,伊犁失则喀什噶尔之势孤,此时不索,再索更待何时?一则以伊犁东南北三界均与俄兵相接,缓索后不与议界,恐致滋生事端。”喻岳衡点校:《曾纪泽遗集》,第 42 页。

② 王彦威、王亮:《清季外交史料》,文海出版社,1985 年,卷 19,第 49 页。

③ 王彦威、王亮:《清季外交史料(第二册)》,湖南师范大学出版社,2015 年,第 372 页。

务院关于同意新疆维吾尔自治区设立县级霍尔果斯市的批复》,霍尔果斯这一位于亚欧大陆桥中国境内最西端的口岸和经济开发区遂升级为市,主要行政区域包括原霍城县的伊车嘎善乡和莫乎尔牧场、兵团第4师的61团场和62团场及霍尔果斯口岸,并由伊犁哈萨克自治州管辖。

这座方圆达1 908.55平方千米的城市尽管是中国最年轻的县级市之一,但与其他新兴(口岸)城市不同,霍尔果斯地处历史悠久的古代王城区域和中西国际交通枢纽之上,有着极为厚重的人文积淀与丰富的历史文化资源和底蕴。

根据笔者2016年10月至2018年初,历时十多个月陆续对霍尔果斯辖区及邻域内以史迹遗存为代表的历史文化资源做的实地勘查和调研分析,发现霍尔果斯辖区内包括文献资料记载或最新发现并可初步确认的不可移动文物资源量,可分为8个大类78个子项,总量可达110个单项之多(见图1-1、表1-1)。其中首次发现或初步确认的古代石刻岩(石)画与碑石遗迹、古窑场遗迹、古树名木和古寺庙等超过3/4,数量之大远超以往已列入在册管理的有关资料记载,其价值不可估量。其史迹特征所表明的人类活动情况极大地充实和弥补了当地早期的人文历史。

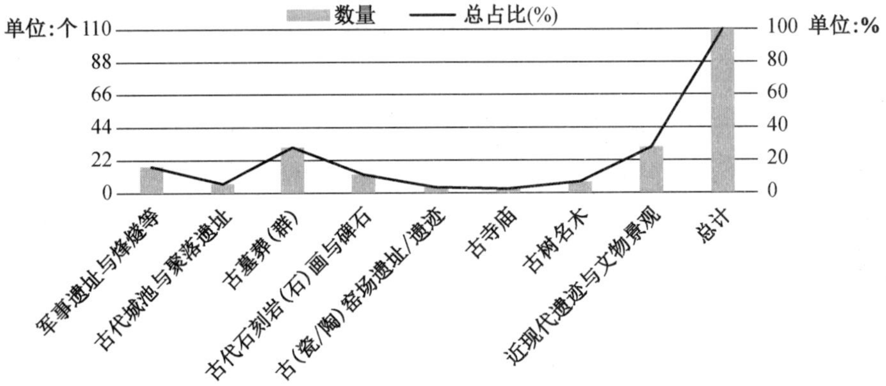

图1-1 霍尔果斯辖区史迹遗存资源分布曲线

表1-1 霍尔果斯辖区遗迹遗存资源情况简表

序号	基本类型	代表性史迹遗存	资源等级(文保)情况(国家/省区/地州/县市级)	年代	数量(个)	总占比(%)
1	军事遗址与烽燧等	哈尔素呼尔、契格尔干、沙彦、察罕额博、富尔干、登元、河源等卡伦,黄旗马队烽火台	国家级	清代	18	16.4
		沃伦、阿克、乔老克、陶卜(布)拉克炮台,苏尔塔西、英塔卡伦、黄北瞭望塔、拱宸城古兵营房,伊车-嘎善牛录驻地遗址等	新发现未定级			

(续表 1-1)

<table>
<tr><th>序号</th><th>基本类型</th><th>代表性史迹遗存</th><th>资源等级(文保)情况(国家/省区/地州/县市级)</th><th>年代</th><th>数量</th><th>总占比(%)</th></tr>
<tr><td rowspan="3">2</td><td rowspan="3">古代城池与聚落遗址</td><td>索伦、阿力玛里故城</td><td>自治区级</td><td>清/唐</td><td rowspan="3">5</td><td rowspan="3">4.5</td></tr>
<tr><td>拱宸城</td><td>市/县级</td><td rowspan="2">清代</td></tr>
<tr><td>第二索伦(清)</td><td>新发现未定级</td></tr>
<tr><td rowspan="5">3</td><td rowspan="5">古墓葬(群)</td><td>吐虎鲁克·铁木尔汗麻扎(大麻扎)</td><td>国家级</td><td>元代</td><td rowspan="5">28</td><td rowspan="5">25.5</td></tr>
<tr><td>沙德赫麻扎(小麻扎)</td><td>市/县级</td><td>元(或清)代</td></tr>
<tr><td>乌依扎依拉克</td><td rowspan="2">未定级</td><td>春秋战国—汉晋</td></tr>
<tr><td>加尔苏、克干山口、红山嘴、巴斯昆齐等墓群</td><td>战国—元代</td></tr>
<tr><td>胶泥沟、红柳沟古墓群、阿山坟(包)等处草原土墩墓</td><td>新发现未定级</td><td>待定</td></tr>
<tr><td rowspan="2">4</td><td rowspan="2">古代石刻岩(石)画与碑石</td><td>卡拉塔斯、三道泉、马群等处石刻石画</td><td rowspan="2">新发现未定级</td><td>史前石器时代</td><td rowspan="2">11</td><td rowspan="2">10</td></tr>
<tr><td>草原石人</td><td>待定</td></tr>
<tr><td rowspan="2">5</td><td rowspan="2">古(瓷/陶)窑场遗址/遗迹</td><td>大麻扎附近的古瓷窑</td><td rowspan="2">新发现未定级</td><td>元代</td><td rowspan="2">3</td><td rowspan="2">2.7</td></tr>
<tr><td>62 团 11 连葡萄园处的古陶窑</td><td>清代</td></tr>
<tr><td rowspan="2">6</td><td rowspan="2">古寺庙</td><td>小麻扎清真寺</td><td rowspan="2">未定级</td><td>清代</td><td rowspan="2">2</td><td rowspan="2">1.8</td></tr>
<tr><td>拱北寺(娘娘庙)</td><td>民国</td></tr>
<tr><td>7</td><td>古树名木</td><td>左柳、大榆树、九棵柳、树上干杏王等</td><td>未定级</td><td>清代</td><td>7</td><td>6.4</td></tr>
<tr><td rowspan="3">8</td><td rowspan="3">近现代遗迹与文物景观</td><td>耻辱碑、见证沙俄侵华的大石堆</td><td rowspan="2">未定级</td><td>清代</td><td rowspan="3">36</td><td rowspan="3">32.7</td></tr>
<tr><td>界碑,国门、中哈合作中心(通道)、中哈(亚)天然气管道首末站、中哈霍尔果斯河分水枢纽工程,《草原之夜》歌碑等</td><td rowspan="2">现代</td></tr>
<tr><td>野生苹果(树)林、胡杨林、口岸百年新疆杨等</td><td>新发现未定级</td></tr>
<tr><td colspan="5">合　计</td><td>110</td><td>100</td></tr>
</table>

而且,这些史迹文化资源具有诸多重要的特点:一是数量大,二是覆盖面广,三是现存和已发现遗址(迹)的点多,四是同期或同质的文物(点)连线较长,五是文化的地域性和多样性鲜明,六是内涵丰富、历史影响力强,区域的代表性和典型意义突出①,七是各史迹遗

① 王勇:《霍尔果斯历史文化旅游资源现状调研报告》,霍尔果斯,2017 年 11 月。

存所具有的标志性内涵覆盖的文明历史完整而全面(见表 1-2)。

表 1-2　霍尔果斯辖区人文历史基本脉络简表(依据史迹遗存的节点式梳理)

序号	文明状态	年代及/或标志		典型遗迹遗存及所在地
1	史前文明	原始野生苹果树(林)		格干河上(中)游二道桥附近河滩谷地及其附近东沟坡地等处
		石刻岩(石)画		卡拉塔斯、三道泉、马群等处
2	草原文明	(高度疑似)巨型土墩古墓		阿山坟(顶/坟)、61 团 5 连乎尔赛旱田、加尔苏、卡拉塔斯、乌依扎依拉克等处
		草原石人		墩买里(东北领/冬麦岭)
3	古代文明	战国-隋唐	古城池	索伦古城(唐)
			古墓葬	克干山口、红山嘴、乌依扎依拉克等处
		宋(蒙)元	古城池	阿力玛里“苹果城”
			古窑场	大麻扎附近瓷窑遗址
			古墓葬	大麻扎及附近古墓、兵团 64 团 2 连所在地墓群
			寺庙	小麻扎清真寺
		(明)清	古城池	拱宸城、第二索伦古城
			古墓葬	小麻扎附近古墓及霍城拱北
			古窑场	62 团 11 连陶窑遗址
4	近代文明		军事遗迹遗址	哈尔素呼尔、沙彦、察罕鄂博、富尔干等处卡伦
				黄旗马队烽火台，阿克、乔老克等处炮台
				拱宸城兵营、伊车-嘎善牛录驻地等
		(清/民国)寺庙		拱北寺(娘娘庙)
		(清)碑石		耻辱碑、见证沙俄侵华的大石堆、三道泉石刻等
		(百年)古树名木		野生苹果树(林)、左柳(榆)、大榆树、九棵柳、口岸百年新疆杨、胡杨林、树上千杏王(树)等
5	现代文明	暂　略		

经踏勘查实与梳理归类，并请有关专家进行辨识，已确认霍尔果斯市境内有着十分丰厚的历史文化遗产。人文史中既有以石刻石画(岩画)代表的标志人类史前石器时代的古文明，还有代表草原文明的石人和高度疑似的巨型草原土墩古墓及大量战国至隋唐时期的古墓葬(群)，如乌依扎依拉克、克干山口、红山嘴和加尔苏等处的古墓群，古城遗址中除有唐代的索伦古城和清代的拱宸城外，还拥有该地区作为历史上曾多次为中国北方少数民族建政时都邑而留存至今的一座王城遗址及王陵。

现存于霍尔果斯主城东北约 10 千米处的吐虎鲁克・铁木尔汗麻扎(俗称大麻扎)是

我国新疆境内目前唯一保存基本完好、属于蒙元时代察合台汗国王城阿力玛里鼎盛时期的王陵遗迹，是国家和自治区两级政府立碑进行重点保护的文物。尽管阿力玛里古城遗迹现今仍埋于地下，但在本次对此古城唯一地面标志性遗迹吐虎鲁克·铁木尔汗麻扎（王陵）的调研中，还是发现了三处新遗存的情况：一是位于大麻扎地下，由四条对应王陵方形建筑四角可以进入地下陵寝（或地宫与地下室）的地下墓道；二是距大麻扎直线约 200 米范围内，发现了两座穹顶已部分被推平后处于回土保护的古瓷窑及出土瓷器残片；三是同样距离内，紧邻省道 213 公路旁一个蔬菜大棚后壁存有被挖开后回土保护的石砖穹顶古墓。

至于其他年代的文物则发现得更多。尤其近代以来，因时间不是很久远，辖区内遗存的文物更为丰富，如属于清代的有以拱宸城遗址为代表的古城池，以小麻扎和拱北墓地为代表的墓葬群，以苏尔塔西、哈尔索胡尔、沙彦、登元等卡伦及黄旗马队、乔老克、阿克、陶布拉克等烽火台和炮台代表的边防军事设施，中外划界的边界标志碑和留存至今的古树林（名）木；民国期间的有拱北寺（娘娘庙）和四道（号）沟金矿坑等；中华人民共和国成立以来有标志国家边界的国门、中哈界桥和中哈合作中心通道及其方鼎界柱、界碑与路碑等。这些史迹遗存是中华民族各族先民们为祖国历史发展留下的宝贵文化遗产，从不同的方面标志性地勾勒出了特区城市所在地自石器时代的史前至现今五大文明发展过程的主要人文历史脉络（见表 1-2），极大地丰富和充实了作为国家“一带一路”核心区重要节点城市的文化内涵。对于未来搞好城市的文化产业建设并使之在陆上新丝路经济带继续发扬光大和推进沿线国家和地区的民心工程建设都有重要的意义。

总之，现今的特区城市霍尔果斯及其所在的“伊（宁）—霍（尔果斯）”周边地区，不仅是“一带一路”核心区建设的重要节点城市和国家向西开放的桥头堡，实际上更是我国古代蒙元时期被中亚和欧洲国家称为“中央帝国”的察合台汗国王城都邑的“中亚乐园”“苹果城”阿力玛里所在，是一个在古代陆上丝路 2 000 多年历史上发挥影响力超过 1/4 时间，闪耀过近 600 年历史光芒的文化宝地和风水圣土。而作为当今国家西部面向西方最为开放的现代化特区城市，通过调研现已查实，当地有着源自史前石器时代的数千年文明，曾有过既作为古代政治、经济、军事和文化中心的王城，又有近现代被迫成为国家边塞要地源远流长的悠久历史，这种古代著名王城与近现代边关重镇交相辉映、史前文明与现代城市文明并存、来自东西方不同背景文化相处共融的景象，使其成为一个历史积淀十分深厚、人文资源极为丰富的奇葩之城。在国家“一带一路”面向欧洲和中西亚沿线国家开放的核心区建设中具有特殊的纽带和窗口作用，未来可望建设成陆上丝路中具有文化中心辐射效果和支点地位的重要城市！

因此，讲好有关“苹果城”在古今陆上“丝绸之路”的故事，对于国家西部地区进一步搞好面向中亚和欧洲的对外开放，推动和加强国家“一带一路”核心区建设，特别是文化建设事业，增强各族人民的民族自豪感和对源远流长、包容性和融合力极为惊人的中华文化的自信与自觉，都有着极为特殊的作用和十分重要的意义。本书即是对此意义进行的一次有益探索和初步尝试。

第二章　霍尔果斯历史文化实考

——有关霍尔果斯本土史迹遗存的人文情况简报

（一）在当地开展的人文史迹资源调研情况

1. 缘起——课题概述

2016年9—10月间，笔者作为苏州科技大学委派的驻霍援疆专家，在审核规划和分析当地人口发展情况时发现，其中以历史文化资源利用为基础的许多良好的文化产业与旅游发展建设规划，特别是史迹景观建设与文化旅游等涉及文化产业建设方面的规划，大多缺乏详实的史实理论与以不可移动文物资源为依据的基础材料支撑，同时在有关的人口发展规划中也未提出与之相配套的包含（历史）文化旅游项目等有关文化工程建设的内容，而只是作为解决问题的简单方案带笔而过。因此，这些规划和设想的有关内容在很大程度上都只能视为仅存于美好愿景阶段的梦想而已。此外，在后续的初步调研中还进一步了解到，口岸所在的特区城市依托国际贸易、以边贸为主的经济建设受国际政治经济环境变化的影响很大。若借鉴沿海与内地发达城市快速发展的成功经验与失败教训，缺少自身文化和相关文化产业的支撑、以边贸为主的单一经济发展模式，从长远看都是难以可持续有效地支撑地方社会经济平稳健康发展的，并将在未来给特区城市的成长带来相当大的风险和潜在的危机，甚至让边关重镇难逃再度兴废的厄运！

因为笔者相信，在近代以来的人类社会中，不同文明的发展早已进入文化领域竞争的时代，若把人类社会比作人体，政治应是其大脑，经济则是骨干，文化就是为各处肌体提供营养的血液。因此，任何城市文化都须找到使其能赖以塑造自身历史的基础，这对形成城市自身的人文环境和培养文化自信有重大意义，对于搞好文化经济建设的现实作用更是突出；要发挥好地方传统文化的作用，就需从认识其本来面貌入手，对其加以传承，维持好文化的丰富性和多样性。惟有如此，才能对以霍尔果斯这样的边疆边境城市未来文化的发展及其产业的建设、对中华民族各族文化的融合提供坚强有力的文化支撑。

为此，笔者经过初步调研和一段时间的思考后，结合口岸外贸型经济存在的风险情况特别构思[①]并发出了开展霍尔果斯历史文化研究，建设特区城市相关系统文化工程项目的呼吁[②]，在获得苏州对口支援霍尔果斯前方工作组领导的批准和当地有关部门及笔者所在高校的支持后，按项目管理要求，组成了由有关专业人员为骨干的课题组，确立了摸清霍尔果斯辖区内不可移动文物和遗迹遗存及其资源情况、梳理出其所代表的本地人文历史脉络的课题研究目标。根据前期所了解的有关信息，基于重点搞好现场一线踏勘、以摸底查实为主，由高校提供后方的学术支撑为辅的原则，就当地有关人文资源的现状，在 2016 年 10 月—2018 年 1 月间进行了前后长达一年多的调查研究工作，最终取得了初步厘清霍尔果斯辖区内人类活动痕迹和历史基本轮廓，梳理出主要历史文化文脉，基本把握住属于霍尔果斯城市自身、具有本土历史文化特色的有关文物资源主要状况的成果。

2. 调研范围的确立

调研范围的确立是调研所在地历史文化情况及其相关资源拥有量的基础。为了给城市未来的历史文化研究与旅游开发留足应有的资源空间和可挖掘的潜力，课题组考虑到新兴城市霍尔果斯作为国家主要口岸与边防城市，以及作为经济特区城市对于周边的影响，按照 2014 年 6 月国务院批准设立的霍尔果斯市辖区的行政边界为调研的基本范畴，考虑周边距离最短（如隔路或边防围网为界）的紧邻之地有关历史文化与特区城市相互关系中直接的影响与支撑作用，凡是有关涉及本辖区内地缘历史文化或其内容牵涉延伸之处或与未来可视为能有效开发利用为文化旅游资源之地者，皆纳入本次调研考察的范围之内。即将调研范围划定在以所辖区域内的基本范围与邻近或直接受辖区影响的扩展范围两种情形。在此，为明确有关调研内容与所在地域之间在历史与文化方面的关系，特将有关本次踏勘式现场走访调研所依据的具体历史文化内容及其所在的区域，分别以下列两种不同的区域划分方法分类作出说明。

（1）属于霍尔果斯市直辖区域的范围，主要有莫乎尔牧场和伊车-嘎善锡伯族乡，以及驻地在霍尔果斯的兵团第 4 师 61 团和 62 团两个团场、兵团第 4 师霍尔果斯河流域管理处等。

（2）紧邻区域。这里特指以下三种情况：

第一，地缘上与霍尔果斯所辖区域周边直接土壤相接，距离在 10～25 千米最短的旅途范围内，如紧邻（隔路相接）霍尔果斯市直辖的伊车-嘎善锡伯族乡、驻地为 4 师可克达拉市的兵团第 4 师 64 团 2 连和 1 连，以及位于霍尔果斯市金边镇附近、驻地为 4 师兵团 63 团场下属沿边境线的几个团场连队和与霍尔果斯名字有关的各边防连队等。

第二，国家级霍尔果斯经济开发区所辖的四个园区所在地附近的历史文化资源。主要考察了地缘上仅有 30 千米远、紧邻地域内的清水河园区附近、清代“伊犁九城”中的瞻德古城，伊宁园区所在地伊宁市内的自治州博物馆等。

---

① 王勇：《关于挖掘和利用霍尔果斯历史文化成果，扩大霍尔果斯在国家“丝路”战略中的影响力的设想》，2016 年 10 月。

② 王勇：《关于开展霍尔果斯历史文化研究 建设相关系统文化工程的项目建议书》，2016 年 10 月。

第三，紧邻霍尔果斯市周边邻接的可克达拉市、霍城县、伊宁县和察布查尔锡伯自治县及属于博尔塔拉蒙古自治州博乐市辖境内的历史文化资源。主要考察了霍城县城所在地的水（绥）定镇、惠远新（老）古城、磨河古城和清代“伊犁九城”中广仁故城所在地的芦草沟镇，以及位于伊宁县境内的弓月古城（暨吐鲁番于孜旧城）和察（布查尔锡伯自治）县境内的都拉塔口岸与锡伯民族博物馆等地。博乐市辖境内主要是塞里木湖（湖心岛）等。

3. 有关概念及围绕踏勘查实对象确定的调研内容

（1）关于历史文化资源与历史文化旅游资源概念的界定

历史文化资源，作为文化资源的一个有特定内涵的品种，是人类文明和文化高度集中的表现。其除了具有一般文化资源所具有的属于人类活动所产生和记录、以表明人类生存和发展印记的共性特征外，更多地是指一个地区人类社会历史上曾经发生的与人类活动（即文明史）有关、因年代久远而被流传或保存至今的各种文化现象。主要以实物形态的不可移动文物（如遗址、遗迹或遗存等）、有形的史迹实物载体的媒介和无形的非物质文化形态（即以人们口口相传的故事或传说）等现象反映或表现出来。

历史文化旅游资源，是一种不同于其他文化（旅游）资源、具有特定历史文化内涵的文化（旅游）资源，是表现和反映人类文明历史和文化发展情况的主要载体。其除了具有一般历史文化资源的特征外，还应满足可产生一定的视觉冲击效果的观赏性、便于聚集人气（有吸引力）的文化特性和交通物流可达到等旅游活动要求的特殊性。从这个意义上讲，大多数的历史文化资源都有可能在一定（包括人们所创造的）条件下被转化为可加以适当利用的（新）旅游资源。

本次调研查实的霍尔果斯市历史文化旅游资源正是将上述两个概念进行有机结合所做的一次大胆而有益的尝试。鉴于可归属为历史文化现象及其可转变为相关旅游资源的情况太过庞杂和繁复，具有很强的专业性和对更多的人力、财力、物力等方面的要求，使课题调研受制于有关条件的约束，不得已课题组只能将有关非实物形态的事件（包括故事或传说）等人文历史现象的资源情况作为单独的课题，以期今后能有机会另行专门研究。

故而，本次调研，课题组最终确定的内容定位于仅限以不可移动文物为主，进行有关史迹遗存的存在情况及其客观真实性的查实确认和汇总。也因此，在调研期间，课题组最新发现或找到的新历史文化资源，除国家边防禁区内因国防安全需要对有关资源尚不便于利用外，绝大多数都有可能在今后的文化产业建设、特别是以景观建设和旅游活动为主的旅游文化产业建设中，只要进行适当的规划配套建设，稍加条件进行一番必要的创（改）造，就可以转变为开展历史文化旅游的优质资源和能够经营的旅游资产。因此，课题组认为调研所获得的有关资源情况既属于历史文化范畴，又具有未来旅游开发利用的价值。对于这些珍稀而宝贵资源的管理和适当开发与利用，将极大地丰富当地历史文化旅游的内涵，填充诸多文化旅游的空白，具有巨大的潜在经济效益和社会效益。

（2）关于调研基本内容的确定

根据上述有关历史文化资源与历史文化旅游资源概念与关系的界定和分析，可以看出，只要查实了辖区内的历史文化资源，也就基本摸清了未来可以开发利用的历史文化旅游资源的状况。因此，课题组围绕以文物为代表的不可移动历史文化资源进行的有关调研，在内容的确定上，按照其中存在的转换关系，跨过文物等级确认，只以不可移动文物为代表的历史文化资源在辖区内现存状况的踏勘查实为主，兼做旅游资源开发利用的项目构思与设想为辅，主要确定为以下几个具体的方面：

城市辖区内或与辖区历史有直接关系的、存在或曾经存在过的重大历史文化事件及其标志物（遗迹或遗存），即以遗迹或遗存等实物载体形式存在或表现或能以其作为客观历史文化代表的旅游资源。为此，笔者首先根据历史文献和各类文字记载资料，如《霍尔果斯市旅游规划》等为初步参考，将主要调研内容初步汇总，见表 2-1 所示。

表 2-1　霍尔果斯市历史文化资源中不可移动文物初期名录
（根据有关原规划资料和相关部门提供的信息汇总整理）

序号	历史文化资源名称	类别		备注
		排序	类型	
1	国门与霍尔果斯口岸	1	国家（地理）标志	均为不可移动文物
2	中哈合作中心与霍尔果斯边境联检大厅			
3	324 号国界界碑			
4	清代 18 号石碑（耻辱碑）			
5	中哈界桥			
6	G312 国道 4 825 里程碑			
7	沙彦卡伦	2	军事遗址	
8	富尔干卡伦			
9	察罕鄂博卡伦			
10	黄旗马队烽火台遗址			
11	乔老克炮台			
12	阿克炮台			
13	吐虎鲁克·铁木尔汗麻扎	3	古墓葬	
14	乌依扎依拉克古墓群			
15	巴斯昆齐古墓群			
16	加尔苏古墓群			
17	沙德赫麻扎			
18	阿力玛里故城	4	古城池	
19	索伦古城			
20	拱宸城			
21	《草原之夜》诞生地及其词作者墓地	5	现代	
22	阿拉马力边防哨所与《毛主席的战士最听党的话》			
23	新火车站			
24	国际汽车站			
25	其他	有待说明的内容		

(3) 关于踏勘查实的主要内容

为增强本次现场踏勘调研工作的科学性和客观性，使收集到的信息能在今后更好地发挥基础性依据作用，在调研活动全过程中，我们始终认真广泛地收集和整理有关文献资料和历史文化信息，并在对大量有关信息的归集与整理中，不断地进行筛选和分析比较，从最初的简要与单纯，逐步扩展为全面和系统，最终选定如下内容作为我们本次调研追踪和探究的理论依据，并结合实际，据此制定了详尽可行的动态调研方案，有计划、有组织地实施了在当地覆盖面最大的一次调研。

以下是依据有关资料，本次调研最终确定的、与当地历史文化资源情况有关、需踏勘查实的基本内容。其中，时间的上限不定，但下限主要止于近代(部分为现当代)：

① 以有关规划所涉及的城市辖区内存在或曾经存在过的重大历史文化事件及其标志物(遗迹或遗存)等资源的情况。

②《霍尔果斯口岸(含经济开发区)志》与兵团第 4 师 61 团和 62 团两个团场的史志中所提及的历史文化事件及其标志物(遗迹或遗存)等资源的情况。

③ 国内外有关著述、资料或文章中所提及的城市辖区内存在或曾经存在过的重大历史文化事件及其标志物(遗迹或遗存)等资源的情况。

④ 来自本地民间流传或知情人提供的城市辖区内存在或曾经存在过的重大历史文化事件及其标志物(遗迹或遗存)等资源的情况。

⑤ 其他渠道获得的信息——主要是依据前述有关资料等综合分析后，延伸推论出的城市辖区内存在或曾存在过的重大历史文化事件及其标志物(如遗迹或遗存)等资源的情况。

⑥ 书末部分参考文献中所提及的有关内容。

但实际进行的调研，考虑到有关情况可能存在的疏忽、遗漏和缺陷，作为基础性工作，为避免给今后的研究留下遗憾和发生不必要的麻烦，本着对历史负责、为国家边疆边境地区未来文化建设尽心的精神，笔者在带队进行调研的过程设计上尽可能做到完整、科学、合理，操作上更注意突出针对性和对现场的踏勘查实的要求，整个过程都特别强调严谨、认真和以亲眼所见、有图(主要是照片或视频)为据的真相说明。

需要指出的是，本书属于成果部分的内容中最终使用的 400 多张图片，除另有出处注明之外，都是从现场踏勘时，由调研者拍摄的超过 4 000 张现场照片中精心筛选出来的，因篇幅所限，也只是撷取了其中的不足十分之一而已。那些曾经与特区城市的历史文化有关或发生过一定影响、有重要价值，或有实物或有人证的大量关于不可移动文物的历史文化信息，经条分缕析，尽量不留遗憾地记录下来，目的是立此存照，以求能作为未来有关分析研究的依据，成为丰富和完善本地人文历史、开展相关文化工作、进行文化经济建设的基础性资料。

4. 调研采用的基本方法

由于本项目在当地的调研活动无其他经验可资遵循和借鉴，为保证调研效果的客观、真实，提高其可信度和有效性，课题组特采用了系统工程的调研方法，将调研的全过程视为一项内容十分庞杂、工作量巨大、使命和责任感极强、操作过程又很困难的系统工程。综合采取了以重大的、历史性与代表性突出的围绕古城墙遗址和古墓葬遗迹或遗存的真实现存情况的踏勘式直观调研（就是要用看得见、拍得到的照片）为主，以历史事件及其发生地的遗迹或遗存的现场考证（直接听说和文字记录）为辅的调研方法，将重点调研与所收集信息为依据应进行的面上普遍性调研相结合，协调好几大调研方法之间的有机匹配与组合，并且极为注重对重点调研的内容运用深度跟踪调研和点面特别组合调研，最终摸清了有关踏勘内容的基本情况，取得了较为圆满的调研成果。

下面，对有关主要调研方法应用过程作一简要的具体说明。

(1) 对重要信息的深度剖析式跟踪

此方法运用的原理，是由文献和相关资料提及的在册管理的文物，再到人们流行于唇齿之间口口相传的文物信息，通过逐一分解辨析、层层进行筛选剥离和去粗取精，渐次缩小有用信息范围，再通过去伪存真和由表及里的研究分析。先从所获得的初步信息上尽可能多地收集到与市域辖区有关的由霍城县、到伊犁州、再到自治区和国家有关机构不同层级的历史文化信息，进而获得辖区内关于遗迹或遗存等不可移动文物的基本历史文化信息资料，力争做到范围从大到小、内容能由宽（泛）到窄（集中）、最终聚焦于可以用实物或实地的照片或视频图像等资料记录来证明和落实有关信息的准确性与科学性及真实性和可靠性，从而能在史迹发生的知情人或遗迹所在地，由调研者亲自拍摄下总量超过4 000多张各类照片和一定数据量的视频，并记录下约有百万字的各类笔记。

(2) 对知情人员的"直盯"式跟踪

该法首先采用介绍信的方法，通过有关单位和机构的组织关系直接开展有关调查活动，以初步查清和界定大致的范围。而更多地则要以人际关系中广泛和普遍存在的朋友、亲戚、同学、故交、邻里、同事等关系所构筑的人脉网络，针对文献记录或传说中的史迹目标，采取人托人、人找人（多者达到过16～18个中间联系的人数/次）。还有就是通过在当地基层（如村委、连队、牧业点、边防站等）单位领导建议的人员范围内组织召开有各级各类、或多或少了解些相关情况的不定数量人员参加的座谈会或见面会等，最终找到了若干个真正了解史实或实际情况的（当事）人，并尽可能地再由这个（些）人带领，前往现场进行实地的踏勘和查证落实。仅在霍尔果斯市及其相关区域内，我们就先后以各种各样的方式联络和结识了百余人，被调研联系或直接接触（访谈）过的人员有200人次以上，召开各级各类不同形式的各种座谈会或见面会有20多次，每次参加的人数少则3～5人，多则10～14人不等。

(3) 对史迹地点直接进行的踏勘式跟踪

这个方法的运用，要求从最初的辖区历史文化信息所涉内容外围的划定，到中后期相对精准的实地（物）所在具体内容的落实，由粗至细，逐步缩小范围，直到最终落于实处的具体位置或坐落为止。凭着抓铁有痕的毅力，瞄准目标、咬紧牙关，一步一个脚印，在交通工具匮乏（初期有很多时候只能依靠徒步与单车前往，仅在中后期幸遇志愿者提供车辆帮助）的情况下，于现场踏勘的过程中留下了笔者的调研足迹，并最终幸运地追踪收集和索取到了遗迹（址）或史实发生的真实、具体的地点所在或传承的具体人物。在前后一年多的时间里，笔者在霍尔果斯市及其周边的紧邻之地（如属于兵团 64 团 1、2 连和兵团 63 团所在地境内的黄旗马队与河源等处），于辖区内各种类型的地质地貌之间发生或流传有（过）史迹信息的涉讯之处，从北（西）部的山区到南（东）部的平原河谷等处，多批次就所发现或听说的某一古迹的遗存状况进行反复确认与考证，单程或往返的次数累计达到数十次，仅在辖区内往返重点地域的累计行程就已超过 2 000 千米，基本完整地走遍了霍尔果斯市辖区及紧邻地域内 100 多个涉史的重点区域。除极个别因条件所限未能踏足以外，可以说是全覆盖式地踏遍了有可能存在不可移动文物的地点。

正是秉承"咬定青山不放松"的韧性坚持，用追求"听风是雨"或"捕风捉影"的不懈努力，才将原本许多处于传说中"风"和"影"子状态下飘忽不定的众多人文信息，通过踏勘方法的查实，逐个排除了其中的不实，终于把所在地"风影"状的文物信息情况落到了实处，从而获得了确认可做进一步有实际考证价值的诸多历史文化资源。

鉴于调研过程采用了如上三大核心步骤和科学、规范、合理的操作方法，所构成的研究在广度和深度、完整与理性、以跟踪查实为主的系统调研流程，使调研过程先在程序的操作上保证了最新资料来源的准确和客观，以及查实后的可靠与相对全面，由此获得的调研成果——主要以超过 4 000 张图片和部分视频（约有 20 GB 的信息量）为代表的文献资料，其研究成果具有很高的客观真实性与可信度，有相当重要的史料价值，尤其对当地后续的历史文化研究及相关历史文化（旅游）资源的保护与管理、开发和利用，对发展和建设霍尔果斯的城市文化及其产业等，将起到基础性作用，产生积极重要的影响，并对有关研究提供有益的参考和借鉴。

（二）霍尔果斯辖区及邻域内的主要历史文化资源情况

本次以踏勘查实为主进行的调研，采集、收获并整理出了众多有价值的资料信息，取得了多项颇具震撼力和重大意义的新发现，特别在以下三个方面获得了较为重大且主要的研究成果。

1. 属于霍尔果斯本土的基本人文史迹遗存情况及其内在联系

在以霍尔果斯为名的新兴口岸特区城市辖境内及其紧邻区域，有十分丰厚的历史文化积淀，其中代表人类文明印记的历史遗迹或遗存等数量众多，所反映的人文历史相当悠久、渊源深厚、价值非常宝贵、地域覆盖相当广泛、历史文化资源十分丰富。具体而言，经现场踏勘，进一步确认了原已在历史文献和个别有关记录中有所反映的、和新发现而加以确认可用于充实本地其他不可移动文物所代表的古代遗迹或遗存的真实现状。从这些发现或确认的本地不可移动文物所代表的古代遗迹或遗存中，初步已能较为清晰地看出发生在霍尔果斯土地上人类上下几千年活动的基本轨迹。以下试从几个特征入手将这些以不可移动文物所代表的历史节点的内涵做一个初步的纵向串接，力求能以节点化的链式梳理略微勾勒和还原出有关当地人文情况的一条简明且基本清晰的历史脉络。

(1) 发现和找到了当地早期人文活动的根脉性标志

首先，本次调研最新发现和确认了位于卡拉塔斯(哈萨克语“黑石头”)所在山坡上的十数块疑似古代先人用于(推测)祭祀或图腾崇拜等的石刻和石画(见图 4-2)。这些呈黑褐色的卵石多为巨形(面积在 0.5～1.2 m^2)。据初步分析，表面应是做过有关(化学草酸)处理便于保存后才进行图案刻画的，或选择的是富含铁元素的刻石，而在长期酸性雨水冲刷下逐渐变成具有防风化效果的黑褐色石刻和石画。即便如此，依然有不少卵石上的石画因年代久远而风化产生剥落和掉色，或有刻痕磨损。我们将这些图片送交中国社会科学院边疆所及苏州科技大学和新疆社会科学院等单位，经与有关专家共同辨识和分析研讨，认定有关石刻和石画的形制与在伊犁州特克斯县等地发现的同类石刻和岩(石)画几乎完全一样，应属于同一时期的人类文明遗产，即至少是属于人类早期的草原文明。也就是说，在霍尔果斯河沿岸所发生的人类文明历史，其时间跨度至少可以向上追溯到(新)石器时代甚至更早期的远古史前文明。这是霍尔果斯境内第一次将自己有记录的人文历史向前推进了 6 000～8 000 年，极大地伸展了当地人文历史的文化长度，扩大了有关研究的时间和空间范围。可以说据此已初步找到了当地的本土文明之根，这将非常有利于对当地有关历史文化研究和相关文化产业建设的进一步深入推进。

事实上，笔者在后期的踏勘中还有多次关于本地岩画和石刻(石画)在其他地方的发现。这些分布有岩画和石刻(石画)的山谷坡地，既有位于莫乎尔乡格干沟村三道泉所在地零星散布于两侧沟坡上的，也有处在兵团第 4 师 61 团草原站辖境内的，还有散布在兵团二道边防站附近的，其分布地域之广、范围之大、刻石形制与内容之丰富均为本次调研首度发现和落实。这些情况充分说明，当地早期的人类活动在数量和范围与程度上都达到了相当高的文明水平。另外，根据本次调研收集到的《新疆生产建设兵团农 4 师 61 团志》(准印证为2000 年第 490 号的新疆维吾尔自治区内部资料性出版物)记载，在现今霍尔果斯市的阿力玛里镇兵团 61 团的辖境内，以前还曾存有格干沟岩石画和空台沟岩画两处人类早期文明的遗迹。只是由于历史的变迁和限于具体考察时在人、财、物力等方面受到的各种条件限制，还待今后进一步踏勘查实。由于这些发现，经课题组请教的有关专家推测，本地原以战国墓地表明的人文历史应该据此向前推进数千年，可达有文字记录的史前文明时期，这些作为本地最早人文活动记录的现象，对本地文化研究与文明的发展和建设事业有着极为重要的意义。

在调研后期我们还找到和发现了具有城市“活化石”标志性意义、冠以“苹果城”之名的文化源头的本原载体植物——野生的天然苹果树(林)(见图 4-1)，这给“苹果城”阿力玛里未来的有关历史与文化研究，在源头上提供了一个十分重要的参照和可资研讨与借鉴的依据，实在是一个特别意外的惊喜！

此外，我们同时发现并经认真辨识和分析研讨，同样为中国社会科学院边疆所及苏州科技大学和新疆社会科学院等单位的有关专家所初步认定的，还有若干座(分别在四处新发现地方，每处各有 2～5 座)与位于伊犁州境内其他地区存在的、高度疑似为乌孙国时期的草原巨型土墩古墓(见图 4-3)，特别是名为阿山坟(或叫阿山包/顶)的古墓，和位于乎尔赛 5 连旱田中的 4 座增加了石头围圈封土特点形制的古墓，完全符合所有土墩古墓的要素标准，只待专业考古确认而已。其中，尤以位于兵团61团场自建的乎尔赛旱田公路东西两侧、属于园林5连北侧山前台地上、用鹅卵石围圈封土的4座（实际是5座）巨型土墩古墓群（塌陷后的高度仍有3～5米）最为典型。对尚需进一步考古确认的其他发现，则位于霍尔果斯河沿岸及其支流三道沟旁的三处各有1～3座此类高度疑似乌孙国时期的草原巨型土墩古墓。一是位于三道沟河畔莫乎尔乡格干（沟牧业村）的阿山坟（阿山顶/阿山包），二是位于霍尔果斯河东岸的卡拉塔斯（有2～3座）和乌依扎依拉克（有1～2座）的两处地方。且在其中卡拉塔斯处疑似土墩墓的坡地上，甚至留存的就是前述发现的古代石刻与石画遗迹。这些高度疑似乌孙土墩墓的古遗迹多为南北链线形式，沿河谷排列，普遍高达十多米，墓园封土的周长均过百米，仅直径就在60～80米，俨如一座座小山，是霍尔果斯河附近一道奇特的人文景观，本地这些不可多得的属于草原游牧文化时期的不可移动文物，当然是古代先民遗留给中华民族十分珍贵的重要历史文化遗产。

至于与这些高度疑似为乌孙国时期草原巨型土墩古墓相印证的，还有我们在莫乎尔乡墩买里（又称冬麦岭或东北领）村中发现的一对草原石人。这些情况有力地证明，在伊犁州境内其他地区存在的古代草原文明标志，霍尔果斯也有。霍尔果斯的草原文明是伊犁州河谷地区存在过的古代草原文明的重要组成部分，具有典型的代表性。

（2）对有关历史文化资源的初步归类与简要划分

我们查实的不可移动文物情况，属于伊犁河谷本地区典型草原文明的历史遗迹在本次调研活动中都有不同程度的发现。这样就为我们串接本地人文历史脉络提供了最为客观有效的第一手依据。在我们发现的文物资源实物与信息中，既有源于史前文字文明所在的石器时期的石刻岩（石）画，也有早期草原文明时期的草原土墩古墓（含高度疑似）及其草原石人，更有战国以来起自乌孙国时期的众多古墓葬和古城池等等。

为便于说明问题，除有待进一步现场查实确认的一些个别的遗迹或遗存（如据说应为古代游牧部落氏族标志的巨型条状文字刻石和岩画等）外，笔者按人类有纪元以来的时间（年代）顺序，将当地具有标志性的古代遗址或遗迹遗存的基本人文史情况分为如下三个大的方面略作说明：

一方面，主要是有待进一步考证确认的高度疑似乌孙国时期的草原土墩古墓，如阿山坟（又称阿山包，或阿山顶）与位于61团5连乎尔赛旱田中的巨型古墓，以及草原石人（见图4-3）和战国至隋唐（突厥）时期的古墓葬（群），克干山口古墓群、红山嘴古墓群和乌依扎依拉克古墓群及加尔苏古墓群（早已被平毁为农田）等（见图4-4～图4-8），以及同一时期的古代城池——索伦城遗址（见图4-10）（另一说法是，该古城池为清代所建，但经我们请教有关专家和查阅有关资料后认为，还是算在战国至隋唐（突厥）时期较为合理，与我们有同样观点的，有2011年12月出版的《新疆维吾尔自治区第三次全国文物普查资料汇编——霍城县不可移动文物》和《第4师不可移动文物名录》等的记载和遗址处竖立的另一块保护牌上的介绍）。

另一方面，主要有先后两度作为由中华民族北方少数民族建立的地方政权的王城（汗国都邑）遗址：即12世纪先臣服于来自东部的契丹宗室耶律大石所建立的中亚西辽国，及其后最早归顺蒙古成吉思汗并参加西征的葛逻禄部与后来的蒙元时期察合台汗国两代地方王朝国都（王城）的阿力玛里（“苹果”城）遗迹，其墓葬标志可以确认的首先是现存于霍尔果斯市阿力玛里镇内距口岸东侧约10千米处、保留基本完好的地面不可移动文物（遗迹）——为其鼎盛时期的汗王距今约700年的吐虎鲁克·铁木尔的王陵（名为吐虎鲁克·铁木尔麻扎，本地俗称“大麻扎”或“麻扎包”），也是国家（2001年6月）和自治区（1959年和2009年9月先后两次）等各级政府立碑的重点文物保护单位。

再就是我们本次调研了解到同时代其他非王陵的古墓葬群。在距离现今的伊车-嘎善乡西侧紧邻精（河）-伊（宁）-霍（尔果斯）铁路旁的兵团64团2连连部所在地的区域，据当地老职工回忆和现场的勘察确认，该地应为曾拥有数百座古墓的蒙元时代的古墓群（群），因为连队当初屯垦搞农田建设时就平毁过一大片。后在连队的居住地，也曾有多人多次在自己家的院内修建房舍时，挖掘和发现过完整的独木棺和古人遗骸等物品，该连队现今在用且有过坍塌记录的机井房内的地面，本身就是一座古墓所在（具体位置见图4-9）。考虑到该墓地数量巨大、年代久远，并与后来进一步踏勘确认的第二索伦故城所在地（兵团第4师64团1连的“塔城地”或被称为“佛嘎善”）相邻，按照古墓与古城的关系，经有关专家研究推测，该墓群以及第二索伦故城附近发现的另一处规模远小于本墓群的两处墓地，都应为古代该城池居民故去后的安葬之地，时间跨度应起于蒙元晚至民国时期。

至于古城池方面，这里需要特别作出说明的是，我们通过对阿力玛里（苹果城）地面不可移动文物遗迹做的进一步现场踏勘，首次了解到，30多年前，随着最后一座疑为带有该古城墙北段残垣的角楼（疑似）的平毁，这座传统上被认为是位于格干平原地带的古城，最后仅存于平原地带地面上的遗迹终于全部消失。更多有关阿力玛里历史文化遗迹的记载是，早在1957年1月，阿力玛里城遗址就被新疆维吾尔自治区人民政府列为第一批保护单位。2015年自治区和伊犁哈萨克自治州文物局邀请陕西省文物保护研究院，用最先进的航空遥感等技术手段，加多光谱遥感探测与传统勘探方法相结合的科技考古勘探理念与手法，历时两个月，对阿力玛里遗址区域进行了科技勘探，找到了除位于山上的部分城池遗迹外，地处平原上这座被泥石流冲毁后深埋于地下的古代名城。有关情况介绍，请参见本书后面第三章中“现代口岸‘苹果城’里发生的真实传奇”之“发现‘苹果城’阿力玛里故城的故事”的说明。此处恕不赘言。

再就是关于古“苹果城”阿力玛里，我们在本次调研中通过直接了解和现场踏勘可以确认的也有三处最新的遗存，具体情况如下：

一是位于大麻扎地下，由四条对应王陵方形建筑四角的地下墓道（其中之一的入口早已被人挖开，惨遭损毁，曾被疑似为盗洞）可以进入的地下陵寝（地宫或地室），现仍有被毁坏塌陷的地下墓道，其中之一的入口为遗存（见图4-12）。

二是在大麻扎附近，直线距离不足200米的范围内，曾经因团场建设水泥地坪而被发现的两座古瓷窑，其中一座在意外推平掉穹顶后，被略懂文物保护的现场领导叫停，并用回填浮土埋于地下，因而基本得到了保护（位置见图4-17）。当时发现于此窑中并取出来的一件出土瓷片残件（见图4-18），目前仍留存在民间，可以佐证。

三是另一处，其与大麻扎直线距离也不足200米，是紧邻省道213公路旁的一个蔬菜大棚的后壁。当时建设大棚推土时，发现一座石砖穹顶古墓端头部分，其中的墓室内陪葬物品当下既已被盗后，也是被略懂文物保护的现场领导叫停后，作回土填埋暂被保护。这是一座完全为古代墓制形式的不可移动文物遗存(具体位置见图4-14所示)。

对于当地的其他古城池，我们通过各方信息的汇总筛选和最后提炼，经现场走访和组织召开知情人座谈会等途径，调查了解，并在知情人带领下进行踏勘，初步发现和确认了位于现今伊车-嘎善乡西侧被精(河)-伊(宁)-霍(尔果斯)铁路分为东西两侧(路西为玉米田的庄稼地，路东为苗圃，面积共600多亩)区域的兵团第4师64团2连所在地(具体位置见图4-21所示)，被平毁于30多年前的第二索伦故城遗址，现今仍有该团场以"索伦路"作为标志的区域名字为证。当地人(现今主要是在册的兵团职工)称之为"塔城地"，而作为曾经有着角楼和高宽各达数米城墙围护的该城，平毁以前主要是以锡伯族为主的人口在城内生活，当地(城池内生活的)人(据说迁移前尚有200～300之众)一般称该故城为"佛嘎善"，锡伯语里的意思是"旧城"或"旧(村)镇"(锡伯语"佛"，为"旧"，"嘎善"为"城"或"村"、"镇"之意)。

(3) 归类说明的清代及民国以来的主要不可移动文物情况

首先是在民间和社会上较有影响的寺庙类文物，主要有三种情况：

一是小麻扎清真寺。

二是拱北寺(娘娘庙，俗称老哇庙)。

三是主要分布(散落建)在霍尔果斯市莫乎尔乡和伊车-嘎善乡各个村里或团场民族连队内的现代民间(清真)寺(庙)。

其次，就是我们按如下几种类型初步划分的清代(晚期)、民国和新中国三个时期的以下几类主要文物情况。其中：

一是属于清代的不可移动的文物主要可分为六类：

① 古城池，以拱宸(科旗)城遗址为代表。

② 古墓葬群，以小麻扎和拱北墓地等为代表。

③ 古代卡伦(哨卡)与军事设施遗址，新发现有关信息的有苏尔塔西、沃伦、尼堪和英塔卡伦，以及补充原有资料信息的哈尔索胡尔、契格尔干、富尔干、沙彦、尼堪、察罕额博、登元与河源(三道河子)等卡伦为代表；烽火台和炮台以黄旗马队、乔老克、阿克和陶布拉克等为代表；此外就是古兵营房和牛录驻地等。

④ 国家边界标志碑，主要是近代的耻辱碑(清俄18号界碑)、见证沙俄侵华历史的大石堆等。

⑤ 遗址方面，新发现了位于62团11连葡萄地里的古陶窑(场)遗迹。

⑥ 历史文化古树林木类。这些古树林木往往与国家边疆历史文化有关，且树龄大多超过百年以上，有些已经名声在外。主要有：左柳(树)，现地面早已无存，仅有埋在地下尚存的残根；左榆(树)，阿山包(坟/顶)附近的大榆树；界河旁边防公路边上的"九棵柳"；见证口岸百年历史的新疆杨；树上干杏之王(树)和其他数十棵百年树龄的老树(部分已被所在地的兵团围栏保护

起来)；位于河源(三道河子)哨卡附近和格干沟中(上)游沟坡处，具有一定景色观赏价值的若干成片的胡杨林和几处野生苹果(树)林、山楂(棉塔树)林和黑加仑(树林)等。

二是属于民国时期的主要有：拱北寺、四道(号)沟金矿坑遗址及该遗址附近阿勒肯(克)陶民国(时期)兵营、大黑石头(路标石)等。

三是属于新中国时期的。由于新中国成立后经济建设取得的巨大成就无与伦比，在此仅考虑跟有关口岸史相对接、有一定历史研究价值、便于作为旅游景观的情况，主要有：

① 国家边界标志的国门(第五代和第六代国门)和中哈界桥、界碑(在口岸的及其附近的)与路碑(包括 312 国道终点标志碑、连—霍高速公路终点碑等)。

② 省道 213 起点零千米碑和阿力玛里镇的现代“苹果城”雕塑(标志)。

③ 鉴园和安全警示碑(即“二·一八”纪念碑，位于 61 团团部所在地)。

④ 金边展览馆(62 团团部所在地)。

⑤ 自北向南唯一横跨现今中(国)哈(萨克斯坦)两国国境的三大主要建筑群——中哈霍尔果斯河分水枢纽工程、中哈霍尔果斯国际边境经济合作中心、中哈(中国—中亚)天然气输气管道工程首/末站，等等。综上所述，可以说，本次调研初步找到了霍尔果斯本土的早期人类文明根须颈脉，基本梳理出了当地历史文化标志性变迁的主要脉络，发掘出了推进特区城市未来文化产业发展，建设城市文化经济所需的城市文化与文明之源。

2. 当地历史文化资源的基本情况

根据前述有关情况的介绍，到目前为止，可以说通过以踏勘方法进行的现场查证为主的调研，我们已成功地将原本大多停留或保存(留)在书籍或文献资料中、甚至是仅流传于人们口头上的、属于霍尔果斯境内的历史文化遗迹或遗存等不可移动文物资源的客观、真实情况，以现场查证的方式，对比有关资料信息做出了最新、最为客观和真实、也更为科学地确认。所获得的调研成果，可以认为，基本查实了霍尔果斯不可移动遗迹或遗存等文物的客观现状；初步摸清了当地拥有历史文化资源规模的总量——有关资源的底数；通过调研完成的对有关遗址(遗迹)变化情况的信息与资料的采集和梳理，在一定程度上构建起了当地基本的历史文脉；由此初步搭建起了霍尔果斯辖境内以不可移动文物为代表的人文历史框架，基本勾画出了未来本地开展“一带一路”文化支点城市建设的愿景。如此，将铸牢边关重镇的霍尔果斯特区城市的文化根基，夯实作为特区城市霍尔果斯未来发展文化经济，特别是以历史文化旅游为现实发展目标的文化产业基础。

为便于今后加强对当地拥有的历史文化资源资产的保护和管理，也为了今后在保护的前提下对有关历史文化资源进行适当的开发和利用，本文特就调研所查实摸清的有关情况，做出基本的简要分类说明，更多具体的、包含文物单项内容和特征的资源及其内涵情况，则单独列入后续本章的第 3 个问题中，以有关霍尔果斯人文历史及其资源情况调研的主要成果正式发布，以期能起到可资参照和依据的作用。

为避免重复和不必要的赘述，在此仅用分类列表和图示的方法就有关霍尔果斯历史文化资源的基本情况做出相应解读。其中，有关霍尔果斯辖区历史文化资源简要情况的说明，请参见前一章的表 1-1 和图 1-1，有关霍尔果斯辖区历史文化资源分布的曲线与相关列表，请参见表 2-2 所示的内容；至于有关霍尔果斯辖区人文历史基本脉络——历史文脉的情况，则请参见依据史迹遗存情况，进行的有关节点式梳理后所列出的第一章表 1-2 所示的内容。

表 2-2　霍尔果斯辖区历史文化资源分布情况简表

序号	遗迹遗存类型	所在区域
1	军事遗址与烽燧等	绝大部分在边防辖区 个别在地方和兵团 63 团场辖区
2	古代城池与聚落遗址	兵团辖区(61 和 62 团场)
3	古墓葬(群)	大部分在兵团 61 团场辖区 小部分在地方和边防辖区
4	古石刻岩 (石)画/碑石	
5	古(瓷/陶)窑场 遗址/遗迹	兵团辖区(61 和 62 团场)
6	古寺庙	兵团辖区(61 和 62 团场)
7	古树名木	大部分在兵团 61 团场和 62 团场 及边防辖区，少量在地方
8	近现代遗迹 与文物景观	大部分在地方 小部分在兵团 2 个团场和边防辖区

3. 有关霍尔果斯人文历史及其资源情况调研的主要成果

调研过程结束后，我们以报告形式正式发布了霍尔果斯辖区内最新不可移动文物遗迹或遗存情况。这些以分类归属表达的人文现象，作为当地重要的历史文化资源，极大地补足、填充、夯实、拓宽、丰富和扩展与完善了特区城市的历史文化内涵，对人们增强建设和发展好特区城市的文化自信，将起到极大的鼓舞和激励作用，对推进特区城市文化产业的发展和文化自觉的提高，也必将产生重要的影响。

在本次调研中，我们通过锲而不舍踏勘式地努力追踪，发现了一大批原来不曾正式记录于有关文献资料之中的本地历史文化资源，其总量已达到 110 个主要单项之多，初步估计超过原来通常记录资源总量(如表 1-2)的四分之三。虽然，还需对这些新发现的历史文化资源中的某些内容要素有待做进一步的专业考证和确认，但其中发掘和发现的一些与自然景观相联系的、急需保护的历史文化资源，将为霍尔果斯城市未来的文化建设，特别是历史文化研究和本地的历史文化教育，尤其是在实施有关历史文化旅游方面的深度开发和利用，为发展文化经济，拓展出新的资源空间，提供底蕴更为深厚的历史积淀与史迹文化支撑。

总之，由前述有关霍尔果斯辖区及邻域内历史文化资源的调研与结果的介绍可见，严谨、翔实、周密、完整和综合的课题调研，取得了极大的成功，获得了内容丰硕的成果。综合各部分情况，进行汇总不难发现，目前为止的调研，我们一共发现了以不可移动文物为代表的本土主要人文历史现象，有 8 个一级大类、78 个二级子类，总计 110 个主要单项。这些人文史迹是霍尔果斯当地十分宝贵而重要的历史文化资源。其中，大多数极有可能成为特区城市未来开展相关(历史)研究和进行文化经济全产业链建设，尤其是发展好历史文化旅游的基础性资源。

为方便查询和进行有效对比，也为了有关部门能更好地加强对这些珍贵历史文化资源的保护和管理，笔者特按所拟就的一定标准(主要是文物特征与属性)和规范，将有关调研成果中所涉各个历史文化资源点情况，暨将各处遗迹(遗存)与人文现象的具体情况，附以适当的简要说明，作为霍尔果斯历史文化资源情况的具体内涵，尽数归纳列入表 2-3 之中。

表 2-3　霍尔果斯主要历史文化资源汇总情况一览表

分类情况		(不可移动)文物名称和有关资料记载与调研发现情况					查实情况与现状
基本类型	序号	历史遗址或遗迹与文物名称		有无本地资料记载	新发现情况：全新	新发现情况：部分新	
一、军事遗址与烽燧等类	1	卡伦(清代/自北向南)	苏尔塔西	无	是	—	待查
	2		哈尔索胡尔	有	否	—	查实/被毁
	3		契格尔干	有	否	—	查实/被平毁
			沃合卡伦	有	是	—	待查
	4		富尔干	有	否	—	查实
	5		沙彦	有	否	—	查实
	6		尼堪卡伦	有	是	是	早无踪影
	7		英塔卡伦	无	是	—	查实/被平毁
	8		察罕额博	有	否	—	查实/未保护
	9		登元	有	否	—	查实
	10		河源(三道河子)	有	否	是	查实
	11	烽燧与瞭望台	黄旗马队烽火台	有	否	—	查实
	12		黄北了望台	无	是	—	查实
	13	清代炮台	乔老克(炮台)	有	否	—	查实
	14		阿克(炮台)	有	否	—	查实
	15		陶布拉克(炮台)	无	是	—	查实
	16	清代拱宸城古兵营房		无	是	—	查实
	17	清代牛录驻地(伊车-嘎善乡砖场)		无	是	—	查实/被平毁
	18	阿勒肯(克)陶民国(时期)兵营/位于 4 道(号)沟金矿附近		无	是	—	待查

（续表 2-3）

分类情况		（不可移动）文物名称及有关资料记载与调研发现情况						查实情况与现状
基本类号	序号			历史遗址或遗迹与文物名称	有无本地资料记载	新发现情况：全新	新发现情况：部分新	
二、古代城池与聚落遗址类	1			阿力玛里故城遗址	有	否	是	待查
	2			疑似阿力玛里故城角楼（瓮城）遗址	无	是	—	查实
	3		索伦故城	索伦故城遗址	有	否	—	查实
	4		索伦故城	第二索伦故城遗址	—	是	—	查实/被平毁
	5		索伦故城	第三索伦故城遗址	—	—	—	待查
	6			拱宸城遗址	有	否		查实/部分被毁
三、古墓葬类	1		土墩古墓与高度疑似乌孙时期古土墩墓群（在五个地方多处分布）	园林5连北侧山前台地上的巨型土墩古墓群（4座）（即61团场自建的乎尔赛旱田公路东西两侧）	无	是	—	查实/均被盗或平毁
				加尔苏土墩古墓群（共有三处）				查实/被毁
				阿山玟（阿山顶/阿山包）疑似				查实/被毁
				乌依扎依拉克处（1～2座）疑似				查实/待考古确认
				卡拉塔斯处（2～3座）疑似				
	2	A	乌依扎依拉克古墓群	阿拉马力边防连训练（机）场附近古墓群	有	—	是	查实/部分被盗挖/或平毁
		B		训练（机）场北侧隔内河山坡上七兄弟宗族古墓群	无	是	是	查实/多被平毁
		C		阿拉马力边防连营房南侧幸福沟山坡上古墓群	无	是	是	查实/多被平毁
	3			巴斯昆齐（卡拉塔斯）古墓群	有	否	是	查实/被毁
	4	A	克/格干山口古墓群	61团场地面标志石堆处	无	是	是	查实/有部分损毁
		B		61团场草原站名叫马群所在地农家乐附近的古墓群	无	是	是	查实
	5	A	红山咀（嘴）古墓群	老营房附近墓群	无	是	是	查实/部分被盗挖或平毁
		B		位于靠近国防公路处八（十间房）阿（力玛里）公路（北延线）东光伏板下的古墓群	有	否	否	查实/均被毁
		C		后山（沟）台地上古墓群	无	是	是	查实/部分被毁

（续表 2-3）

分类情况		（不可移动）文物名称及有关资料记载与调研发现情况				查实情况与现状
基本类号	序号	历史遗址或遗迹与文物名称	有无本地资料记载	新发现情况：全新	新发现情况：部分新	
三、古墓葬类	6	A　吐虎鲁克·铁木尔汗麻扎（大麻扎/麻扎包）	有	否	是	查实
		B　（大麻扎）及其附近穹顶古墓（群）	无	是	是	查实/部分被毁
		C　（大麻扎）地宫及其4条入宫地下墓道：1条已发现	无	是	是	查实/部分被毁
		C　（大麻扎）地宫及其4条入宫地下墓道：另3条待考证				待查实
	7	第二索伦故城之古幕群地（应为兵团64团1连所在古墓群）	无	是	是	查实/被平毁
	8	A　沙德赫麻扎（小麻扎）	无	否	是	查实
		B　小麻扎附近古墓群（中外）古代信徒墓群		是		
	9	A　霍城拱北（墓地）	无	是/—	是	查实
		B　穆斯林哲派二娘娘墓地				
	10	阿勒肯（克）陶古墓群/位于4道（号）沟金矿附近/乌依扎依拉克北部山区	无	是	—	待查实
	11	胶泥沟古墓群	无	是	—	待查实
	12	红柳沟古墓群	无	是	—	查实/基本被毁
	13	冬麦岭（墩买里/东北领）古墓群	无	是	—	查实/被平毁
四、古窑场遗迹遗址类	1	高度疑似清代古窑场遗址金边镇62团11连（出土有大量文物）	无	是	—	查实/被平毁
	2	阿力玛里镇61团7连所在地大麻扎附近：A　可确认遗址位置（缺出土文物）	无	是	—	查实/被平毁
		阿力玛里镇61团7连所在地大麻扎附近：B　古瓷窑场遗址（窑内出土有瓷片）	无	是	—	查实/被平毁
五、古寺庙类	1	小麻扎清真寺（历史与社会影响面大/信众人数多）	有	是	—	查实
	2	拱北寺（娘娘庙或俗称老哇庙）（历史与社会影响面大/信众人数多）	有	是	—	查实
	3	莫乎尔乡/伊车-嘎善乡境内各村/驻地兵团61和62团场民族连队所在地之（当代）寺/庙	有	是	—	查实
六、古树名木类	1	左柳（树）（原来主要栽植于62团幸福街路口）	无	是	—	查实/已毁
		中哈分水枢纽以北/国防边境公路旁挂牌保护的“九棵柳”百年古树（目前尚存5棵）	无	是	是	查实/部分已毁
	2	左榆（树）（62团11连境内）	无	是	是	查实/部分已毁

（续表 2-3）

分类情况		（不可移动）文物名称及有关资料记载与调研发现情况						查实情况与现状
基本类号	序号	历史遗址或遗迹与文物名称			有无本地资料记载	新发现情况		
						全新	部分新	
六、古树名木类	3	柳树街（金边镇团部/62 团 11 连境内）			无	是	是	查实/已毁
	4	口岸百年新疆杨（海关北和雕塑西北侧、边防营大门对面的亚欧北路旁）			无	是	是	查实
	5	古树	莫乎尔乡格干沟村阿山顶附近年逾 2～3 百年的古榆树		无	否/—	是	查实
			61 和 62 团场内受保护百年树龄古树		无	否/—	是	查实/部分已毁
	6	清代红桥（62 团 11 连所在红桥村）			无	是	—	查实/部分已毁
七、古石刻岩画和石画与碑石遗迹类	1	卡拉塔斯石画（巴斯昆齐附近）			无	是	—	查实
	2	莫乎尔乡格干沟牧业村三道泉岩（石）画/石刻			无	是	—	查实
	3	石画	61 团草原站马群附近巨型石画		无	是	—	查实
			61 团二道边防 3 号站附近的多处石画		无	是	—	查实
	4	岩画	格干沟口岩石画（61 团）		无	是	—	待查实
			空（恐）台沟岩画（61 团）					
	5	草原石人（莫乎尔乡墩买里村）			无	是	—	查实
	6	古代游牧部落氏族标志巨型条状文字刻石			无	是	—	待查实
	7	红山嘴后河谷旁山顶路标石（大黑石头-清/民国时期）			无	是	—	查实
	8	（清代）耻辱碑			有	否	—	查实
	9	（清代）大石堆（沙俄侵华的见证）			有	否	—	查实
	10	A	324 号等国界界碑		有	否	—	查实
		B	中哈界桥					
八、其他（现代为主）遗迹与（出土）文物景观类	1	A	国门	第 5 代	有	否	—	查实
		B		第 6 代				
	2	A	霍尔果斯口岸与中哈国际边境合作中心边境联检大楼	大厅建筑	有	否	—	查实
		B		中国文化馆等				
		C		中哈联接通道与方鼎界柱				
	3	A	“草原之夜”与原创词作者张加毅墓地	原创地旧屋	有	否	—	查实
		B		作者墓地				

（续表 2-3）

分类情况		（不可移动）文物名称及有关资料记载与调研发现情况						查实情况与现状
基本类号	序号	历史遗址或遗迹与文物名称			有无本地资料记载	新发现情况		
						全新	部分新	
八、其他（现代为主）遗迹与（出土）文物景观类	4	A	阿拉马力边防连与《毛主席的战士最听党的话》歌曲	红歌连及连史馆	有	否	是	查实
		B		老/新营房所在地		是	是	
		C		山谷堆石誓言 2 处				
		D	红山嘴（咀）边防连附近	老营房所在地	有	是	是	查实
				“祖国万岁”山坡石堆誓言	有	是	是	查实
		E	黄旗马队边防连	“拥军路”及路旁戍边碑石	有	是	是	查实
				“百年哨卡”连史馆	有	是	是	查实
		F	现代边防了望塔与巡逻路（霍尔果斯 1、2、3、4、5 连）		有	是	是	查实
		G	兵团屯垦戍边遗迹	“冬窝子”等几代值勤驻地遗址（位于“马群”附近和现代 3 号值勤点）	无	是	是	查实
				63 团《沙林人》歌碑（乔老克炮台处）				
	5	A	61 团现代阿力玛里镇“苹果”城雕塑及附近 213 省道（霍[尔果斯]都[拉塔]公路）零公里标志碑	“苹果”雕塑	无	是	是	查实
		B		石碑路标				
		C	61 团草原站马群处 20 世纪 50 年代哈萨克老文字回国纪念石刻	现代游子刻石	是	是	是	查实
	6	61 团鉴园（防火安全警示碑/亭）			无	是	是	查实
	7	“霍尔果斯特区欢迎您”特区标志石			无	是	—	查实
	8	霍尔果斯新丝路（跨境）金融小镇标志石			无	是	—	查实
	9	霍尔果斯火车站			有	否	—	查实
	10	霍尔果斯国际汽车站			有	否	—	查实
	11	中哈霍尔果斯河分水枢纽			无	是	—	查实
	12	霍干水库			无	是	—	查实
	13	（三道河）萨尔托海沙地草场及其传说			无	是	—	查实

(续表 2-3)

<table>
<tr><th colspan="2">分类情况</th><th colspan="7">(不可移动)文物名称及有关资料记载与调研发现情况</th><th rowspan="3">查实情况与现状</th></tr>
<tr><th rowspan="2">基本类号</th><th rowspan="2">序号</th><th colspan="4" rowspan="2">历史遗址或遗迹与文物名称</th><th rowspan="2">有无本地资料记载</th><th colspan="2">新发现情况</th></tr>
<tr><th>全新</th><th>部分新</th></tr>
<tr><td rowspan="13">八、其他(现代为主)遗迹与(出土)文物景观类</td><td rowspan="4">14</td><td rowspan="4">中国-中亚(暨中-哈)天然气管道首/末站</td><td>境外</td><td>A</td><td>中国-中亚(中-哈)天然气管道末站</td><td>有</td><td>否</td><td>—</td><td rowspan="4">查实</td></tr>
<tr><td rowspan="3">境内(中国能源通道“国门第一站”)</td><td>B</td><td>中国-中亚(中-哈)天然气计量首站</td><td rowspan="3">有</td><td rowspan="3">是</td><td rowspan="3">—</td></tr>
<tr><td>C</td><td>西部管道公司(加压)作业首站</td></tr>
<tr><td>D</td><td>西部管道公司维修首站</td></tr>
<tr><td>15</td><td colspan="4">金边展览馆(62 团屯垦戍边史迹展览馆)</td><td>无</td><td>是</td><td>—</td><td>查实</td></tr>
<tr><td rowspan="6">16</td><td>A</td><td rowspan="3">河源胡杨林景观</td><td rowspan="2">河源卡伦附近</td><td>紧邻边防营房附近胡杨林</td><td rowspan="6">无</td><td rowspan="6">是</td><td rowspan="6">—</td><td rowspan="6">查实</td></tr>
<tr><td>B</td><td>伊犁河/霍尔果斯河交汇处附近防区内沙地胡杨林</td></tr>
<tr><td>C</td><td colspan="2">莫乎尔乡格干河上游山区处</td></tr>
<tr><td>D</td><td rowspan="3">格干河上/中游二道桥附近河滩谷地与东沟坡地</td><td colspan="2">野生苹果树(林)</td></tr>
<tr><td>E</td><td colspan="2">野生山楂(林)(俗称面塔树/哈语“多那拉”)</td></tr>
<tr><td>F</td><td colspan="2">野生杏树</td></tr>
<tr><td>17</td><td colspan="4">晚清(民国)金矿遗址(位于 4 道[号]沟内/被炸后已遭废弃)</td><td>无</td><td>是</td><td>—</td><td>待查实</td></tr>
<tr><td>18</td><td colspan="4">《跨越历史的征程》雕塑(亚欧路与神州路交口/海关与边防营门前)</td><td>无</td><td>是</td><td>—</td><td>查实</td></tr>
<tr><td>合计</td><td>78</td><td colspan="8">110(个)(主要单项数量)</td></tr>
</table>

对比调研前后的表 1-2 和表 2-3,可以发现大多数内容已完全不同。由表 2-3 所列 8 大类 78 项子类中所包含的 110 个单项的具体内容与实际查实的效果表明,本次调研无论是新发现的资源数量(增加了 4 倍多)还是质量(历史前推到了石器时代),无论是对资源存在情况的有效认识程度(存废与否和范围所至),还是资源情况的丰富与完整性,都是表 1-2 内容远所不及的。通过现场踏勘式调研查实的内容达到近 94%,只有全部属于调研所最新发现的 7 项个别资源信息的内容(约占项目总数的 6%)因条件所限而有待进一步查实外,表中其他所列的各项内容均已获得落实并得到最终的确认。

第三章 丝路遗珠 史海拾贝

——神奇“苹果城”阿力玛里——霍尔果斯趣闻轶事集锦

为分享奇葩之地的神秘与独特，在此略用文字稍稍记录下一些调研过程中收集和了解到的颇具传奇色彩的人文典故和奇闻逸事。这些散落于民间各处或留存于各种不同文字资料中关于古今“苹果城”或称霍尔果斯的独特史迹信息，是笔者整理和研究有关资料和信息后的另类收获，唯愿这片片撷英能给读者于匆匆一瞥中，带来对祖国这块神奇宝地新颖奇异、不同凡响的感受。至于更多精彩的故事，限于篇幅就只能在本书中直接以史迹图片配上必要的文字解读来作适当的简明介绍了。事实上，每张图片的背后也都有着一段深沉的故事和值得回味的历史，更待今后能因此吸引来更多对中华文化有爱心和感兴趣的人们有机会再做进一步地探索、发掘和展示。

（一）关于苹果、苹果树和“苹果城”

在人类社会发展的历史上，很少有一种可食用的水果名字能与人类自身文明进步的历史发生长久的关系，甚至是息息相关。但似乎有一种特别的情况却是极端例外的，这种平凡而神奇的水果几乎成为人类文明的植物性象征，它就是人们日常熟知和十分喜食的圣果——苹果。但这里要介绍的苹果却非常特殊，它在很多地方都与人们日常生活所喜食的果品有很大不同，它不再是传说中由亚当和夏娃因为爱情而偷吃后结晶产生了人类的“禁果”，也不再是掉落在地的过程中因砸到了科学巨匠牛顿头上，从而引发了“万有引力”等科学定律的“神果”，更不是21世纪初因现代科技商贾乔布斯咬了一口而直接带动了全球移动通讯进入智能手机时代、为商界巨擘成就了苹果公司的智能手机品牌的“苹果”，它虽是一个极为普通的活生生、但又是因其源自实实在在由原始野生苹果经由人类的不断培植而成为当今最佳食用果品的传统水果的“苹果”，更因其产地之特殊的缘故，而被古人广泛传诵以至用“苹果”为名冠之，后在古丝绸之路的历史上一直因此扬名立足、蜚声海外的历史文化名城。她，就是今天作为中国西部最大的陆路口岸的边关重镇，也是我国“一带一路”西部核心区建设的重要节（支）点城市和经济增长极所在，一个名叫霍尔果斯的地方！

因为，在这座现代被称为口岸特区城市的霍尔果斯境内，其紧邻市区的一个乡镇，至今的名字依然使用的是古代突厥语地名中汉语意为“苹果城”的名称，即现在位于口岸城市霍尔果斯城东、以一只巨大的苹果雕塑为其地名标志，名叫“阿力玛里”镇的“苹果城”之乡！据说，这里的苹果是伊犁地区最好吃的，阿力玛里也是世界上至今唯一用苹果命名的地方。这里天空湛蓝，丘陵葱郁，特有的典型逆温带气候，夏天凉爽宜人，冬天寒风不作，周围群山巍峨壮丽，湍流清急密布，碧草葱茏蔓延，牛羊满坡遍野，平原广阔无垠，作物生长旺盛，如此风景如画之地，更多的却是一个水果的天堂，在其上万顷的各种园林中，仅超过万亩的就有苹果林和杏林。每年仅盛产的苹果、桃、杏、核桃、西梅、山楂、葡萄等 70 多种鲜美的果品就可达十万余吨。现今尤以万亩“树上干杏”为中国最大和世界独有。这里拥有荣获“中国地理标志保护产品”的树上干杏——一种口感绝佳品质上乘的特色果品，生长着中国的“树上干杏王”，故而也被称为“中国树上干杏之乡”。然而，所有这一切的名声，却都抵不过源于“阿力玛里”在历史上早已声名远播、被冠以“苹果”之名。

尽管现代科学告诉人们，从常识上说由野生苹果驯化而来的现代苹果在全世界的野生驯化产地应该不只一处，但据说居住在西亚邻近非洲地带的古代希伯来人或操此语言的人中，一直有着一种被认为是关于苹果来源及其产地为“苹果城”的传说。说是人们喜食的苹果最初源于被人类驯化的原始野生苹果，且是产自东方一个叫阿力玛里的地方。因此，能大量出产这样苹果的所在应该是名为“苹果”的地方。由此，人们最终在那个因盛产苹果又被习惯叫做苹果而被认为就是苹果城的地方建起了以苹果命名的城市——古地名为“阿力玛城”，而这座城市就是古代和现在的地名，按照突厥语汉意都是被称为“苹果”的阿力玛里(即“Almalik”，其读音中的后缀“-lik”即“里”，在突厥语里的汉语意思就是“城”，而“Alma”即突厥语汉音“阿力[里]马”就是“苹果”的意思)。虽然，这样的附会多少有些牵强，但是作为美好的愿望和期许，在实际的调研查实活动中，我们还是十分留意有关的实物和发现的。

事实上，在笔者考察霍尔果斯有关古迹遗存的踏勘过程中，除了不时看见成片的现代苹果树林外，尤其在辖区兵团驻地 61 团场的田野里，甚至见到过位于山前台地上有极为壮观景色的近万亩连片的现代苹果林，红香甜脆、细腻耐储、多汁可口的(“阿力玛里”牌)品牌苹果及其林果业早已成为屯垦于阿力玛里“苹果城”镇的该团场最重要的经济支柱之一。更意外地是竟在现今“苹果城”所在的格干河道内的一处河滩及附近的东沟坡地上，找到了冠名“苹果城”的文化“活化石”，在当今依然顽强生长着的原始野生状态的苹果树(林)！

这些至今仍顽强生长在这片被称为“阿力玛里”苹果城土地上、保持着旺盛生命力的若干处最为原始的野生苹果树和野生苹果林，虽然面积有大有小，但都还以基本成片的原始野生苹果林的状态鲜活地存在着，且年年都以自己的原生态的(野性)果实证明着自己存在于人类社会生活中的特殊意义，这似乎在表明此处确曾是人类最早发现、培育和驯化野生苹果的地方，是野生和食用苹果最重要的原产地(之一)。如此一来，这些野生苹果树(林)，也就好像有了成为“苹果城”阿力玛里冠以其名，作为文化本原载体的资格和资本，当然这些野生的苹果树，也就拥有了代表“苹果”作为“苹果城”活化石的标志性意义。换言之，至今仍生存在阿力玛里的野生苹果（树/林）及其野生果实的野苹果，它们就是冠名为“苹果城”真正来源苹果的活着的化石！如此一来，这也在很大程度上进一步佐证了上述神奇传说的客观依据性。因此，这些最新发现并保存下来的古老而神奇的原始苹果树和野生苹果林，相信在不久的未来，一定会作为“苹果城”文化之源的最初本原（植物）——“苹果城”冠名文化的“活化石”而载入史册。虽然这样理解的“苹果城”之名与苹果有关颇多偶合之意，但我们还是以为不论是作为美好的愿景还是真实的渊源，都实在应视作二者之间的渊薮有着难释缘由的长情和不宜解开的旧谊来解读似乎才更为合理。因为作为一座无论古今都名副其实的“苹果城”，现代虽已难寻其远古的踪迹，但这里的苹果始终香甜可口，阿力玛里也因此一直被人们所铭记。至于其间更深层次的相互关系或内在的联系，则留待有心的读者和专业的工作人员未来去做更进一步深入地研究和探讨。

（二）关于古丝路上中亚乐园“苹果城”阿力玛里的趣闻

1.“苹果城”阿力玛里及其享誉“中亚乐园”称谓的由来

苹果城，即阿里玛里城，中外史籍又称之突厥语的“阿力麻力、阿力麻里、阿里玛里，或阿里麻里（汉语的不同音译）”，以及蒙古语里的“阿拉马力”，甚至维吾尔语及中亚一带也称苹果为“阿勒马”。至于该城为什么叫“苹果”的名字，除了上述有关源自野生苹果栽培与驯化之地或着说是现代苹果最早原产地的传说外，事实上，据有关资料和专业人员的研究，阿力玛里城很可能在 8 世纪中叶于哈萨克草原建立的葛逻禄汗国前后就逐渐形成。因我国唐朝丝绸之路北道曾盛极一时，那时位于赛里木湖（古称乳海）东面的普剌（位于今天的博乐）城，已是北道上有名的重镇，因而阿力玛里和海押立城（故址在巴尔喀什湖之南，葛逻禄汗国早期形成的城市），据分析也应该形成于此时。至于历史文献的记载，早就有过关于该城名字由来的具体说明。如在慕格山（Mount Mug）出土的一份粟特文书中，就已经提到公元 8 世纪初叶，有阿力玛里（Almalik）的名称。原来，阿里玛或称阿里麻（或“玛/马”与“麻”汉语同音，故有多译），在突厥语里是“苹果”之意。根据辽代到元朝的史书记载，该城正式开始建城于西辽时期，是当时臣属西辽的葛逻禄小王国的都邑（王城），后由葛逻禄人的城市逐渐发展为蒙古察合台汗国及其后王的政治、经济和文化的中心。在 1225 年成吉思汗将畏兀尔以西至阿姆河之间的草原地区及其 40 000 户属民分封其次子察合台（他驻帐于阿力玛里附近的虎牙思）后，据说察合台最初是以伊犁为中心封地的。由此，该城被设为察合台汗国（曾有一种说法，认为察合台汗国因位于其他各大汗国的中央，故又被一些中亚和欧洲人称为“中央帝国”，甚至有时被人简称或误称为“中国”，如本书第五章里的个别附图中就有用此称谓）的首都，其所辖地域包括楚河、塔剌斯河直至河中地区，但其政治中心则在伊犁的阿力玛里，察合台本人也常驻阿力玛里。到其后裔笃哇兼并了窝阔台的封地使畏兀儿地区全部归于其统治后，政治中心也仍然在伊犁的阿力玛里，而笃哇的后裔诸王也仍然常驻伊犁。阿力玛里从而成为迅速发展的一个十分繁荣的都会。

蒙元时期由于推行和实施驿站制度，客观上形成了以驿路为基本走向的欧亚商路网络。在此期间的欧亚陆路商道（即古丝绸之路）大致都以察合台汗国的王城阿力玛里为枢纽，从而使这里一直成为中亚的政治、经济中心和东西交通的枢纽与要冲。1260 年蒙古忽必烈称帝后，在阿力玛里城设置中书省，曾经派皇太子北平王那木罕任阿力玛里总督。1346 年，成吉思汗的第七世孙、年仅 18 岁的吐虎鲁克·铁木尔（又译“秃黑鲁·帖木儿”，或直译为“秃黑鲁帖木儿”）被拥立为汗，以该城为中心统一天山南北，达到鼎盛。历史上很多著名的人物，都曾到过或在阿力玛里居住过，并从这里走到中原内地。因此，他们对这座名城都有过详细地描述。如曾在此居住过的著名学者耶律楚材，就在其《西游录》里记载：“西人目林檎曰阿里马，附郭皆林檎园，故以名”。另一位到过此处的长春真人邱处机则在其著名的《长春真人西游记》称：“土人呼果为阿里马。盖多果树，以是名其城”。

根据史书的记载，曾存在了近千年的阿力玛里，蒙（元）和明初时期是当时西域乃至中亚地区的一座大城。作为一个国际都会，阿力玛里城是当时区域内的政治、经济、文化中心，当然也是中亚地区最大、最繁华的城市，是古代陆地丝绸之路上最重要的交通枢纽和东西方文化汇聚之地，是享誉世界的亚欧历史名城。以致有历史上闻名遐迩的“中亚乐园”和“中央帝国之城”的称谓，在世界史上占有重要的地位。

在这个东西方文化的交汇地，鼎盛时期的阿力玛里城，其昌盛和繁荣程度不仅反映在商业贸易和多民族聚居的特点上，还曾以有过多种宗教并存为特征。自公元 14 世纪初该城复兴之后，这里曾是古代信仰萨满教和景教等诸突厥游牧部族的主要活动场所，但在当时，这里除了佛教、伊斯兰教、基督教等，甚至还有一些来自欧洲各派的僧侣。据说当时很多种原本水火难容的宗教，曾经在相当长的一段时间里（有大约 40 年）却不可思议地在这片土地上共存，实现着百花齐放、欣欣向荣的人类梦想。难怪当时的波斯史学家惊叹：察合台的宫阙所在地，简直成了全人类文明的核心！这个感慨该有多么的动人和深邃。这里的“全人类文明”，似乎就是各个宗教大家的美人之美，各美其美，美美与共，天下大同；而这个天下大同的盛况，在当时的欧洲、西亚等地，本来就是不可能出现的，却偏偏在这个叫阿力玛里的地方出现了。因此才有了“苹果”城蜚声中外，享誉亚欧的“中亚乐园”之名。

史书记载，在阿力玛里城极盛时期，曾到过阿里玛里的不少中外名人里，除了前述的耶律楚材和长春真人邱处机外，还有著名的波斯学者志费尼、亚美尼亚国王海屯，以及教皇的使臣马黎诺里等，邱处机甚至曾在此吟诗作赋。而著名的旅行家意大利人马可波罗则与他的父亲和兄弟通过这里东去中国的内地。

在蒙元治下的几百年时间里，处于西北诸（藩）王的叛乱与连年战乱时代，阿力玛里曾充斥着定居与游牧的斗争，继承的纷争、宗教的纷争和权力的争夺等长期难以调和的矛盾和争斗，在不断的内讧与连绵的所谓“圣战”中，阿力玛里城曾屡遭兵燹，数度被毁，14 世纪末终于在帖木儿的最后进攻下变成了废墟。再加之来自洪水等自然灾害的侵袭和消蚀，迫使当地的人民离开了这座依山傍水的城池。到 15 世纪初，1414 年明朝使者陈诚出使西域、恢复中亚与明朝保持经常性朝贡（臣属）关系路经阿力玛里时，该古城虽仍存在，但已开始衰落。以后更是逐渐荒芜和遭到废弃，文明最终消失殆尽。随着岁月的流逝，曾经繁荣昌盛的阿力玛里城除地面上保留了一座庞大的陵墓——吐虎鲁克·铁木尔汗麻扎作为标志外，整座城市已完全消逝在历史的长河——消失于明末和清代及以后的文献记录中，淹没在历史的烟尘里。昔日的城堡、沙场早已杳无踪迹，曾经的硝烟和烽火、曾经的悲欢和离合，都已随着历史的烟尘远去。恐怕世界史上都没有哪一座著名的都城能像阿力玛里这样消失得如此决绝和彻底。

2. 关于阿里玛力出土的元代察合台钱币的故事和萨尔托海及其传说

曾经，阿力玛里镇的人们多次在古城所在地表的农田、沟壑等处的生产中或耕种劳作时不经意间会经常翻出和发现后被确认为是元代察合台时期出土的钱币和诸如元青花瓷盘类的古物。这些产于中原的青花瓷古文物的出土代表着当地曾经是古丝路上重要的交通驿站和东西文明交流交汇之地；而钱币作为一种重要的流通手段和主要的交换媒介，因蕴含着人类物质文化的重要内容，也同时记录着阿力玛里作为察合台汗国政治、金融中心的所在地，其在政治、经济、历史发展和各民族间的相互关系，故在表明当地所处历史文化地位和作用方面有着特殊的作用。有关察合台汗国的历史记载，在元史、明史上并不多，但在新中国成立前后于新疆各地出土的不少察合台汗国时期的古钱币，则大大补充了史书记载的不足。尤其是察合台时期以金、银、铜三种材质制作的古钱币的情况，颇值一提。

一是已发现的数量多、分布地点广，察合台汗国前期铸币点多在“苹果城”阿力玛里。新中国成立前发现的察合台汗国钱币不多，主要是英国探险家斯坦因最早于1906年在楼兰发现，后在库车所得察合台汗国银币3枚和黄文弼1934年在吐鲁番获得的4枚。还有日本人大谷光瑞以“探险者”名义在吐鲁番、喀什与和田等地所获除带回日本外留在旅顺博物馆的8枚。但新中国成立后则发现了大量察合台汗国时期的金、银、铜币。先后有1958—1959年在阿力玛里发现的10枚钱币；1977年在昌吉古城遗址出土的、装有绝大多数为银币、总数达1 370枚钱币的一个陶罐；以及1987年5月5日在博乐市东南27千米达勒特古城旁出土的36枚金币与其前后出土的23枚银币、50枚铜币；1990年3月在博乐市达勒特古城出土的总重量达3.95千克的1 649枚察合台汗国铜币；2001年8月疏附县出土的1 800余枚陶罐窖藏银币等。另在阜康也出土有20枚金币；而在库车发现有银币近百枚、奇台百余枚、木垒数枚等。据各地不完全统计，至今出土察合台时期的金、银、铜三种不同钱币6 400多枚，其中金币80枚，银币3 570枚，铜币2 500枚以上（见表3－1）。而钱币的制造地点，根据有关人员对其中昌吉出土的总数为1 370枚银币情况进行的专门分析（其中察合台汗国的银币计有1 364枚，占了绝大多数；另有钦察汗国银币4枚，伊儿汗国银币1枚，还有1枚银币因铭文不清，暂难确定说明），汗国前期以阿力玛里城最多，此外还涉及普剌（今博乐）、忽毡、肯者特、撒马尔罕、喀什噶尔、布哈拉、塔拉斯、花剌子模等地。这就像常德《西使记》中所言：“孛罗城迤西金、银、铜为钱，有文而无孔”。所出土的这些钱币表明，察合台汗国时期，在其辖境内确曾打制了以银币、铜币为最的大量金、银、铜币，而且这些金、银、铜币同时在市场上大量流通，反映察合台汗国前期，生产的发展和贸易的活跃以及社会的稳定。流通中银币最多的情况符合白银是中亚传统流通手段的历史事实。而这些察合台汗国银币打制地点的分布情况（以昌吉出土的为例）则显示，超过55%的银币是铸造于“苹果城”阿力玛里，表明该城当时所处汗国的政治和金融中心。

表3-1 新疆出土的蒙元察合台汗国时期古钱币情况简表①

1977年昌吉出土察合台汗国银币情况（分析）			
序号	银币打制地点	数量（枚）	占比（%）
1	阿力玛里	761	55.22
2	大斡耳朵	274	19.89
3	努拉特（即布拉特）	111	8.06
4	喀什噶尔	88	6.39
5	撒马尔罕	77	5.59
6	塔拉斯	29	2.10
7	其他（肯者特、忽毡、布哈拉、花剌子模）	15、10、5、4	2.76
总数合计		1 370 银币：1 364	重量单位：的尔汉

20世纪以来疆内出土察合台汗国钱币情况			
时间（年）	发现地	数量（枚）	备注
新中国成立前（1906—1949）	库车	3	（英）斯坦因
	吐鲁番	4	黄文弼1934年
	吐鲁番、喀什、和田等地	8	（日）大谷光瑞
1958—1959	阿力玛里	10	
1977年	昌吉	1 370	银币
1987年5月	博乐市	1 649	铜币
2001年8月	疏附	1 800	银币
不详	阜康	20	金币
	库车	近百	银币
	奇台	百余	不详
	木垒	数枚	
	其他	若干	
合计（金币80多，银币3 570多，铜币2 500多）		6 400多	金/银/铜

二是铸币的品质和地点标识，说明其工艺水准和城市地位。这些在有关中国古代工艺美术史的书籍里一般都有专门的介绍。其中有专门谈及元代制币工艺美术的水准之高与察合台汗国王城所在地阿力玛里有关的记录。据说，在察合台汗国立国的几个世纪（约450年）里，几乎每一位汗王在位时都发行过自己王名的货币。而出土于阿力玛里的古钱币作为元（蒙）察合台汗国时期工艺美术的一个重要载体和主要代表，钱币铸造的技术及其制作的水准，应该说在当时是领先世界，独树一帜的。其所使用的打压法铸造的金银铜币，无比精美，后代都难以超越。这皆缘于当时制作人的高超手艺和先进的工艺。据说，蒙古人西征过程，在攻占敢于反抗的城池后，通常都会报复，但在屠城之前对于手掌上有茧子的人，他们认为是有技术的匠人就先挑出来，之后再将他们组织起来，编为匠户，专门用来生产工艺品。由于聚齐了被征服土地上各个民族众多杰出的能工巧匠，因此，在制作

① 数据来源：根据陈戈等人的有关论文资料整理。

钱币时，如果打造地点在阿力玛里的，钱币上就会标注打制于阿力玛里，或者标注打造于大斡耳朵。这个斡耳朵就是鄂尔多斯（也称“兀鲁思”，是同一汉语名词“帐”的不同音译，可用于指国家、政权或民众，如“察合台兀鲁思”）的意思，即当时大汗所在的宫帐，是可以移动的驻扎地。大汗随营携带了铸造钱币的工匠，走到哪里，需要钱币了，就打造一批，要是在荒郊野外，不是大城市，没有地名，那就只好标注此金银铜钱币打造于大斡耳朵。如1977年在昌吉古城出土的1 370枚银币中，每枚上面均压印有库法体或普通体的阿拉伯文，同时还有各种不同图框和花纹，在很多银币的铭文中都保存有用阿拉伯字母或数字表示的制造地点和制造年代，其年代基本上都是公元13世纪40年代至14世纪初期。

至于萨尔托海及其传说就更为有趣。据笔者现场踏勘了解，在霍尔果斯河汇入伊犁河的河源（被称为三道河子）所在地，实为一片沙地草场的地方，古代名为萨尔托海（蒙古语，汉意“土黄色的河湾子”）。我们曾经根据向导提供的此前于该地发掘到一整套古代陶罐、盘、碗等信息，意外地在附近细软的草场沙土表层直接发掘到应属清代的釉彩陶罐等文物。而且该地有较多深层的文化内涵特值一叙，主要是关于萨尔托海的传说。如果翻阅新疆卫拉特蒙古历史，会发现沙地草场（托海）所在的这个河湾很不简单，是当时准噶尔汗国最高首领巴图尔珲台吉和学者咱雅班第达多次越冬的冬窝子，地理位置很是险要。据说托忒文——新疆蒙古族专用的文字——就是诞生在这里的。

而另一方面，据说在古代，游牧于此的蒙古人中，他们因观察到每年马鹿产仔的时候，母鹿们都会从远道跑到这片被称为萨尔托海的沙地草场来平安产仔，且刚出生的小鹿娃子很快就能跟上母鹿飞奔了。如此温顺的马鹿都在这个没有敌害、没有疾病、没有天敌的河湾子——萨尔托海——土黄色的河湾子——金色港湾——顺利产崽子，母子太平无事。那么人呢？人若在这里诞生，想来肯定也是很有福气的啊！于是，典故就从这里诞生了，就有了关于最有福气、最最幸福的蒙古族牧民的一生，应该是在不同的年龄段、在一一对应的托海（土黄色河湾的沙地草场）游牧一遍的民间故事传说。该故事最初来源于新疆和布克赛尔蒙古族自治县的民间，在霍城县当地蒙古族已鲜有人知了，当然也就没人再说这个故事了。可见，在霍尔果斯市南郊的三道河子（萨尔托海），运用得法有可能构建新时代幸福人生的起点站，只要向其中注入世界各地的诞生文化，处处体现出最有福气的人诞生之地的特征即可。

3. 霍尔果斯及霍尔果斯口岸地名探源

现在，作为边关名镇的霍尔果斯，既然曾经名为汗国的王城“苹果城”阿力玛里，为何却在同一地方会有另外被叫做“霍尔果斯”这样意义完全不同的另一个名字？这些关于霍尔果斯地名的由来，往往有着多种不同的说法。其中，最为人们广泛接受的是蒙古语和哈萨克语汉译的解释。但即使如此，那么为什么就叫“霍尔果斯”而不叫其他名字呢？据说这些有关该地名出处的情况，目前都可归为依据流经所在地域的河流来命名的缘故。因为，现今作为国家界河霍尔果斯河的两岸，就分别矗立着代表两个国家各自口岸进行贸易交往的两座都被称为霍尔果斯的城市。其中有位于霍尔果斯界河东岸的中国霍尔果斯市，和规模较之要小很多位于界河西岸哈萨克斯坦境内的霍尔果斯城。但据了解，以霍尔果斯代表的有关地名，其由来却主要源自以下三种情况。

一是源自蒙(元)对王城所在“苹果城”及其汗国疆域统治时期有关蒙古人在此地进行的发达畜牧业管理活动而得名。据说，在现今属于新疆西部伊犁州境内曾被称为“霍尔果斯”地名的地方有很多，如位于伊犁州塔城地区沙湾县的金沟河乡，清代也叫霍尔果斯河，近代才改称现名。当地的维吾尔族人和哈萨克族人就称之霍尔果斯——甚至在汉字地名之上就标注有维吾尔文的“霍尔果斯”。

那么这些被叫做“霍尔果斯”的地名除了像人们直接译自蒙古语的“驼粪堆积之处”或“驮队经过的地方”，以及引申开来作“畜牧地”解释，而有哈萨克语“积累财富之地”等意思外，是否还有些什么特别的意义？原来在元代及其以后，畜牧业发达的地方的蒙古族牧民有根据所在地每一条河沟里的主要植被适合放牧何种牲畜来命名该沟壑与河流的习惯，久而久之就有了相应的地名。其命名的方法十分有趣也相当科学。首先，他们会把放牧的牲畜分为大畜、小畜，再按照所在河流地域内牲畜喜食牧草的情况分门别类地进行草场管理。如在伊犁州霍尔果斯河流域都生长着同样的某种牧草，特别适合某个特定年龄段的骆驼采食，他们就把骆驼分成小骆驼(不分雌雄归为一类)、中年骆驼(分为雌、雄两类)，成年雄骆驼为另外单独的一类，而成年的母骆驼又归为一类。这样，牧民根据多年的经验，什么山沟牧场适合放牧哪一类什么样的大小牲畜，就清清楚楚，牲畜也就因此生长得很好，山沟和河流也就这样由此得名了。以至于蒙古准噶尔汗王时期的雷纳特地图里甚至描绘有伊犁河谷地图，河的两岸的支流，分别都是按照不同的牲畜，分门别类，一个品种的牲畜占据一个河沟的牧场，霍尔果斯河就是供放牧大牲畜里的骆驼的专属牧场，至于究竟属于大、中、小骆驼的哪一款尚需考证。

由于在此放牧骆驼，当然遍地都会是骆驼粪了。所以霍尔果斯也就成了蒙古语中意思为最适宜放牧骆驼的优良的牧场，才有了“驼粪堆积之处”的称谓。如此一来，就有了霍尔果斯河南岸同属伊犁州的察布查尔县琼博拉沟，意为专门喂养成年大的公骆驼的山沟；而该县的洪纳海沟，则是专门喂养褐色藏獒牧羊犬品种的基地；该县的乌库尔其沟——却是专门喂养大奶牛的山沟；而伊犁州巩留县的雅玛图沟，则成为专门饲养山羊的山沟，等等。由此看来以前的霍尔果斯河流域，实在就是当时国家地理大系统里的一个普通地名而已。

二是源于哈萨克语“霍(赫)儿(尔)嘎斯(石)”的说法。据说该石头原本是一种在北天山西段中哈交界处高山上的盐白色(矿)岩石，其中涌流出的泉水实为山上积雪融化后的雪水与之再混合，流下来合成山间一股水质，因含该“嘎斯”岩石成分而不甚清彻的山涧溪水，沿途再汇集其他融雪流下来的雪水而最终成为霍(赫)儿(尔)嘎斯(霍尔果斯)河流，进而因大型食草动物如骆驼等喜欢在其流域内食用由此河水滋润的牧草，使得这些动物生存繁衍和聚居与流动之地有了特殊的名字，这才有了后来被称为“骆驼走过的草地”或“驼粪堆积之处——驼粪蛋”，以致被引申为“积累财富之地”的意思作为霍儿(尔)果斯地名之根本由来。

再就是后来国家政府机构有关行政立名的情况。根据2004年8月由新疆人民出版社出版的《伊犁哈萨克自治州志》记载，霍尔果斯在《西域同文志》中记为“和尔果斯”，为准格尔蒙古语，“谓畜牧地也，滨河宜畜牧，故名”。地有两处。伊犁之和尔果斯，《西域水道记》一指河，即今霍尔果斯河；一指和尔果斯城，即拱宸城。《新唐书·地理志》有“思浑川”，一说为今霍尔果斯河。蒙古元初为查（察）合台汗牧场而得名。清乾隆四十四年（1779年）建拱宸城。《清上机录》或作霍尔果斯，驻霍尔果斯营。光绪十四年（1888年），于伊犁府下设霍尔果斯分防厅，驻城。民国三年（1914年）改设霍尔果斯县，20世纪30年代后简称霍城。1966年，撤销水定县，霍城县治位于水定镇。

另据2009年12月《霍城文史资料（第六辑）》（辑自〈新疆文史资料〉第四集）记载，清代1780年在乌儿郭斯（即霍尔果斯的音译）河畔建立的伊犁九城之一的“拱宸城”，（据说当初乾隆年间设立该城，取“拱宸”之名为城名，即有蕴涵将其作为拱卫伊犁将军府所在地“惠远”主城之卫星（“宸”之本意，“璀璨的星辰”）城的意思），其后再被称为霍尔果斯之城名的命名就来自流域内的霍尔果斯河（该古城遗址即在今天的兵团62团场部所在地金边镇内），光绪十四年（1888年）该城属于霍尔果斯分防厅——是新疆建省后第四年设置的住所在绥定城（清朝设立的伊犁九城之一）的伊犁将军府所辖绥定、宁远和霍尔果斯分防厅中的一个单位；到民国三年（1914年），再将原属绥定县所辖的霍尔果斯分防厅单独析出建立名为霍尔果斯县，简称为霍城（故民间还有称该县为另一名字“城畔子”）县，而附近同时存在于绥定城（镇）的县则改名为绥定县即水定县，1962年后原驻地位于拱宸城的霍尔果斯县迁至水定县（即绥定镇）后，又将原来的两个县合并后改称霍城县，则原拱宸城所在地就被人们习惯地称为“老霍城（镇）”了。

至于由口岸而冠以城名的霍尔果斯口岸名，得名于中国和哈萨克斯坦之间的界河霍尔果斯河。在地处我国西北地区的新疆，沿边境线共有十七座口岸，其中多由传统的商道和边卡演化而来，霍尔果斯口岸即是如此。自古以来作为边城经济支柱产业的一直就是边境贸易，影响边贸最关键的因素则是内部条件和外部环境中的政治稳定。因此，从汉唐之后，由于中国西北边境不时发生的纷乱，使得口岸所在边城及其经济往往伴随着和平进程的曲折而起伏。14世纪以后，沙皇俄国在彼得大帝的领导下，改革履新，迅速强大，并开始蚕食中亚大草原，妄图通过中亚打通到达南亚的通道。但及至清代初霍尔果斯都还是中国的腹地，中国的版图远至巴尔喀什湖以东以南的广大地区。这里作为中国境内的驻防之地，是伊犁索伦营驻防和管理当地社会（生产）的六座卡伦之一。到清末同治年间，中俄划界后，才首度成为边境哨卡，旧称尼堪卡，也叫牛侃（或尼勘）卡伦，该卡伦因有汉军八旗子弟戍守，名称即是满语“汉族士兵驻守的卡伦”之意，旁边还建有关帝庙——一座类似神阁（或神龛）而非很大的庙宇，据说其级别较其北面的沙彦卡伦要低，只是现在的尼堪卡伦遗址早已踪影全无。

1851年8月6日，清政府与俄国在伊犁签订了《伊犁塔尔巴哈台通商章程》（即《伊犁条约》），两国商人正式开展了民间贸易。中国新疆正式对俄开放伊犁、塔城两个口岸（即在伊犁、塔尔巴哈台两地进行贸易通商）。正是在这样的历史条件下，1851年8月后，正式通商的新疆设立了中俄通商局，开始在边境各卡设置守卡员役，专门负责出入境人员、货物的检查、税收工作，至此才真正形成了边境口岸和贸易交货点。尼堪卡伦因中俄签约通关，由此被选做关卡，开始成为中俄的通商关卡，取原名本称“尼堪卡”（见《伊犁哈萨克自治州志》），即清代晚期在此设置的稽查商旅的边境哨卡。按照《新疆图志》的记载：“尼堪卡伦，在河之东岸，驻稽查委员一，镇守哨弁一。西岸属俄，有俄卡。”[①②]由此，被指定为中俄通商的孔（通）道之一的霍尔果斯才有了近代以来正式通商的历史。但霍尔果斯真正成为两国间的正式口岸却是30年后的1881年。那年，中俄签订《中俄改订陆路通商章程》，把霍尔果斯确立为两国间正式通商口岸，并规定，霍尔果斯作为中俄两国间的正式通商口岸，两国边界百里之内贸易概不纳税，通商贸易扩大。中俄贸易开展后，通过霍尔果斯口岸出口的中方货物主要是砖茶、大黄、白蜡、皮毛、川椒、棉花、葡萄干等，进口的货物主要是铁器、钢器、布匹、呢绒、火柴、钟表、玻璃等。当时，管理俄商运货出境的最后关卡即霍尔果斯河之尼堪卡（口岸）。但那时还没有建立相应的口岸管理机构。20世纪初，霍尔果斯以西有了汽车通行，凭借地缘和自然地理环境的优势，霍尔果斯口岸遂取代南面的乌孙口岸而成为丝绸之路北路的要道。为加强霍尔果斯口岸的管理，新疆省政府设尼堪卡通商卡管理机构，隶属新疆伊犁通商局。1906年，新疆伊犁通商局在编制上设置了尼堪（霍尔果斯）通商卡的编制，计有委员、书记、通事、毛拉各一员和巡丁、跟丁若干。从此，霍尔果斯有了中俄通商口岸（管理）机构，并开始了近代作为国家正式口岸进行国际贸易的历史。

事实上，不同于疆内其他自然生态环境和地缘地理条件有限的口岸，霍尔果斯口岸的贸易历史十分悠久，其作为发展边贸有着特殊的地缘优势。因为正常的通商沿路需要补给，霍尔果斯位于伊犁河谷谷口，是不远万里抵达天山的遥远大西洋暖湿气流能够到达的最东端。形成了一个长达800千米、水草肥美的喇叭形伊犁河谷景观走廊。在其南部，还有发源于中国境内天山山脉的伊犁河一路向西流经哈萨克斯坦第一大城市阿拉木图，最后汇入巴尔喀什湖。处于如此优越地理位置和自然有利生态条件的霍尔果斯，自西汉宣帝神爵二年（公元前60年）时起就正式成为西域都护府的辖地。早在隋唐时期，就成为古“丝绸之路”中段新北道上的一个重要驿站，是西域交通的重要孔道，且历史上霍尔果斯口岸所在的伊犁地区又是一个各民族传统的自由贸易区，中亚各个民族主要是通过民间贸易的形式与中国进行贸易。17～18世纪，俄国商人与伊犁的民间贸易就开始在霍尔果斯一带自发进行。这里当然也就天然成为通往沙俄和苏联及现今哈萨克斯坦的阿拉木图最为成熟、也是最适合做贸易的商道。

此后，霍尔果斯作为国家的对外通商口岸，在中国（新疆）的对外贸易中发挥了重要的作用。1920年，中国（新疆省）地方政府代表与苏方代表签订了《伊犁临时局部通商章程》，这是中苏地方政府（也是中苏两国）间签订的第一个平等协定。据此规定，废除沙俄

① 李传珠：《霍尔果斯口岸志（旅游业和对外贸易部分）》，霍尔果斯，2016年。

② （清）王树枏，等：《新疆图志》，上海古籍出版社，2015年。

时期在新疆的免税贸易和领事权，双方分别在对方驻地设置交涉机关(即新疆在苏俄阿拉木图设商务兼交涉机构，苏俄在伊宁设办事处)，尼堪卡恢复开放，并规定所有进出口货物均走尼堪卡一地，从此尼堪卡就成为当时新疆境内对外(苏)贸易的唯一通道，霍尔果斯成为两国通商出入的必经之路。中国新疆与苏俄之间建立起了新的、平等互惠的贸易关系。这在很大程度上为霍尔果斯口岸的贸易发展起到了促进作用。

抗日战争爆发后，其间由于我国的海上交通被切断，霍尔果斯口岸曾一度成为苏联援华物资运往中国抗日前线的重要通道。大量的(苏联)陆上援华物资都是从这里启运到抗日战场，这里成为当时新疆最为重要的对外贸易通道。据记载，在 1937 年 7 月至 1938 年的夏季，有 6 000 多吨各种货物从霍尔果斯口岸入境，通过新疆运往内地的抗日前线。1940 年 12 月，苏联装满飞机配件、大炮、汽油、配件等的载重汽车 300 辆，也是从霍尔果斯入境，回程时又经过霍尔果斯运回中国作抵偿用的锡、羊毛、山羊皮、茶叶、棉花等。除运输苏联物资外，1942 年，英国援华物资也是经过苏联中亚，从霍尔果斯运往内地的。

新中国成立后，尼堪卡正式改称霍尔果斯口岸，成为中国和苏联两国间的一个重要贸易通道。20 世纪 50 年代至 60 年代初，中苏关系友好，贸易往来频繁。当时的新疆轻工业落后，仅较为占优的农业和畜牧业可与苏联的需求形成互补，加速了双方口岸贸易的发展，使霍尔果斯作为新疆第一口岸在中苏贸易的热潮中，成了两国进出口贸易的重要桥梁，达到了贸易发展历史的高峰期。但其后，随着中苏关系的恶化受到影响，几近停滞。1983 年霍尔果斯口岸首先恢复开通，1991 年苏联解体后，霍尔果斯口岸成为独联体、中亚国家和中国进行边界贸易的主要口岸。可见，霍尔果斯一直以来作为守卫着我国与中亚国家开展经济文化交流的国际大通道和桥头堡。1949 年后的很长一段时间，霍尔果斯的发展都与中苏关系有着极为重要的联系。从霍尔果斯口岸的沉浮，可窥得当时中苏关系变化的一角。

至此，霍尔果斯终于在久别其古代“中亚乐园”盛名“苹果城”阿力玛里几个世纪后，近现代才再度完成了从最初仅为天山上一种岩石矿物的名字，再到泉水和山涧名、溪流名、河流名，直至牧区草场的地名，以致清代曾一度名为“拱宸城”，到最终成为蜚声海内外作为口岸和特区古城新市名字的一次次艰难蝶变与华丽转身。现在，霍尔果斯这座中国(西部)最早向西开放的口岸，早已因其具有赴中亚、欧洲开展贸易路途近、费用低、周转时间短等优势，建设成了我国西部最重要的国家一类口岸。而以“亚欧”“西域”“天山”和“索伦”等大地理概念或历史称谓命名其城区街道和社区的口岸新城霍尔果斯，更是隐去了其早先作为边关哨卡和外贸集市、古道驿站等的简陋与单调，正以中国西部国门和“一带一路”上的重要节(支)点城市而代之以全新的现实意义和深刻的发展内涵。

4. 霍尔果斯河附近其他地名的趣闻轶事

如同上述霍尔果斯地名的由来具有内涵厚重的历史文化积淀一样，类似地，在霍尔果斯河流附近不论是沿河两岸还是流域东部的地区，还有一些其他地名的来源也很有趣。例如，在当地一处现今被人们习惯称为“马群”的地方，哈萨克语地名叫“却(确)拉克卡乐特尔”，就因为其汉译过来即是汉语“马群”之意而得名。其实，该地名的意思根本是想表达在20世纪50～60年代第一批军垦战士在此屯垦戍边时，作为兵团人最初在这里一边放牧马群，一边守卫国土的特殊情怀，展现了“把放牧就是巡逻”作为兵团人神圣使命和职责的军垦情景，是个有着厚重历史值得纪念和被铭记的地方。因为调查过程中我们就在此地多处发现远自石器时代、近至20世纪50年代的岩画和石刻，以及由军垦战士在新中国成立后不同年代用于屯垦驻守时待过的或简陋至石块堆砌、或仅有土坯房围圈、或坚固如钢筋水泥建筑的各种边防哨卡。而流域内诸多地名被叫做“肖尔布拉克（或索尔布拉克）”的，哈萨克语意思为“碱水泉”（布拉克即“泉水”之意），就是因为该地有含碱的泉水而得名，现代甚至更有将之冠以酒名的。

还有像乌依扎依拉克，哈萨克语意为“（便于）从事交换（进行贸易）的地方”。历史上（始于何时尚待考察，但甚至在前些年），该地名所在处都还是边境地区牧民（以及旧时代作为非政府管理边境地区的边民、商人和土匪等）进行牲畜或与从山上运下来的（如金矿生产的）矿产品等交易的原始初级口岸（实为口岸的雏形所在）性质的地方。这里虽属山区高地牧场，但因此地的土地和气候与河流中下游处的差别不大，放牧条件却好于平原草场——夏天雨水多，冬天虽有大雪却因风大吹跑了难以覆盖草场的雪而不会封地，所以牲畜一年四季都有食用草料，繁衍生息得比下游平地草原还要好。故而历史上主要用于为蒙古族和哈萨克族等游牧民族之间及内部进行有关交易之地（直至前些年才逐渐衰落）。据有关知情人士介绍，以前这里因山间道路不便、交通困难，属于国家边缘（有“几不管”之称）难管的法外之地，解放前多为来自边境两边的蒙哈两族土匪和牧民常居之处。

而现名在俄语里叫做“巴斯昆齐”或在哈萨克语里应称之为“卡拉塔斯”的地方，其地名的来源也很有一番讲究。因为这里是一个位于中国与哈萨克斯坦界河的霍尔果斯河中下游衔接处，是流域地势由高到低的首个转换地带，是界河由山区进入平原前的第一个地势开阔的丘陵与山地草原牧场并存的所在。在哈萨克语里“巴斯”意为“头、首、第一、前面”的意思，“昆齐”是“站、点、地方”之意。故该名是“首站、第一处”的意思。而在俄语里的“巴斯昆齐”，则因分别在该段界河的两岸同时使用，则有了更深层的意思。据了解，原来在近代我国西部边界没有被割让以前，这里的河流两岸生活的应是居住在同一个村名叫巴斯昆齐（俄语）或称卡拉塔斯（哈萨克语）的人们。只是界河以西的巴斯昆齐因地处丘陵草原牧场，自然生态条件好于界河东侧依山势形成的山地牧场，所以成为一座常年有人固定居住和生活的村庄巴斯昆齐，故而有了将此俄语名字翻译成汉语的意思就是“第一个被集中管理起来的牧场”之意。而在界河以东的牧场因山地条件和风水情况等因素则在早先主要是作为生活在河西村落里的人们进行山地生产或放牧以及作为掩埋逝去故人之地。因为，据有关资料（如内部资料准印证(2011)年199号“新疆维吾尔自治区第三次全国文物普查资料汇编”《霍城县不可移动文物》）中记载，这里几年前还曾是原霍城县境内（即现今霍尔果斯境内）规模最大（达到80多座）的著名古墓葬群（断代为战国—元代时期）所在地，只是前些年因修建水库而被淹没和损毁。即便如此，我们在调查过程中还是多次发现这里的山坡上仍散落有一些石堆封土的古墓，甚至有数座高度疑似为草原土墩的巨型古墓。事实上，在当地界河以东我方一侧的哈萨克族牧民中更愿意也习惯于称该地的名字为卡拉塔斯，意思是“黑石头”，这很可能缘于此地的一些山坡上存有表皮为黑褐色刻有图案的石头而得名。现实中，卡拉塔斯因其特殊的地理优势，一直以来还是一处哈萨克族牧民带着牲畜越冬的优良“冬窝子”所在。

此外，古称“阿力玛里”的霍尔果斯所在伊犁地区，其“伊犁”之名的由来，除自然实体名称为一般见于《史记》和《汉书·陈汤传》所记的，通常认为有叫“眩雷”和“伊列”的古称外，又称“益离”（见本书第五章中辑录的《西域通史》所附地图），也与蒙古人入主该地后，根据畜牧生产生活所认识的生态和自然环境大多使用准格尔语地名，即与蒙古语地名有关。在蒙古准格尔汗国时，伊犁所在地区被《明史》称为“亦力把里（国）”或“也里把力”（一个明代北疆的地方政权①），实为蒙古语名字的不同汉译名，其蒙古语“亦力”或“也里”，即伊犁，“把力”是城的意思，其原本完整的含义在蒙古语里的意思则是“马鹿产仔之地”。事实上，据笔者的调研了解，仅仅20～30年前，在古称“阿力玛里”的霍尔果斯河中部（如乌依扎依拉克等地）和北部的山区，仍偶尔可见或成群或零星在山下游荡和下山觅食的野生马鹿的身影。但近些年因为人类在当地活动的增加，马鹿的身影基本绝迹，早已难觅其踪了。

（三）现代口岸“苹果城”里发生的真实传奇②

1. 创作于霍尔果斯的《草原之夜》及其词作者张加毅

在今天霍尔果斯市莫乎尔乡二村西端，紧邻G312国道和连（云港）-霍（尔果斯）高速G30路旁，不远处是金边镇所在清代“拱宸城”和附近的古隋唐“索伦城”遗址所在地。只要走进一座名叫“草原之夜风情园”的游览观光景区里——词作者张加毅当年创作出《草原之夜》的地方，建有“草原之夜纪念馆”以展出纪录片《绿色的原野》及其主题歌曲《草原之夜》资料和图片等，其中映入眼帘的“草原之夜”碑刻一定会吸引人们的目光。这里碑石附近的地窨子就是最早传出“草原之夜”世界名曲的词作者生活和创作的地方。

这首歌曾带来过一个旷世传奇，让霍尔果斯及其所在的伊犁走向世界，同时也造就了两座现代城市：一座是因歌词唱出的地名而后被冠以可克达拉市——兵团第4师师部所在地，一座张扬着千千万万屯垦戍边兵团战士们千古伟业的新城；另一座则是创作了世界名曲的词曲诞生地——国家西部最大的口岸特区城市霍尔果斯。作为一首世界著名的小夜曲，据说也是我国迄今为止唯一被认定的一首世界名曲，在联合国教科文组织命名的小夜曲里全世界共有十八首，但唯独《草原之夜》以其优美的歌词和婉转的曲调名列榜首。

① 岳峰：《丝绸之路 西域文明》，新疆美术摄影出版社，2015年，第294页。

② 本篇中的1、3两文，主要根据郭世忠《可克达拉草原传出的世界名曲》等作者的有关文章内容编写（源自伊犁新闻网等处资料）。

这首堪称中华民族文化瑰宝的小夜曲成为世界艺术之林的奇葩，是生活在当地乃至新疆和内地国人的骄傲。成歌几十年来，《草原之夜》以其舒缓优美的旋律，在田间地头和厅堂舞台，被一个民族又一个民族和一代又一代的人们传唱不衰，成为边疆地区几代人温暖的共同记忆。

在这首能让当地人骄傲和陡然升起自豪感于心中，已被联合国教科文组织确定为世界最好的小夜曲中，歌声唱到："美丽的夜色多沉静，草原上只留下我的琴声，想给远方的姑娘写封信，可惜没有邮递员来传情，等到千里雪消融，等到草原上送来春风，可克达拉改变了模样，姑娘就会来伴我的琴声，……"

歌词中哈萨克语的"可克达拉"，汉译是"绿色原野"，是哈萨克牧羊人的口中一位赐给了草原青绿和幸福的天女之名。传说元帝国后期，成吉思汗后代统治下的阿力玛里古城及其周边旷野因连年大旱逐渐沙化，原先辽阔的草原仅有少量的耐旱红柳与杂草残留。哈萨克"中玉兹"乃蛮部落的一户牧民因沙俄入侵被迫东迁，来到今属霍尔果斯的伊犁西部沙地草场依靠艰难的放牧度日。生活虽清贫，但精神和身体上自由。但在一个秋夜，原野上忽然黑云滚滚，狂风大作，羊圈里的小羊羔哀嚎不绝。一位带着弓箭和快刀冲出毡房查看羊群的年轻哈萨克族牧羊人借助闪电光亮，发现离羊圈不远有几只大灰狼正追逐着小山羊。牧羊人见此毫不犹豫地飞快抽刀迎上去，大战恶狼营救出小山羊。恶狼败退逃遁远去以后，牧羊人小心翼翼地把小山羊抱回毡房转身卸下弓箭。但当他回头看时却见小山羊变成了一位令牧羊人惊讶无措的美丽姑娘，并说道："你别怕，我是上苍五谷神最小的女儿，名字叫'可克达拉'，因久居天庭，厌倦了天宫单调枯燥的生活。这次到草原上来浏览了丰富多彩的人间百态，尤其是你的勇敢和善良使我非常感动。我已使神力把这片荒漠用雨水变成了绿洲，今后你可以在此安心放牧，我与你共度这种悠闲自在的游牧生活。"牧羊人全家闻讯兴奋不已，急忙跑出毡房观望，月光下茫茫的荒滩果真已变成了绿油油的原野。从此，草原上流传起这个古老沧桑却内涵美丽骄傲的故事，许多人慕名来到这片沿用着"可克达拉"地名的草原，和当地人一起过上了幸福的生活。

《草原之夜》的诞生要追溯到新中国成立初期的屯垦戍边事业。早在 1954 年 10 月，党中央毛主席命令人民解放军一野一兵团二军和六军的大部及二十二兵团的全部与五军的大部分驻疆解放军集体就地转业，脱离军队序列，组建使命为"劳武结合，屯垦戍边"的生产建设兵团。其中集体转业于伊犁的组建了兵团农业第 4 师，成为伊犁垦区的先驱和创建第 4 师的开拓者，开创了在伊犁河谷屯垦戍边的新篇章。时任铁道兵司令员和政委并兼国家农垦部部长的王震特邀八一电影制片厂纪录片导演张加毅拍过一部名为《移山填海》的大型纪录片，在全国公映后反响巨大，还被文化部选送到捷克斯洛伐克参加该国举办的国际电影节。之后张加毅在周恩来总理的关怀和王震司令员指导下，为拍一部献礼国庆十周年的大型彩色纪录片，特将纪录片表现为反映新疆生产建设兵团的发展和兵团战士屯垦戍边、艰苦创业的内容。并选定伊犁河谷兵团第 4 师 64 团一个叫"可克达拉"的地方作为拍摄地点，挑选当时在音乐创作方面略崭头角才二十岁出头的新疆军区文工团创作员田歌为纪录片曲作者，随行来到可克达拉。当张加毅从当地哈萨克牧民口中得知“可克达拉”是“绿色原野”之意后，立刻决定所拍的记录片名就叫《绿色的原野》。实际上，当年的可克达拉虽有绿色，但更多地方还是沙漠与碱滩，与其说是原野，莫如说是荒野，到处是沙丘连绵，野兔奔窜。“清晨一场风，一刮到熄灯”。“风刮砂石到处跑，春天还穿老棉袄”。“风过处荒沙漫卷，鸡飞狗跳迷人眼”。在如此艰苦的环境里，军垦战士们住的基本是半截地上半截地下的“地窝子”，床上地下，终日有掸不尽的黄沙和扫不完的浮土，就连吃的饭喝的水，沙粒都像佐料般搅和在饭食里。但聚集在此的各族军垦战士，虽然条件很苦，但却豪情万丈，精神无畏，他们用“种地就是站岗，放牧就是巡逻”的方式，斗志顽强地展示出了多姿多彩民族团结的壮丽画卷。拍摄过程始终像磁铁一样吸引和感动着张加毅和田歌等摄制组的人员。

在与军垦战士们朝夕相处的日子里，张加毅导演一直在思考：如何给这部纪录片配上一支相宜的主题曲？电影画面是那样宏伟壮观，主题曲是否可温情柔软些，以形成强烈的反差效果呢？张加毅觉得自己听到了军垦战士战天斗地的心声，只有把这种心底的声音用文字和音符表现出来，通过歌声唱出来，才能真正表现和激励所有军垦战士们的冲天斗志，更好地表述绿色原野的自然和原始以及人性的释放与浪漫。正是在民族音乐最丰富的原生矿床新疆，依靠边疆各民族多姿多彩的民歌所给予的取之不尽的创作源泉，在深刻感受天苍苍、野茫茫、暮露、残阳、远处的烟影、歌声、爱情、信件，云集在一起的如诗如歌般生活的立体图画中，激活了张加毅体内文字的涌动和翻滚，赋予词人以雄浑的悲壮与抒情，召唤和压迫出他流水般的文思，词作者掏出衣兜里一个纸烟盒撕开后铺在腿上，就着篝火的亮光，仅用十几分钟就凝神提笔写出了《草原之夜》歌词的初稿，当思绪与天空中早亮的星辰同步时，“美丽的夜色多沉静……”，一首来自生活中跳动的篝火，来自美丽可克达拉一群可歌可敬可泣军垦战士心底的轰鸣，后来风靡世界的歌词便诞生在了中国西陲霍尔果斯—可克达拉的荒原上。由于简单明了、通俗易懂、优美抒情、散发着词意融洽的墨香，曲作者田歌见词后，眼神都被拉直了，很快就谱出了曲子，并打开随身背着的琴盒，边弹边唱了起来。随后导演张加毅当场拍板将洋溢着浓烈异族风味的《草原之夜》作为纪录片《绿色的原野》的主题歌。该片在首都北京放映后获得巨大成功，片中曲《草原之夜》随着演唱者优美的声音迅速传遍祖国的大江南北乃至世界各地，1985 年被联合国教科文组织选入教材，被西方人赞为迷人的“东方小夜曲”。

现今在“草原之夜风情园”内遵词作者遗嘱“将骨灰安放在可克达拉”的张加毅墓地，斜卧的墓碑就如其斜卧在草地上摊开烟盒纸写作的姿势，庄严肃穆，宽阔寂静；矗立的词作者雕像，大气寂静，周围的参天大树，为墓主人留下一片荫凉。写有“《草原之夜》词作者”字样的墓墙上镌刻着当地人民尊崇他的文字。

2. 发现“苹果城”阿力玛里故城①的故事

近几十年来，在新疆伊犁河谷位于霍城县西北克干（音译，又名“柯干”、“格干”，下同）

---

① 根据《光明日报》记者王瑟“失落古城阿力玛里，终于找到你”等文章改写。

平原上、现为霍尔果斯市东部名叫阿力玛里的一片有众多农田林地的区域里，曾多次出现农耕时农场职工常从地里翻出金币、银币，甚至还翻出了金书等的奇怪现象，捡拾出来的瓷器残片等数量众多的古物在一段很长的时间里都堆满了驻地团场所在农业连队田里的一条沟渠。其中出土的就有青花瓷器、察合台汗国钱币等各类文物。由此，在这里就一直传说可能是一座古代最鼎盛时周长绵延约有 25 千米被称为"苹果城"的著名王城"阿力玛里"所在。但古城该有诸如城墙、道路、城门等城市的痕迹，而眼前却只有大片的农田和林地，找不到建筑遗址的夯土遗迹。那么这么有名的历史名城阿力玛里到底在哪里？怎么就找不到呢？甚至前些年我国组织丝绸之路・天山廊道世界文化遗产申请时，还曾有多位专家学者建议依据有关史料的记载，将后来消失在史书上现实生活中却不见踪影的传说中古阿力玛里城作为丝绸之路最重要的城市列入"申遗"名单中，但文物工作者苦于寻觅很久却了无踪迹的现实，最终只能遗憾作罢。阿力玛里究竟在哪里？只能成为人们苦苦寻求的一个谜。现在，根据媒体的正式报道和有关资料的介绍，终于可以揭开蒙在古城遗址上的神秘面纱——发现古阿力玛里颇富传奇。

从 2014 年起，为摸清这座古城的规模与布局，更好地保护地下文化遗产，新疆维吾尔自治区和伊犁哈萨克自治州的两级文物主管部门开始与陕西省文物保护研究院接洽，次年更是主动找到该院，提出了希望对该遗址区域进行科技勘探，通过高科技手段寻踪阿力玛里遗址所在，找到这座历史文化名城的要求。到底是借上了高科技手段的光，应了"众里寻他千百度，蓦然回首，那人却在灯火阑珊处"的诗句，在陕西省文物保护研究院派出携带先进仪器设备和高水平专业科研队伍工作后，出乎意外地仅用两个月时间，就使这座埋藏在农田下销声匿迹多年的失落之城被完整地发现，让人们终于找到了传说多年的古阿力玛里"苹果城"。

据有关专家介绍，2015 年中当考古专家们刚来到故城遗址区域寻找阿力玛里时，也是什么都看不出来的。这次成功找寻与前些年有国外前来新疆伊犁的"寻亲人"说的一句话有关。他们要寻找祖先曾居住过的城市——阿力玛里，说是"当时我们的祖先曾居住在山上"，受此启发引起的重视，文物考古专家们猜想难道阿力玛里建在山上？"脑洞大开"的专家们很快将工作的重点放在了山上。为此，他们调取多年来的卫星图像，一点点地开始寻找痕迹。在采用最先进的科技考古勘探技术有关理念和手法时，结合传统的勘探方法，通过利用航空遥感等技术手段，对阿力玛里遗址区域实施了卫星多光谱的遥感探测。同时，每天背着先进的仪器，穿行在农田里，进行不同的科技探测。他们首先通过对遗址区域进行密度、湿度、温度和磁性的探测，以达到发现地下文化遗存的目的；再利用传统勘探手段，不断进行分析和总结验证以解译出在不同环境、不同季节、不同干湿、不同密度、不同磁性环境下的各类异常。通过寻找规律，采集遗物（同期，专家们还在故城遗址区域采集和发现了 280 多件金、银、铜、铁、铅、陶、琉璃、石质等各类文物标本），察看地形，分析土质，功夫不负有心人，经过一段时间的努力，终于一步步在克干山上和山下，发现了古城重要的迹象，逐渐探明了遗址的具体位置、布局与规模以及各区域的地下文化遗存情况。

根据卫星遥感等各种图像显示和文物分析，地下遗迹已可确认的阿力玛里故城是一个坐北朝南，北部宽大，向南逐渐变窄而低，两条河流由故城的两侧向南流去，核心故城遗址区面积在30平方千米左右，可分为山上和山下的两座古城。其中，在海拔1 000米左右的克干山上发现的一座故城遗址内发现有道路和多座方形夯土的城墙遗址；而在海拔800米左右克干山以南发现的故城山下遗址，以新疆生产建设兵团第4师61团2连为核心（也就是过去农场职工耕作时从地里翻出文物的主要区域），发现了阿力玛里平原故城的里坊、街道和东西向成排的房屋建筑遗址，应为阿力玛里故城的核心遗址区。而且在故城核心遗址区的东部和北部发现多处墓葬区，在克干河两侧沿河区域还发现有多处不同性质的作坊遗址。资料表明故城遗址区域的地形独特、环境优美、景色宜人、气候温和，是一处绝佳的都城选地。按陕西省文物保护院主要考古专家的说法，“从图像上我们看到了城市、街道、房屋，城外还有陵墓集中区，城内有手工业作坊区，甚至连地下埋了什么都看得一清二楚。一座宏大的城市在科技的帮助下，终于揭开了神秘面纱。应该说，当我们发现地下有座城市，还有点不敢相信，反复进行核对，终于确认，历史名城阿力玛里就在我们脚下。”

文物考古专家还发现，阿力玛里遗址区较为特殊。它面积大、范围广，地上遗迹保存较少，地下建筑遗迹保存较多；遗址受损严重；地下遗物丰富，瓷器、琉璃器、釉陶器、金银器、货币等类别的文物均富有地域特色。作为古丝路北线必经之道的阿力玛里遗址，是中西方文化交流和贸易的重要城市，也是研究丝绸之路与草原文化的重要基地。阿力玛里故城的发现让人们找到了古丝路上重要的节点城市，有助于更全面地认识和了解丝绸之路的繁荣与包容。从出土的各窑口瓷器可以看出，这里与内地文化的融合与交流非常广泛。从各类作坊遗址及出土文物的工艺可以判断，处于中亚的阿力玛里深受中西方和草原文化的影响，是兼容并蓄、不断发展的一座具有丰富文化特色的大都市。随着考古工作的不断深入，将有大量地下建筑遗存继续不断面世，再现阿力玛里的潜在价值，讲述丝绸之路丰富的历史文化内涵，将为保护和传承中华民族优秀的历史文化发挥不可估量的作用。

3. “红歌连”与歌曲《毛主席的战士最听党的话》的故事

在霍尔果斯边防线上，驻扎着一支英雄的人民解放军国防守卫部队。其中最突出的代表是首创并唱响了《毛主席的战士最听党的话》这首著名军旅歌曲的红歌连。驻扎在今天霍尔果斯北部山区界河边上的新疆伊犁军分区霍尔果斯边防营阿拉马力边防站就是被人们亲切地称之为“红歌连”的阿拉马力边防连。如同人民军队中千千万万个基层英雄连队一样，该连驻地因诞生了一首让人热血沸腾、催人奋进、荡气回肠的天籁之音，一曲被国人们耳熟能详、脍炙人口、回声嘹亮的难忘经典战歌，并在不断弘扬自身“红歌”精神与培育当代革命军人核心价值观，激励官兵忠诚守边防、激情干事业的过程中，迅速成长为集中展现一代代守防官兵扎根边防、忠诚戍边精神的典范，而被誉为传承红色基因蜚声军内外的著名“红歌连”。2014年，该连被所属部队伊犁军分区正式命名为“红歌连”。

时间始于1962年8月1日，阿拉马力第一任边防站站长高立业带领十名官兵，牵着三峰骆驼，扛着两把铁锹，背着一口锅，来到荒无人烟的雪山孤峰，于两土峰的凹地间，紧傍流着溪水的塔尔沟，他们挖地窝、搭帐篷，筑起了第一个驻屯点——起名为与附近古代苹果城“阿力玛里”相同含义的蒙古语名字，音译仍叫阿拉马力边防站。从此，就在霍尔果斯界河边上的阿拉马力扎下了根。

正是唱着这首嘹亮的战歌，红歌连在半个多世纪里不断锤炼着阿拉马力边防连的“三无”魂魄。这就是：没有走不了的路——走过了长征路、进疆路、换防路（该连所在部队是拥有光荣红军史、从帕米尔高原的塔什库尔干骑兵师某营换防过来的接防连队）、巡逻路；没有守不住的防（国家边防线与士兵心灵的防线）；没有克服不了的困难（当初来驻守时就有当地牧民对子弟兵说，周围恶劣的自然环境，如果不被冻死，也会被狼叼走咬死）；没有完成不了的任务（该连队近年来先后出色地完成了参与“上海合作组织”反恐联演、军事设施光缆施工及基层建设纲要试点等任务）。并在改革开放的新时期，于经济社会飞速发展的新形势下，在营区驻地所处“隔着哨楼望酒楼，墙内喊号子，墙外数票子”的新环境中，不断筑就着阿拉马力边防连的“三种精神”——即“三峰骆驼一口锅，两把铁锹住（筑）地窝”的艰苦创业精神；“责任重于泰山，使命高于生命”的国门卫士精神；和“用忠诚守边防，用激情干事业”的忠诚戍边精神。总之，就是以一首《毛主席的战士最听党的话》歌声所代表的这样一种国门卫士精神，使得“红歌连”成为共和国人民军队忠诚戍边的光辉典范！

而这首具有连队军魂性的红歌的诞生更是一个鲜明时代背景的缩影。

在阿拉马力边防站刚刚建立的时候，宣传教育工作十分必要。如何做好指战员的思想政治工作，成了已有十年军龄的前志愿军老战士，宣传干事李之金的主要任务。用什么方式更容易被战士们接受，这位在抗美援朝后主动要求到党所需要的艰苦地方工作的老兵很是动了一番脑筋。十年的边疆生活，使李之金对新疆民歌的曲调耳熟能详。终于，李之金用一天的时间写下了《毛主席的战士最听党的话》的歌词。成词后，波涛汹涌的思路又很快凝炼成音乐的节奏，满腔的热情汇聚成多彩的音符，在他心中不停地排列搭配，既铿锵又浑厚的旋律，随着悠悠白云，伴着嗖嗖山风，在荒凉的原野上飘荡，如高山流水般倾泻而来，并以一个军人的节奏踏着时代的脉搏，用独有的旋律将闪光的歌词融为一体，立刻汇成了众人嘹亮的心声。

毛主席的战士最听党的话
哪里需要到哪里去
哪里艰苦哪儿安家
祖国要我守边卡
边防线上把根扎
雪上顶上也要发芽

李之金创作的第二段歌词中，原先是有“祖国要我守边卡，石头缝里把根扎”这句歌词的，它真切地反映了词曲作者所感受和看到的官兵们和军垦战士们在石头缝隙里扎下根来，盖起哨卡，建起了边防站，建起垦区农场的情景。那时的人们就只有一种念头，克服一切困难也要站稳脚跟，抵御外来的侵略。后来才改为了“边防线上把根扎”。

毛主席的战士最听党的话
哪里需要到哪里去
哪里艰苦哪儿安家
祖国要我守边卡
顶风冒雪把武练
练好本领准备打

这首直抵人心的战歌就如集结令，极大地调动了边疆各族人民和军垦战士屯垦戍边的积极性。每当唱起这首荡气回肠的歌，总是令人热血沸腾，生死无畏，激励着人民子弟兵对党奉献出一片赤胆忠心，对领袖献出无限忠诚，对国家和人民捧出满腔热忱。在20世纪六七十年代，受到这首红歌的熏陶，无论是人民解放军官兵，还是久经沙场的兵团战士，甚至是一些普通大、中学校的学生和支边青年，一旦接到上级命令或指示后，他们都是唱着《毛主席的战士最听党的话》，打起背包，听从党的召唤，雄赳赳、气昂昂，走向边疆，走向荒原，走向农村和毡房，走向祖国最需要的地方，并就地迅速轰轰烈烈地开展起了边防设施和兵团农场以及边疆地区生产和建设工作。

1964年，《毛主席的战士最听党的话》这首歌，入选伊犁军分区参加新疆军区的文艺汇演，很快就在新疆军区传唱开来；1965年年底《毛主席的战士最听党的话》这首歌随新疆军区进北京参加全军调演，随着观众们热烈的掌声和叶剑英元帅的建议与周总理的亲自指挥，迅速响彻了祖国的四面八方；还是在这一年，当时的《红旗》杂志选登了包括《社会主义好》《大海航行靠舵手》等十首思想性、艺术性高的歌曲，《毛主席的战士最听党的话》就在其中。

毛主席的战士最听党的话
哪里需要到哪里去
哪里艰苦哪儿安家
祖国要我守边卡
翻山越岭去巡逻
敌人侵犯决不饶他

至今，这首传唱了几代人，回荡了半个多世纪岁月历史，满是正能量旋律优美铿锵有力被称为进军号的歌声，只要一响起，那一段岁月的历史仍会在沧桑中跳荡而出，创业者们的精神就会在时间的隧道里穿云破石，放射出保卫边疆的英雄们业绩的夺目光芒。《毛主席的战士最听党的话》这首歌军队官兵们唱过，军垦战士们唱过，全国人民也喜欢唱。这首歌在激励无数革命军人和军垦战士的同时，也一直激励着一代又一代中华儿女和赤诚青年把热血和青春献给边防，献给祖国边疆，献给艰难的振兴中华的伟大事业。这首荡气回肠直击人们心扉的热血战歌，从诞生的那一天起，就一直在鼓舞着千百万胸怀理想和抱负的人们从城市走向农村，奔赴边疆和边防，奔向祖国最需要的地方。把生命和辉煌抛洒在屯垦戍边的土地上，铸成于祖国最需要的建设边疆、保家卫国、守边固防的事业中。激励起无数的英雄儿女从川湘水乡、齐鲁半岛、中原大地，义无反顾地走向大漠戈壁，走向荒原，走向边疆，走向不毛之地，在世人望而却步的地方，去开发，去建设，去建功立业，去挥洒汗水，建造出一个个沙漠绿洲，建设起一座座新兴城市，不断续写着新的辉煌。也让越来越多矢志追求"中国梦"的人们对那个年代的那段历史刻骨铭心，就像当年的守边官兵和军垦战士、支边青年一样，为伟大祖国的强大和民族复兴的伟业"哪里需要哪安家"！

4. 口岸城市霍尔果斯的口岸(国门)与国际边境合作中心

霍尔果斯作为边关重镇与"一带一路"重要节点(城市)标志，但凡到过这里的人们，少有不去以"霍尔果斯口岸"为名标志特区城市的现代国门之处观光游览并拍照留念的。但为什么边界上的口岸会成为人们头脑中"国门"的形象，并把边关重镇霍尔果斯称作口岸城市？其中，以口岸和国际边境合作中心为标志所蕴涵的深意，值得一叙。

(1) 关于口岸

所谓"口岸"，原本是作为出入通道的"口"和表达江河湖海等水边陆地"岸"的意思构成的概念，过去都解释或简称为通商的港埠。如《辞源》就解释"口岸"是江海各港口，称凡通商各埠在江海各陆地者即为通商口岸。加之历史上国际间受交通运输条件发展水平的限制，各国人员往来和经贸活动很多要通过海上运输进行，故而强化了"口岸"同水联系在一起的内涵，只能是沿水之地才有"口岸"。

在国际交往的世界史上，早在1494年地理大发现前的口岸，主要表现为边境军事要塞，其后随远洋航运发展，产生了以通商为主的口岸(商埠码头)，至此才有称口岸为通商口岸的。而在我国，"口岸"一词早有文献记载。中国作为历史悠久、很早就同世界各国发生政治、经济和文化等方面联系的文明古国，其口岸形式的表述据说最早可追述到战国时代，唐代的口岸甚至有关于口岸方面的法令，并设有专门负责查验并征收关税、管理口岸的市舶司(如在当时的番禺(今广州)、福建等地就设有市舶司)，及至宋代再加增设后，才历代延续至清(代)(如在广州设有十三行等)。

到了近现代，随着交通运输工具快速发展和国际交往的迅速增多，口岸的概念已不仅限于沿水之地的港口，按其内涵功能所定义的概念，早已扩展至更多符合"口岸"内涵基本要求的地方，即将主权国家对外国进行经济贸易、政治、外交和文化、科技与旅游及移民等往来，供人员、货物和交通工具出入国境的港口、机场、车站、通道等的场所，统称为"口岸"。故而，现代意义上的口岸就由古代的港口、商埠、商道和边境边卡等演变为供人员、货物和交通工具合法出入国境的港口、机场、车站和通道。如此一来，口岸不仅陆上边界有，海岸港口上有，深入内地的都市机场中也可能有，从而出现了陆地上的机场、公路和铁路站点等处，有被称为"空港""陆港"等"航空口岸""铁路口岸"或"公路口岸"的，形成了现代意义上全新的"口岸"概念。

(2) 关于国门及其与口岸的关系

口岸所以又被称为"国门"，按照必须经国家政府批准设立、具有涉外经济通道的口岸性质要求，那些由国家在陆地上开设的供人员和货物出入国境及交通运输工具(在陆地上)停站的通道，在和平时期，这些通道就成为国内外人员交往，对外贸易货物和交通工具出入境的场所，也是国家增加财政收入的渠道。因此“口岸”有了国家指定对外往来的门户的意义，故而才有将“口岸”称为“国门”的意义。而国门作为“国”和“门”意义的组合，就成了国家指定的，供人员、货物和交通工具出入国(边)境的(江、河、湖、海)港口、机场、车站和通道等口岸的统称。这说明，人们对国门的理解就是口岸或(国际)通道。鉴于区分口岸的标准有异，口岸整体可分为水运、陆运和空运三大口岸类型。从口岸对人员、货物出入一个国家指定地点要求的角度，可以理解的是，真正的国门往往又在空中和海岸。“陆地(上)口岸”之边界口岸只是国门的一种，还有机场和海岸等边境口岸也具有国门的性质。

具体到国门的形式，其作为口岸的标志和象征，通常每个主权国家在边境口岸上出于为人员和货物的入出境事务管理需要，在边境上建设有进行边境事务管理和有一定旅游观光等功能的建筑(群)，其中设置的如海关、边防和动(植)物检验检疫(简称“一关两检”)等机构，作为检查检验机关既要为外贸货物和交通工具的出入和国内外人员的交往提供服务和便利，又要为国家严格把关，维持口岸的正常工作秩序和国家安全，体现这些功能的建筑(群)就成为陆地口岸“国门”的重要组成部分，即具有了象征“国门”的特殊意义，从而成为国门的象征和形象的表达。一般地，“国门”就是以这样一组矗立在国境线一侧道路(或其上方)的建筑群，而成为一国领域的开始或另一国领域结束的标志。目前，国内的情况几乎是大多设有口岸之处必有“国门”。由此，就建成了一批具有所谓口岸标志性意义的“国门”建筑(群)。

长期以来，人们在自己的传统观念中，一般都往往会把口岸当作是国家间无所不能的连接渠道和门路来认识，而事实并非如此。对大多数口岸来说，其实是不具备综合性通关能力的，只是按分类要求可以做有特定业务内容规定的口岸而已。但霍尔果斯则不同，在这里，既有国家(国务院)批准设立的一类口岸(如公路和铁路口岸等)和国家级(国际)能源通道(能源口岸)，也有省(自治区)级政府批准开通的二级客运口岸等。1992 年中哈两国政府同意向第三国开放后，该口岸还成为具有国际联运地位的口岸。按照口岸概念所标示的内涵，自开埠通关到新中国成立以来，目前在霍尔果斯，实际上已拥有共六处由国家或地方省(自治区)级政府批准的对外开放的陆路(通商)性质的各类口岸(见表 3-2)，这些不同类型的口岸及其遂行的国际通道业务表明，霍尔果斯确已建设成为我国西部最大的综合性国际陆路口岸，霍尔果斯也因此成了一个名副其实的口岸城市。这些各自具有特殊功能的口岸分别为：

一是早已蜚声海外，作为国际客货大通道、为国内外人们所熟知而成为传统观念上一直被视为当地国门形象代表(即第五代国门，又称“老国门”)的口岸(实为自近代霍尔果斯以尼堪卡之名开埠后至第六代国门启用前通关的主要联检区所在)。

二是位于特区城市火车站附近 2012 年开通的霍尔果斯铁路口岸，该口岸 2015 年对外开放，2017 年 6 月开通国际客运业务，自此成为常年开放的全国最大的铁路客货运输口岸。2018 年仅前 8 个月霍尔果斯铁路口岸就实现出境中欧班列超 700 列、“渝新欧”“郑新欧”“长安号”等数趟中欧班列日均通行超过 6 对的过货量，2018 年 9 月进一步开启了由石家庄往返中亚国家的货运班列新业务。在这里，“一带一路”上出境的“钢铁驼队”中欧班列只要经过一次查验、一次放行的快速通关，就可向着哈萨克斯坦，甚至更远的德国、波兰等欧洲国家驶去。

三是地处南部联检区 2018 年 9 月才开启的新公路口岸（当地人称之为“南国门”或“新国门”）——刚开通的霍尔果斯南部公路口岸，它距“双西”公路中哈连接处仅 468 米（即“零”公里）；距哈方的阿腾科里火车站也才 15 千米；距哈方的“霍尔果斯——东大门经济特区”只有 49.5 千米。

四是作为中哈两国人员往来的主要通道的霍尔果斯国际汽车站。其现址位于霍尔果斯亚欧路与友谊路交汇处，距在用的第五代中哈口岸联检大厅约 1.5 千米，始建于 1952 年，1996 年新建的站务楼于 1997 年 10 月建成后，2006 年获自治区人民政府批准开通国际客运，是一个二级国际客运站（2012 年 4 月被自治区运管局评定）。主要承担中长途和短途客运业务，是霍尔果斯口岸商贸旅客的主要集散场所，对当地的旅游客运起着有效的支撑作用。这里现在除开通了多条省内（新疆境内）班线外，还开通有从霍尔果斯到哈萨克斯坦共和国雅尔肯特市、周一至周六每日四班的过站配载国际班线。每天有 10 余个国际旅客班车经过，高峰时进出该客运口岸的旅客达 3 000 余人。未来，该客运站会迁往正按一级国际客运站标准加紧建设中、位于南部联检区（第六代）新国门旁的新站址，其规模会更大，设施会更好，运营的现代化程度也将更高。

五是位于霍尔果斯市西南方、霍（尔果斯）-都（拉塔）公路 S213 南侧，距离中哈边境 4.4 千米处，被称为“中国能源通道第一站”的中（国）哈（萨克斯坦）（暨中国-中亚）天然气管道计量首/末站。作为连接中亚天然气管道和西气东输三线的枢纽，霍尔果斯计量站是我国同中亚国家开展进口天然气计量、检验、结算和交接的地点。国家出入境检验检疫机构在此对进口管输天然气的数量和重量及品质进行检验监管，并出具检测报告，作为贸易各方进行结算的依据。因此，在这里交接的来自境外的国际天然气，形成的是国家重要的（能源）物流口岸。

六是紧邻第五代国门旁对第三国开放、作为中哈国际边境合作中心中方一侧的口岸，该中心及其联检楼 2006 年开始建设、2014 年正式启用运作，且面向第三国开放，2017 年的入出境人员总量已破 550 万人次。

正是借助国家倡议并强力推进的“丝绸之路经济带”西部核心区重点建设，作为我国在西部国际交往中原本仅因自然地理条件好、人文与生态环境优良等独特区位和地缘优势发展起来的边关重镇，在国家大力的扶持帮助和巨额资金投入下，通过全体建设者的共同努力，霍尔果斯建成了这些由国家花费重金打造成的各类口岸，一跃而为当今我国西北地区唯一一个集公（路）、铁（路）、（航）空、（天然气）管（道）、光（缆）“五位一体”的国家一类综合性国际口岸，成为国家级“丝路窗口”和“时代网红”，成为我国面向中亚、西亚，乃至欧洲距离最近、自然地理（环境）条件最好、基础设施最为完善、通关条件最为便捷、综合运量最大的国家一类陆路口岸。2018 年仅上半年其进出口货运量就已突破 1 700 万吨，贸易额超过 550 亿元人民币。成为中国与哈萨克斯坦等中亚国家开展经济、文化交流的国际大通道和示范区。霍尔果斯也因此从中国最早向西开放的简陋口岸和昔日凋敝荒凉的戈壁小镇，一举成为中亚地区无论在口岸类型还是城市建设方面都实至名归的现代化国际性口岸城市。

(3) 位于霍尔果斯的国门

体现上述陆地口岸形象标志的就是有关建筑(群)——国门。这些屹立于中哈两国边界线上中方一侧，由国家海关、边防、出入境检验检疫(即"一关两检")机构人员值守的联合办公建筑，被人们形象地称为竖立起来的现代国门，当地俗称联检楼。新中国成立后，霍尔果斯最初原来只有几间平房和一条街的简陋口岸(小镇)，在 20 世纪的五六十年代，其联检厅所代表的第一代国门，只是一座六七间房连为一体的苏(俄)式土坯平房，水泥砌成的简易门头上也无任何文字和标识，中间仅有一扇镂空的铁门和门后一条延伸到远处一片荒滩戈壁的砂砾路；20 世纪 80 年代建成了第二代(1983 年)、90 年代初期与中后期再更新为第三代(1991 年)和第四代(1996 年)；到 21 世纪以来建成的是第五代(2000 年后)、第六代国门(2018 年启用)。到现在为止，这些矗立在主要联检区、作为口岸形象的国门，已经历了六代国门建筑形式的演变。相应于口岸，霍尔果斯也就有了六处具有国门形象和标志性意义的建筑群。

首先，是位于霍尔果斯口岸长期以来作为主要联检区的联检楼，即地处现今霍尔果斯迎宾大道——亚欧(北)路(即国道 312 霍尔果斯境内末段)终点所在地一直在使用中、自近代以来就是作为口岸、在境内外最富影响力的第五代国门(也被称为"老国门")，该口岸是国务院 1983 年 11 月批准恢复对外开放、1992 年 8 月经中哈双方同意后向第三国开放具有国际联运地位的口岸，其对面是哈萨克斯坦方的霍尔果斯口岸。

其次，是有着特殊意义的新国门——2018 年 9 月 27 日开启、位于霍尔果斯口岸南部联检区，被当地人亲切称为"新国门"或"南国门"的第六代联检大楼，其对面是哈方的努尔绕尔(NurJoly)公路口岸，一个据称是在哈萨克斯坦乃至俄罗斯和白俄罗斯等前苏联国家中规模最大、设施最全、耗资超过 700 亿坚戈(哈萨克斯坦货币)(约合 13.2 亿元人民币)建成的哈方"光明之路——霍尔果斯"(NurJoly，即努尔绕尔)公路口岸和哈方境内的交通物流中心。

表 3-2　口岸城市霍尔果斯的口岸(国门)情况一览表

序号	口岸名称			口岸类型					国门标志(主要建筑形式)
	口岸	开通时间	位置(坐落)	铁路	公路	货运(物流)	客运(人流)	级别	
1	北联检区口岸(近代以来一直在用的/主要传统口岸)	1881 年	G312 国道(即上海-霍尔果斯公路)终点处		√	√	√	国家级	联检大厅(即"老国门"/第五代国门)

（续表 3-2）

<table>
<tr><th rowspan="2">序号</th><th colspan="4">口岸名称</th><th colspan="5">口岸类型</th><th rowspan="2">国门标志（主要建筑形式）</th></tr>
<tr><th colspan="2">口岸</th><th>开通时间</th><th>位置（坐落）</th><th>铁路</th><th>公路</th><th>货运（物流）</th><th>客运（人流）</th><th>级别</th></tr>
<tr><td>2</td><td colspan="2">南部联检区口岸（综合）</td><td>2018年</td><td>双西公路“0”（零）公里处</td><td></td><td>√</td><td>√</td><td>√</td><td>国家级</td><td>联检楼（新国门/第六代国门）</td></tr>
<tr><td rowspan="2">3</td><td colspan="2" rowspan="2">铁路口岸</td><td>2012年</td><td rowspan="2">霍尔果斯火车站</td><td rowspan="2">√</td><td rowspan="2"></td><td>√</td><td></td><td rowspan="2">国家级</td><td rowspan="2">霍尔果斯火车站及其铁轨换装作业区</td></tr>
<tr><td>2016年</td><td></td><td>√</td></tr>
<tr><td>4</td><td colspan="2">客运口岸</td><td>2012年</td><td>霍尔果斯亚欧路与友谊路交汇处</td><td></td><td>√</td><td></td><td>√</td><td>省（区）级</td><td>霍尔果斯国际汽车站</td></tr>
<tr><td>5</td><td colspan="2">中哈霍尔果斯国际边境合作中心</td><td>2014年</td><td>老国门/第五代国门旁</td><td></td><td>√</td><td>√</td><td>√</td><td>国家级</td><td>综合联检楼与区内连接通道上的方鼎式界柱</td></tr>
<tr><td rowspan="2">6</td><td>中-哈</td><td rowspan="2">天然气管道霍尔果斯计量站</td><td>2009年</td><td rowspan="2">霍（尔果斯）-都（拉塔）公路南，距离中哈边境4.4千米</td><td rowspan="2"></td><td rowspan="2"></td><td rowspan="2">√</td><td rowspan="2"></td><td rowspan="2">国家级</td><td rowspan="2">国际交易/会晤所在办公楼建筑和国际计量管道</td></tr>
<tr><td>中国-中亚</td><td>2010年</td></tr>
</table>

这座新启用的霍尔果斯口岸第六代国门，除比较原先的第五代国门更宽阔、更雄伟、更庄严外，特别重要的是联检楼建筑位于中哈“双西公路”（即“欧洲西部—中国西部”高速公路，这是保障中国-哈萨克斯坦、中国-中亚、中国-哈萨克斯坦-俄罗斯-西欧三条走向的公路运输）的一处节点——交汇处（即“0”起/交点——中国境内西部高速公路的终点和中国通往欧洲西部高速公路的起点处），居于中国西部向西开放大通道的“零公里”上，是“一带一路”上重要的综合枢纽工程，其规模之宏大，气势之不凡，正以其巍峨庄重的最新国门形象代表国家向西开放，从而寓示着一个崭新时代的开启。当然，第六代国门就成为霍尔果斯城市的新形象和新地标，是体现霍尔果斯在国家“一带一路”倡议及其西部核心区建设中地位和作用最好、最生动、最具体的形象表达和直观展示！

正是以第六代国门标志的新公路口岸与哈方努尔饶尔（NurJoly）口岸（公路口岸）对接、处在双西公路东西方高速通道原点上凸显的交通优势大幅降低了国际货运的时间和成本，使宏大的南部联检区新址，实现客货分检，满足第五代老国门所在地因原来的联检区面积小，客货出入境查验增长量长期受限的需求，达到年通关能力由原来的100万吨提升到300万吨，日均车辆查验能力1 200辆，进出境人员年查验能力达到500万人（次）/年的规模。

再者，是位于霍尔果斯市火车站旁于2012年开通的霍尔果斯铁路货运口岸和2016年开通的铁路客运口岸，以铁路客货运站及其铁轨换装作业区代表的国门。

第四，是用作公路客运口岸、由自治区人民政府批准开通的霍尔果斯国际汽车站，该站代表的国门，体现的是中哈两国之间民心相通、实现通道上人员往来的意义。

第五，是位于霍(尔果斯)-都(拉塔)公路南，霍尔果斯市西南，距离中哈边境 4.4 千米处的中(国)哈(萨克斯坦)(暨中国-中亚)天然气管道计量首站。其国门标志的主要建筑形象国际交易/会晤所在办公楼建筑(近旁立有"中国能源通道国门第一站"标牌)及国际计量输气管道。

最后，也是最具现代特区特色的，是紧邻第五代在用国门(联检楼)旁，位于中(国)哈(萨克斯坦)国际边境合作中心中方一侧，以联检楼(大厅)的建筑形式和该区域内用方鼎式界柱标志所体现的国际边境合作中心的国门。

(4) 双西公路和中哈霍尔果斯国际边境合作中心

所谓"双西公路"，系指从中国至欧洲，连接"欧洲西部(西欧)-俄罗斯-哈萨克斯坦-中国西部"高速公路国际大通道的简称。

这条总长 8 445 千米被简称为"双西"的高速公路，始建于 2006 年 11 月，2017 年 11 月，以国道 G218 线霍尔果斯口岸段公路项目的建成通车为标志，将连(云港)-霍(尔果斯)高速 G30 的主要路段纳入双西公路，成为其重要的组成部分，建成了穿过我国境内全长 3 425 千米的"双西公路"(欧洲西部—中国西部)国内段。2018 年 9 月 26 日霍尔果斯正式揭牌建市 4 周年纪念日的第二天，因第六代国门与对应的哈萨克斯坦努尔绕尔(NurJoly)公路口岸的同时正式投入使用和中哈国际段的开通，表明横跨亚欧大陆的交通大动脉"双西公路"全线贯通(即通车运行)。全路东起中国连云港，西至俄罗斯圣彼得堡，与欧洲公路网相连。其间途经中、哈、俄三国数十座城市，实现了由中国东海沿岸起穿行中国境内的 3 425 千米，再经哈萨克斯坦境内的 2 787 千米和俄罗斯境内的 2 233 千米至欧洲，全程高速横贯亚欧大陆的历史性跨越。由此，极大地缩短了物流从中国各地到中亚和欧洲的时间和距离，成为把中国新疆到中亚和西欧的广阔地域连为一体、提升"一带一路"核心区东联西出强大通道运输能力的重要标志。

至于中哈霍尔果斯国际边境合作中心这一更富魅力的新传奇，也是表现霍尔果斯特区城市作为国家级经济特区之"特别"闪光与最为炫目的瑰宝所在，更是一个值得让前往霍尔果斯的人们流连和留念的口岸城市独有的亮点之处。

由中国和哈萨克斯坦共和国两国元首于 2003 年达成共识，两国政府于 2006 年共同决定设立、2012 年建成后封关运作的中(国)哈(萨克斯坦共和国)霍尔果斯国际边境合作中心，是霍尔果斯特区的心脏地带和口岸的发动机所在，是一个被称为霍尔果斯口岸新市"城中之城"极为特殊的地方，因而也就成为我国西部这座现代特区城市新形象的一个典型缩影。

在这片地跨中国和哈萨克斯坦两国边界，由中国和哈萨克斯坦两国政府共同建设、对第三国开放(两国公民及第三国公民，凭护照等有效证件可方便地出入)的一个总面积达 5.28 平方千米(其中：中方 3.43 平方千米，哈方 1.85 平方千米)的神奇土地上，以全球首个跨境自由贸易区的独特地位建成的当今世界惟一的国际边境合作中心，也是中国仅有的跨境经济贸易区，凡是到过这片对第三国开放的特殊区域的人们，无论来自国内还是海外的人士，只要手持护照，不用签证，也不用花一分钱(我国公民甚至只需用身份证办理一张出入境的通行证)，就可自由进入合作区，出了国。实现中外人士出入境内外在此特殊地境内极为方便地办事、做生意、观光旅游和享受生活的梦想。而这样不用签证就能出国(在合作中心内)办理各种商务、领略异国风情、享受中心内来自世界各国的各种现代免税商品消费的生活与工作情景，若一次性从进入到出来为止的时长跨度甚至可以连续待上30天的时间！真正体现了当今时代国际化驿站具有的特殊意义，也是特区城市所特有的、除可叠加的诸多特殊优惠的利好政策之外，最大的独特魅力之所在。难怪2018年2月再次来过这里的《福布斯》著名专栏撰稿人谢泼德(Wade Shepard)，要在其为全球最有名的财经出版物之一、也是美国最早(超过100年)的大型商业杂志《福布斯》(Forbes)撰写的专栏文章中称，“霍尔果斯：新丝路的中心驿站已经到来”！

此外，再加上霍尔果斯在2017年启动建设的“霍尔果斯跨境金融小镇”，一个目前国内唯一开展以国际贸易使用人民币直接结算(类似金融口岸)的“一带一路”区域性国际金融港，也是创新离岸人民币市场建设的试点先行区和金融新高地所在。所有这些作为国际通道基础设施的建设成果与优良的服务，正使霍尔果斯成为国家在推进“一带一路”建设中，实践沿线国家和人民共同享有“政策沟通、设施(道路)联通、贸易畅通、资金(货币)融通、(基于人文)民心相通”受益者的同时，不断发挥名副其实的国际示范效应和重要的引领作用。

第四章　图片中的霍尔果斯主要史迹遗存情况

——从尘封历史中走出的现代“苹果城”霍尔果斯

为方便读者理解，也为有助于更新人们对霍尔果斯作为边关重镇人文积淀的历史认识，本章遵从读者的阅读习惯，根据前期通过现场实地踏勘式调研中记录下来，以及从不同渠道收集、整理、汇总的有关资料，笔者特别尝试从文明时序和文物特征两个不同的侧面，以前述表 1-2 所列的史前(石器时代)文明、草原文明、古代文明、近代文明、现当代文明共五大文明现象为主线，并在各文明时期辅之以具有该时代特征的代表性已发现文物(遗迹或信息)，就霍尔果斯当地史迹遗存的基本情况，用展示精心筛选的部分现场图片的方式，尽可能全面、系统、多角度地作出关于不同文明年代当地人文情况的简要说明，企望通过这些由不可移动文物所呈现和反映的文明现象，能客观真实地粗略串接以至勾勒出霍尔果斯当地人类文明发展的基本脉络，初步描绘出特区城市以不可移动文物所代表的有关文化积淀的一些深沉厚重的主要片段，尽可能多方位地展现特区城市霍尔果斯在古今陆上“丝绸之路”所独有的历史风貌与奇葩文化。

有关图片所涉及的基本资源信息情况，此前均已整理汇总归入表 2-3，所归类的八大特征文物属性也自然蕴涵于各个文明时代之中。

(一) 文明之光——古代留存于世的早期人类文明印记

1. 冠名“苹果城”的文化苹果“活化石”——原生态野苹果及其野生苹果树(林)

通过前面篇章的介绍，读者对“苹果城”的文化源头及其冠名“苹果城”的最初本原植物载体——原生态的野苹果和野生苹果树及其野生苹果林应有了初步的概念。作为至今仍以成片树林形态顽强生存和成长着的野生苹果树，它们就应该是名为“苹果城”的古城“阿力玛里”的活化石。

这里展示的一组果树林木图片，是生长在今日“苹果城”霍尔果斯辖区境内，以阿力玛里镇产区为主，有关原生态野苹果和果树与现代苹果及其果(树)林的真实场景。从中不难看出，这个名为“苹果”原本十分普通的植物果实，是如何从原生态的(野)苹果

(树)和野生苹果林而逐渐被人类培植驯化成为当今人们喜食的主要美味果品和在当地呈现很高欣赏价值的林木景观的。因为,正是其中所蕴涵的对人类社会与文化生活所具有的独特价值和特殊影响力,才被人们将其主产地冠以“苹果城”(突厥语“阿力玛里”,或蒙古语“阿拉马力”)的美名,使野(生)苹果、(尤其是挂果的)野生苹果树和野生苹果林最终成为这座古今城市名片“活化石”的(见图 4-1)。

图 4-1(1) 位于格干沟谷地里河滩上的原始野生苹果树和成片的野生苹果林
(左:初冬时节;右:仲春时节)

1. 长在紫苏地里的野生苹果树

2. 夏季生长的野生苹果树

3. 秋天里的野生苹果树

4. 沟坡上成片的野生苹果树林

5. 茂盛的野生苹果树林

图 4-1(2) 生长在格干河二道桥旁东沟坡地上的野生苹果树(林)和野生苹果(照片提供:史建新)

图 4-1(3) 现代"苹果城"霍尔果斯果林中的苹果与苹果树(林)(从初夏到初秋)(部分照片提供:杨利涛)

图 4-1 "苹果城"冠名"苹果"的活化石——野生苹果(树/林)与现代苹果(树/林)

2. 史前石器时代古文明与草原文明标志的珍贵岩画和石刻

在人类文明的历史上,有无文字记录是划分文明时代的重要标志。也因此往往将之前的文明称为史前文明,而将有文字记录之后的历史则称为有史以来。如此就有了作为人类早期在没有文字的时代记录自己生存活动的岩画和石刻(石画),成为判断是否属于史前文明中石器时代的重要依据,是极为珍贵的人文资源。而且,在古代内陆草原地区出现的岩画与石刻(画),往往因图案表现的内容与人类草原游牧生活有关,自然就会在史前文明与草原文明之间穿插和跨越,成为沟通两大文明时期的重要纽带,也是区分不同文明的难点所在。换言之,按照有关专家的观点,凡有岩画与石刻(画)出现的地方,基本可以判断出所在地所处的文明阶段和主要类型。本次调研,我们极为有幸地发现了当地存在的多处呈现有史前文明时期石器时代标志的岩画与石刻(画),并在征求有关权威专家的辨识后,基本可作为该时代的标志特别予以展示。

据知情人介绍和笔者现场踏勘确认,首先发现的是沿山前国防公路以东的台地上自21世纪初建设边防公路起,有若干整块的石头上留存着早期人类石刻的痕迹,且在2007—2017的十多年间情况基本没有发生大的变化,这些大块圆形石头表面依然保存有动物或类似象形文字刻符等图案造型遗存(推测应该是当年用草酸等处理过的),并发现凡是这样(经过处理)的石头表面都与未经处理的颜色和图案皆明显不同,因为所有刻有图案石头表面都在随着时间的推移被风化和剥蚀着,但表面处理好的图案依然明显清晰,其他很多则已经无法辩识了。其后,笔者又在当地向导的指引下,于其他各处有了更多更大的发现,且分布也呈一定规律,沿界河东岸山地较为集中,其余地区则多属零星散布。

现列于此的岩画与石刻(画)图片,基本都是笔者通过踏勘已查实和可确认的由三个主要区域呈现的岩画和石刻石画情况,其中包括分别位于霍尔果斯市的莫乎尔牧业乡镇内的两处和边防界河东岸山地处的石刻与岩画。此外,还有文献记载中提及的其他两处岩画与石刻(画)的情况,限于条件有待以后落实,不在此处说明。但从这些已足够丰富多彩和生动有趣的图案中,不难看出当地人文历史源流的深长与积淀的厚重。可以说,由此基本上找到了这里最初的人文根脉。

1. 初冬时纹路已相当模糊的三道沟坡地上的石刻之一

2. 初冬时纹路已相当模糊的三道沟坡地上的石刻之二

3. 初冬时纹路已相当模糊的三道沟坡地上的石刻之三

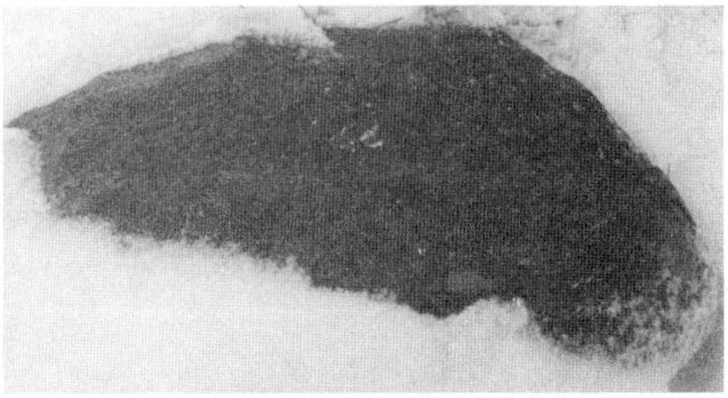

4. 初冬时纹路已相当模糊的三道沟坡地上的石刻之三(侧面)

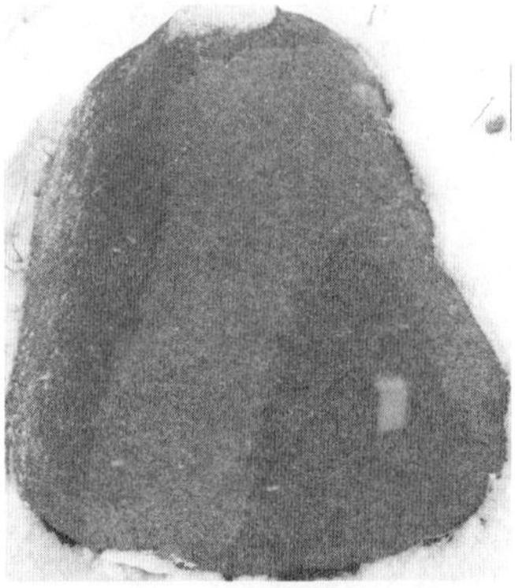

5. 初冬时纹路已相当模糊的三道沟坡地上的石刻之四

6. 初冬时纹路已相当模糊的三道沟坡地上的石刻之五

7. 三道沟(泉)坡地上的巨型岩画石刻远景

8. 三道沟(泉)坡地上的巨型石刻岩画(牧民在看岩画)

9. 三道沟(泉)坡上巨型岩画全景

10. 三道沟(泉)坡巨型岩画近景

11. 三道沟(泉)坡上图案清晰的巨型岩画(石刻)局部

图 4-2(1) 初冬时节散落在三道泉(沟)地区的一组岩(石)画石刻

1. 刻在石头上的图案

2. 刻在石头上的羊群

3. 石头上的图案纹路

4. 尚可辨识的石刻图案

5. 石刻的图案符号

6. 略显模糊的石刻

7. 尚可辨识的石刻图案

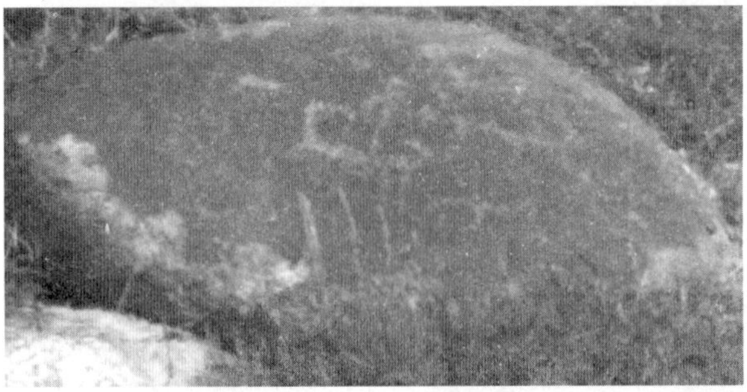

8. 石刻图案

9. 跪乳的盘羊母子

10. 相邻的石刻

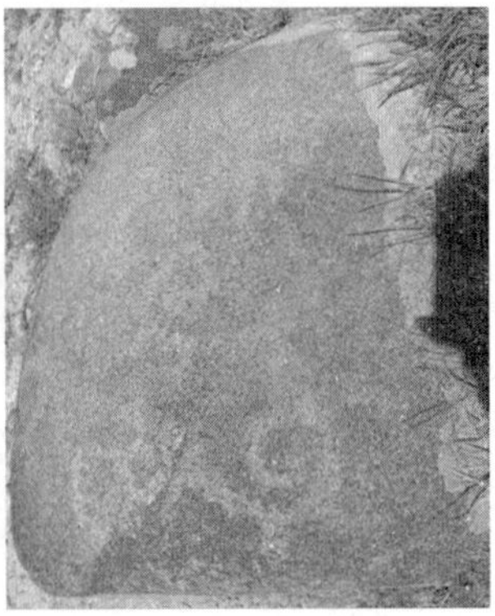

11. 石刻盘羊图

12. 石头上刻出的盘羊群

13. 生动的盘羊母子

14. 盘羊群石刻

15. 盘羊石刻

16. 巨型盘羊(角)石刻

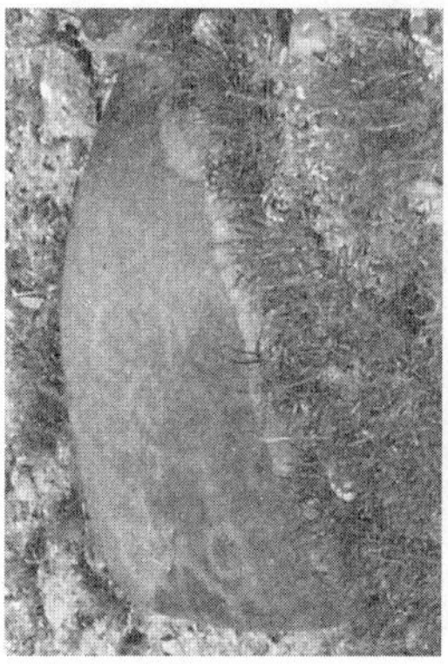

17. 巨型盘羊(角)石刻

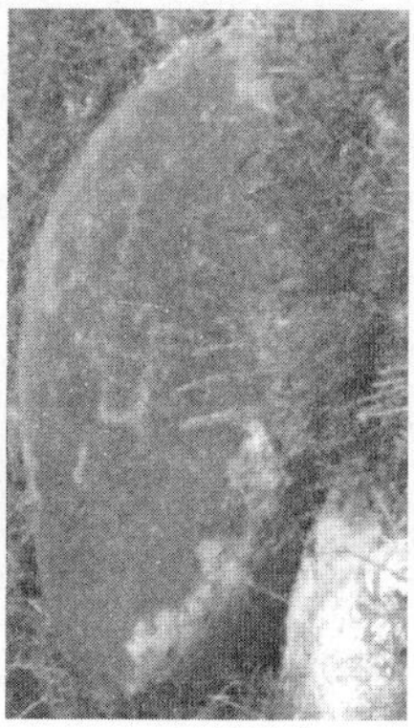

18. 石刻图案

19. 连续几块大石头上都有的石刻(岩画)

20. 盘羊石刻在风化的岩石上

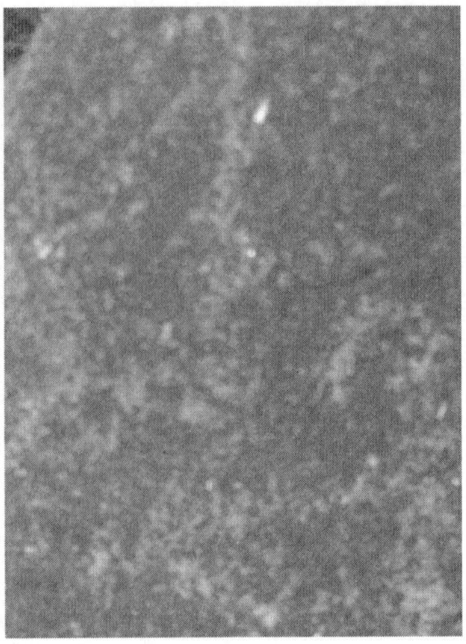

21. 石刻图局部

图 4-2(2) 初夏之际位于卡拉塔斯(巴斯昆齐)疑似土墩古墓坡上刻在黑褐色石头上的岩画(1～18,20)连续几块石头上都有石刻岩画的情形(19)及局部(21)

1. 巨型岩画(石刻)侧面

2. 巨型岩画已风化的侧面

3. 巨型岩画全景之一

4. 巨型岩画全景之二

5. 巨石上的岩画

6. 巨石上的岩画石刻

7. 刻在巨石上的图案

8. 巨石岩画局部

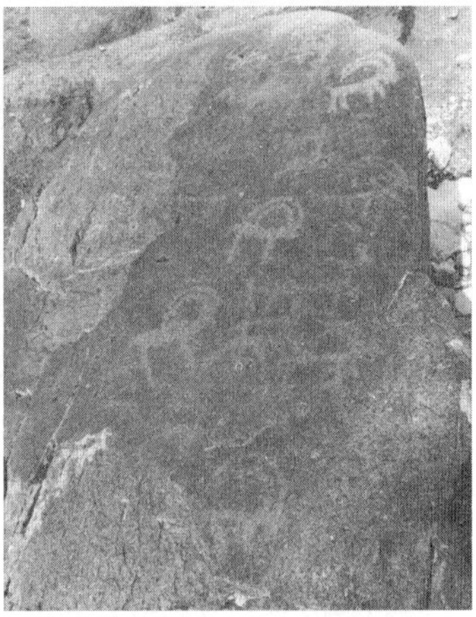

9. 岩画上的动物图案

10. 半掩在土里的岩石画

11. 另一处岩石上已风化残留的石刻

12. 巨型岩画的巨部图案

图 4-2(3)　位于地名叫"马群"处的一巨型岩画石刻(图 1～7 整体不同侧画，图 8～11 不同局部)及局部图案(图 12)(内容极为丰富，图案多样)

1. 残留在风化岩石上的石刻图案

2. 巨型岩画侧面风化情景

3. 可辨识图案的巨型岩画全景

图 4-2(4)　位于地名叫“马群”的另一组散落在各处的巨型岩画和石刻

图 4-2　岩画和石刻(史前石器时代与草原文明的标志)

(二) 纪元以来的古文明——资源丰富的草原文明与古代文明时期

1. 草原文明的标志——土墩古墓和石人

在内陆草原游牧地区，有史以来的古代文明中，草原土墩古墓和伴之以石人守卫的墓葬方式都是草原文明标志最主要的典型代表。本书在此展示的就是调研过程发现并经请教有关权威专家辨识后，可初步确认，当地拥有属于草原文明标志的石人（一对2只，原留存于民间），和曾已个别认定但未保存，而本次发现高度疑似的草原巨型土墩古墓（若干座，尚须进一步考古发掘来确认）的情况。

在今天霍尔果斯境内，留存有已遭平毁和新发现的高度疑似为乌孙国时期分布五处地方的草原巨型土墩古墓（见图4-3）中，除加尔苏古墓虽早在二普时已认定，但因未保留下来，故现有的首推位于阿力玛里镇乎尔赛5连旱田中用鹅卵石围圈封土的4座（实际是5座）巨型土墩古墓群最为典型，这些地处兵团61团场自建的乎尔赛旱田公路东西两侧、属于园林5连北侧山前台地上、虽因盗墓造成塌陷后高度仍有3～5米，且增加了石头围圈封土特点形制土墩古墓，矗立在秋收后的田野里十分扎眼（见图4-3(1)）。根据第二次全国文物普查资料推测，墓群的年代应为战国至元代（草原文明时期）。本次调研过程经现场实地踏勘发现，在原墓群所在地，仅剩余4～5座古墓葬，且分别位于公路的南北两侧（每侧各有2～3座）[见图4-3(1)]。其中靠近路边的一座甚至还是因造田过程被推土机基本平毁后在原址处临时隆起土堆标记为墓地所在的（好在该墓地周围成圈的多层鹅卵石标记尚存，可佐证），但其余墓群皆已不见踪影（应为已被平毁改做农田或果园用地了）。

1. 远眺

2. 土墩墓近景（全）

3. 顶已塌陷的土墩古墓近景

4. 墓群中规模最大、多次盗挖后墓顶已塌陷的一座土墩古墓全景

5. 另一座土墩墓远景

6. 土墩古墓与墓顶上的考查者

7. 相对完整的一座土墩古墓

8. 苹果林中平毁后重堆封土的古墓

图 4-3(1)　位于 61 团园林 5 连乎尔赛旱田中的巨型土墩古墓

其次是位于三道沟河畔莫乎尔乡格干沟(牧业村)的名为阿山坟(或叫阿山包/顶)的古墓，因其形制完全符合古乌孙国时期草原土墩墓所有的要素，只待专业考古确认(见图 4-3(2))。其他就是分别位于霍尔果斯河东岸的卡拉塔斯(有 2～3 座)和乌依扎依拉克(有 1～2 座)两处地方(见图 4-3(3))，发现这些形制虽疑似草原土墩墓，但需进一步考古确认。且在卡拉塔斯形制疑似土墩古墓的山坡地上，还发现有十数块古代石刻与石画的遗迹。

1. 初冬时节的阿山顶(坟/包)

2. 阿山顶(坟/包)中、近景

3. 三道泉河畔的阿山坟(顶/包)远眺

4. 三道泉河水库旁的阿山坟(顶/包)远景

图 4-3(2) 位于莫乎尔牧业乡的阿山坟(又名阿山包/阿山顶)巨型草原土墩古墓
(1、2:初冬时节中、近景,3、4:河畔景远眺)
(位于三道泉河下游水库附近,有草原文明特征,现为当地开发的旅游景点
“桃花岛”所在,已建有亭阁和木栈道)

在霍尔果斯发现的这些(高度疑似的)巨型土墩古墓，目前主要分布在五处地方，分别是:位于61团5连乎尔赛旱田内的、位于卡拉塔斯(哈语“黑石头”)所在的巴斯昆齐古墓群所在地的、位于乌依扎依拉克古墓群(即阿拉马力边防连)所在地对面的山坡、位于莫乎尔乡格干沟村的阿山顶，当地人也称之为阿山包或阿山坟的，还有位于伊车-噶善乡加尔苏村曾在第二次全国文物普查(文物二普)时就已被确认、但现今已遭平毁的三座土墩古墓(见图4-8)。本调研首次发现，第一处有4～5座、中间两地各分布有2～3座与位于伊犁境内其他地区高度疑似的乌孙国时期的草原巨型土墩古墓，除了后者(即加尔苏被平毁的古墓群)外，阿山坟所在仅有一处，且该处被称为阿山顶或阿山包的地方，早已有多年为古坟的传说和称呼。现正作为当地旅游资源的桃花岛标志通过建设栈桥和亭台等进行旅游开发。

一般而言，草原土墩古墓的形制和坐落不同于其他广泛分布于中亚草原地区，在山间或沟坡、台地及平原上用石碓(堆)封土、尤其在当地极易辨识和被发现的一般非土墩古墓，而有着其典型鲜明的特点:就是这些(高度疑似乌孙时期)土墩墓的古遗迹多为南北链线形式沿河谷排列，普遍高达十多米，仅直径就在60～80米，俨如一座座小山，若经进一步考证确认，将成为霍尔果斯当地一道十分靓丽奇特的人文景观，作为古代先民留给民族的十分珍贵的历史文化遗产，是当地属于古老草原游牧文化不可多得的重要历史文化与旅游资源。尤其珍贵的是，在沿霍尔果斯东岸的大山所延伸出的若干余脉上，其中山脚的终端，发现多个可清晰辨识具有高度疑似为王陵的超大型圆形封土石堆古墓。以其中三个形制最为明显的超大型圆形封土石堆为代表，其特征都是利用山脉的终端再突兀地人为隆起构墓(似乎蕴涵与大山合为一体、回归和成为大山的一部分之意)。且底部仅有的2/3周长一般都在300～500米，高约20～40米，均主要在其东侧(其他方向几乎没有或有零星的)从顶到底保留有一圈圈可能是来自旁边霍尔果斯中的不规则封土圆石，其中不少石头上保留着古代先人的简单石刻和以动物(大多是盘羊类)为主的石画。特别是其中一个古墓在其面向东南一侧的封土石，众多石头的摆放与分布，因年代久远，现仍能在模糊间似能看出有某种图腾(近似于狼形)的印记存在(如图4-3(3))。

1. 位于卡拉塔斯的2座疑似草原土墩古墓

2. 位于乌依扎依拉克的疑似草原土墩古墓

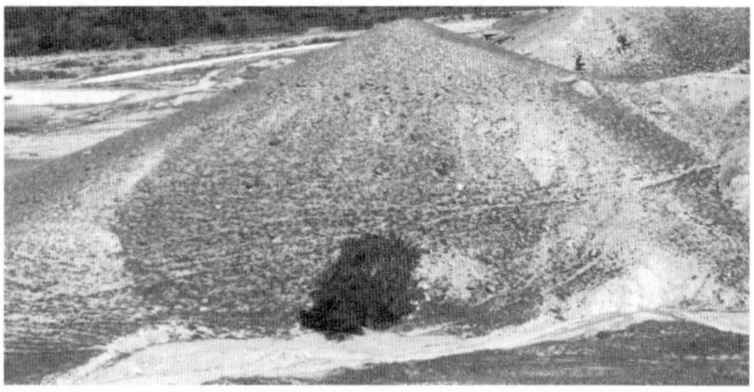

3. 位于卡拉塔斯的其中一处坡上有诸多石刻岩画等的疑似草原土墩古墓

4. 卡拉塔斯处 2 座相邻的疑似草原土墩古墓

5. 卡拉塔斯处 2 座疑似草原土墩古墓的远景

6. 背景为群山之前位于卡拉塔斯处 2 座疑似草原土墩古墓
图 4-3(3)　位于霍尔果斯河沿岸的另几处草原土墩古墓(高度疑似)

草原石人,根据有关资料的介绍,是古代草原文明中,游牧民族以草原上的天然石材为原料雕刻的栩栩如生的人像,是一种广泛散布在亚欧草原上历经沧桑、展现古代草原精神风貌和艺术气质的非常典型的草原文物,尤为新疆草原上反映草原历史文明的一大亮丽的人文景观。根据考古学家的观点,一般认为草原石人和游牧民族的墓地有关,它们或随葬于墓中,或守护在主人的墓前,作为墓地的守护神。当然也有作为标志用于作为守卫游牧民族的家族或部落、甚至军队和国家的卫士形象存在,矗立在家族或部落、军队(尤其是指挥中枢的中军)帐外甚至是部落(或其国家)的边界上(同时也是标志)的;或者是置于路边或墓顶作为面东而立的路标使用的情况。

在霍尔果斯境内发现的草原石人,其发现地位于莫乎尔乡格干河畔的墩买里(或音译为“东麦岭”“东北领”)村的地方,至于该对草原石人是作为路标石还是守墓者或卫士,还有待专业工作者考证,该地名字在哈萨克语的意思是“小土包”或“小土堆”。据说,几年前,这对石人就是村民们在农田里耕作时偶然发现并当场就地填埋保护起来的。

草原石人(一对)的卧姿照片

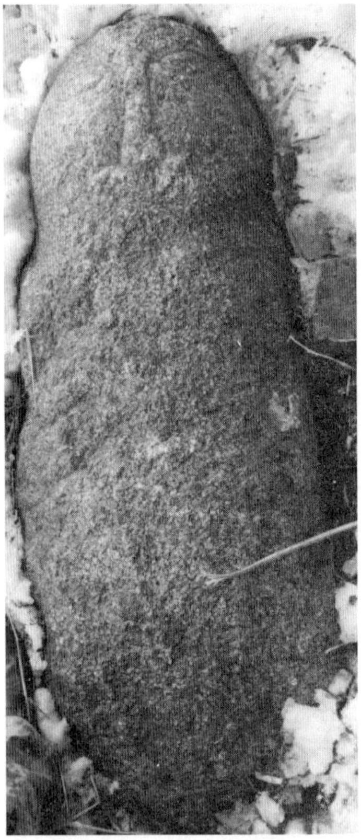

草原石人的立姿照片(左:正面一个,右:侧/背面一个)

图 4-3(4) 巨型土墩古墓和石人图片(草原文明的重要标志)

图 4-3 草原土墩古墓(群)(高度疑似)与草原石人

2. 沉寂的战国至隋唐时期古墓葬与古城池

(1) 古墓葬

① 乌依扎依拉克古墓群及其附近与北部山区古墓群

乌依扎依拉克古墓群实际是广泛分布于由北至南三大片区域内，由附近三大片区古墓群组成的古墓群的统称。其中之一片位于现代边防哨所阿拉马力边防连附近，远至北隔境内河流 1～2 千米，近与训练场相接（此片实为有关资料和文献所记载的、数量为 5～8 座的传统墓群所在），另外一大片墓群是位于幸福沟附近几座山坡上的古墓群，每片墓群少则 5～8 座、多则 10～17 座。三大片总墓葬数量应在 100 座以上。

其中，位于边防哨所阿拉马力边防连附近，有资料记载的与训练场（直升机停机坪）相接的古墓群，经现场踏勘查实，除尚存 5～6 座古墓还可清晰辨认外，其余均已因修路和训练场建设被平毁。

最北边七兄弟宗族墓地和南边幸福沟附近的古墓群为本次调研首次发现。因时间和条件所限，南面的以及更南边的胶泥沟古墓群暂时未来得及做实地踏勘，本次花费大量的时间也只是对位于最北边且隔境内河流北 1～2 千米处的被称为古代游牧部落七兄弟的宗族墓群和南边幸福沟附近的古墓群进行了较为详尽的踏勘。前者保存基本完好，少

1. 远眺各山梁之上的古墓群

2. 其中的两个支脉兄弟家族墓地所在（均有石堆封土为标记）

图 4-4　乌依扎依拉克古墓群之七兄弟墓群照片

有损毁。后者因为边防修路拉围网等原因,大多已损毁,尚有零星墓群可以辨认。据说最北边的宗族墓是由一共有七个兄弟的家族共同拥有整个山脉在其台地上埋葬族人而成为宗族墓地的。其中,每个兄弟的一脉只占有其中之一的支脉(台地)作为其小家族的墓葬所在地。在现场踏勘考察时,我们发现,这片家族墓地中每个兄弟小家族所在的支脉墓群中最少的有 5～6 座,多则 17～26 座,远看极为壮观和震撼。

另一处位于南侧幸福沟附近山坡上的墓群现存的也达到 10 座左右,如无毁坏,总数应不在少于 20 座,但近年来因边防修路和围网建设而多已遭毁坏,个别甚至出现直接用工程挖掘方法进行方坑式盗挖的情形。

类似地,还有位于红柳沟、冬麦岭(墩买里)、胶泥沟的古墓群,通过现场踏勘查实,这些古墓除了乌依扎依拉克墓群被界定为春秋—战国—汉晋时代外,其余均为历史文献和有关资料上尚无具体记载的首次发现,应属于可填补该地区古墓葬(人类活动遗迹)空白的新历史记录。特别是根据现存墓葬的石头圈封土的形制和地面的外观保存状况,经初步考察判断应属于与南边的巴斯昆齐古墓群和红山嘴古墓群在时间断代上为相近年代的古墓群,有相当的考古和历史文化参考价值。

至于乌依扎依拉克以北处于更深山谷之中的四号(道)沟等地的古墓群,限于条件本次调研未能进行现场踏勘查实。但是所有这些包括上述已查实或个别待查实的信息均为本次的踏勘中所首次发现并确认。除了与边防连训练场相接的那片古墓群属于史迹文献虽有原始记录但不够准确外,其余关于古代七兄弟和幸福沟等的那些古墓群情况均为本次调研所首次发现并被确切地记录下来,成为本地最新的历史文化旅游资源。

② 巴斯昆齐古墓群

该墓群原址应位于霍尔果斯市莫乎尔乡格干牧业村西北,兵团第 4 师 61 团场林管站北 8 千米,该团场 3 连的牧场所在地,即霍尔果斯河东岸的山前台地上,西临中哈边境线,近旁有国防公路,向南沿霍尔果斯河两岸开阔地有近年新建的霍干水库和少量开辟的农田,除此以外的其余山地均为居住于此兼任护边员的一户哈族牧民的牧场。

根据《新疆生产建设兵团农 4 师 61 团志》(准印证为 2000 年第 490 号的新疆维吾尔自治区内部资料性出版物)的记载,在 2000 年时尚有石堆墓 80 座,是当时霍城县(现今霍尔果斯市所在县)境内存在的最大古墓群。但到 2010 年后内部出版的《4 师可克达拉市辖区内不可移动文物》记载,该墓群在沿山前国防公路以东的 7 个台地上发现的则是在长约 1.5 千米、宽约 350 米的范围内大致呈南北方向分布着直径多在 3～10 米、多为圆形、个别为方形,另有 6 座石堆较高,约 0.5 米的石堆墓葬和石圈墓葬仅约 49 座,根据第二次全国文物普查资料推测,墓群的年代应为战国至元代。经 2017 年 4—5 月间的最新现场实地踏勘,发现在原古墓群所在地,因 2010 年后兴建霍干水库(2014 年开始蓄水),这些古墓群大部分已无踪迹。除了水库边缘个别处于山脚下地势较高位置的零星墓葬(约 8 座,包括个别被破坏尚能辨认的古墓)尚存外,其余所有的古墓葬群大多不是被引洪入库的沟渠或盗墓者人为破坏,就是被已蓄水的有水库容淹没于水下而早不见踪影了(见图 4-5)。

1. 被淹没于水下和遭盗挖被毁的古墓(远处为水库蓄水池)

2. 尚存的巴斯昆齐石堆古墓群

3. 几座散布在山脚下的零星石堆封土古墓(群)远景

图 4-5 巴斯昆齐古墓群

③ 克(格)干山口古墓群

该墓群实际位于霍尔果斯市莫乎尔乡开干村西，阿力玛里镇辖境内兵团 61 团场草原站所在地，地处该站通往 61 团边防值勤公路旁。具体而言，是克干山谷沟口水电站西侧的台地上，其东、南为广阔的山前平原，南约 50 米处为一条东西流向的水渠，南约 100 米处有一条东西方向的公路。在东西长约 400 米，南北宽约 200 米的范围内，根据《4 师可克达拉市辖区内不可移动文物》的资料记载，曾经分散地分布有皆为用鹅卵石堆成封堆，大者高约半米、直径在 5～10 米，数量比较少；多数封堆仅高出地表稍许，直径在 2～4 米的 57 座石堆古墓。

位于霍尔果斯市莫乎尔乡开干村西，驻地为阿力玛里镇兵团 61 团场 2 连北侧的山前台地上，处在团场自建的乎尔赛旱田公路东侧，有围网隔护具有保护性的一旁尚有用墓地卵石堆出的“61 团”几个大字。据《新疆生产建设兵团农 4 师 61 团志》(准印证为 2000 年第 490 号的新疆维吾尔自治区内部资料性出版物)的记载，在海拔高度为 917 米、东西长约 2 千米、南北宽约百米的墓地上，当年分布着 70 座古石堆墓，其中多数墓葬的卵石封土堆直径在 2～4 米之间，高处地表少许。2017 年 5 月调研踏勘时经现场实地查看发现，除个别有损坏或已被平毁外，绝大部分古墓尚存，且封堆保持基本完好（见图 4-6）。但在 2017 年 11 月课题组再次踏勘时，则已有近半数古墓因为当年修路被平毁，连原先拣用封土卵石堆出的“61 团”字样也不见了踪影。

1. 克干山口石堆古墓群（位于 61 团场边防值勤路围网外侧）

2. 克干山口古墓群（位于 61 团 2 连北侧山前台地上的古墓群）

图 4-6　克（格）干山口古墓群（断代为战国—元代时期）

④ 红山嘴（咀）古墓群

该墓群在霍尔果斯市阿力玛里镇境内兵团农 4 师霍尔果斯河管理处以北，实际包括以红卡子边防站为中心的三处墓群，分别是：位于南侧的南山坡地、位于附近北侧山坡上的高台平地以及位于紧邻老营房处于原口岸垃圾处理场大门围网近旁的三处地方，且均为石堆封土墓。

其中，位于霍尔果斯市莫乎尔乡格干牧业村西北、阿力玛里镇境内地处峡谷内、北依别珍套山西约 50 米处有一条水渠的红山嘴南山坡的墓群为第二次全国文物普查时所发现，登记时有堆墓 60 座。20 年间，墓葬分布区域大部分已辟为农田，近年因团场搞光伏发电，所在古墓地几乎都已直接作为光伏电板的安装用地（见图 4-7 上右、下），原本以南山坡地上东西长约 600 米、南北宽约 100 米地域内有文献原记录为 50 多座的墓群最大，现也仅存散布于山前坡地上的 7 座墓葬，这些墓葬封堆可分两种，其中 5 座为直径 0.3～0.5 米、高约 0.7 米、墓圈直径在 5 米左右的大型卵石堆成封土堆的石堆墓，另有 2 座为用小卵石堆集成石堆间夹以沙土、封土堆微隆起地表 0.1～0.3 米高、直径 3 米的石堆墓。

而紧邻老营房处于原口岸垃圾处理场大门围网近旁的原应有 10 余座的同类型古墓群，则已被早先的战壕和近年的工程式盗墓挖掘而遭直接破坏，尚存可辨识（包括已被盗墓者挖过探洞）的还有 2～3 座（见图 4-7 上左）。

至于位于红卡子边防站附近北侧山坡高台平地上的同类型古墓群，实际踏勘发现也都有过被盗挖和遭到人为破坏的痕迹，只是还有外部形制可以分辨的 5～6 座石堆墓（见图 4-7）。

1. 红山嘴（咀）古墓群中一处有盗墓探洞的古墓葬（左）和被光伏板所毁坏的石堆封土古墓群

2. 相对完整的另一处石堆封土古墓群

图 4-7　红山嘴（咀）古墓群

根据第二次全国文物普查资料，该墓群年代推测为战国至元代。

⑤ 加尔苏古墓群

根据《霍城县不可移动文物》(新疆维吾尔自治区内部资料准印证(2011)199号)的有关记载和现场踏勘了解到的情况，原古墓群位于霍尔果斯市伊车-嘎善乡加尔苏村东6组居民区内，地处河谷洼地上，其东面是大西沟干渠的一支偏渠，东接清水(河)镇，西通霍尔果斯口岸。在东西宽约30米、南北长约200米的范围内，曾经分布有根据第二次全国文物普查资料推测年代应为战国至元代的土墩古墓葬三处。发现时间为1988—1989年的第二次全国文物普查期间，但是到2008年7月伊犁州直三普复查时，这些古墓群，早在二十多年前就因农田建设和保护不力而几乎均遭平毁，当时2座墓葬周围均已被开辟为林地，地表已无明显墓葬封堆(被平毁)，1座位于当地居民庭院围墙外，墓葬石头封土堆均已遭受严重破坏(可见封土用小卵石)，但尚残存封堆残高1～1.5米，直径10～20米，呈南北方向排列(见图4-8的有关翻拍照片)。本次调研时，原墓群所在已成部分农田(见图4-8)，地面也无任何痕迹可循，甚至大多数当地人都已不知有此古墓群存在过，故而更不知其踪，就连上了年纪的老人在指认方位后也很难具体辨识。

1. 1座东西向(1988—1989年时)

2. 1座南北向(1988—1989年时)

(根据《霍城县不可移动文物》翻拍)

3. 2017年时已平毁用作林地和部分农田的加尔苏古墓群(其中一处)

图4-8　加尔苏古墓群(断代为战国至元代)

⑥ 紧邻第二索伦古城附近的古墓群

该古墓群位于紧邻霍尔果斯市伊车-嘎善乡与之隔 312 国道和连—霍高速公路相接，处于霍城县驻地兵团 64 团场 1 连境内。据在该连工作和生活 50 年以上的当年许多知情人介绍，在该团场 1 连所在地占地 500 余亩的生产与生活驻地内，历史上曾分布有数百座的古墓葬群。只是最近几十年因连队生产和居民生活建设的需要才逐步被平毁，其间也有断续的古墓被发现。在所平毁的墓葬中曾出土过大量墓主故人的遗骸和多具独木棺材（疑为蒙元时的古人遗存），以及玉镯和铜钱等陪葬物品。由于至今未查到相关的文献记载，该墓群年代尚无法确定，但从其中棺木的形制与所装殓的故人判断，应初步推测为蒙元时代，且应与其紧邻的位于兵团农 4 师 64 团 2 连所在地上的第二索伦古城有密切的关系。有关该处墓地的情况介绍，据了解为本次调研报告首次发布。

1. 古墓群所在地为长满野草的沟壑/渠

2. 建筑物所在地为古墓区

3. 屋内为一古墓所在地

图 4-9　兵团 64 团 1 连疑似第二索伦古城附近的古墓群所在地(为沟或屋处)

(2) 古城遗址——(唐—宋(元)时期)索伦古城

古城现位于霍尔果斯市金边镇兵团农 4 师 62 团 6 连农田中(霍尔果斯市莫乎尔乡一

村西约2.5千米处)，北倚天山别珍套山，距古城北800米远是G312国道，西濒霍尔果斯河，东接莫乎尔牧场，西侧紧靠一条南北向的乡村公路可通往62团11连。

城址平面近方形，南北385米，东西375米，夯土筑成，城垣墙基除北墙、西墙基本保存完整以外，南墙已被夷为平地，修建成东西走向的乡间公路，东墙的东南段已被挖掘取土破坏。城墙基宽约15米，残高2～3米，墙厚6米。西北角城垣明显外凸，似为角楼遗迹。往西、北墙基中段各有一个残缺口，或为城门所在，城内已辟为农田，建筑遗迹均残毁。遗物较少，偶见红色砖块，制作粗糙，表面有手指痕迹。伊犁哈萨克自治州博物馆收藏有1件该城出土的陶瓮，为夹砂红陶，单耳鼓腹平底，口沿外折，唇微侈，器表有数周凹凸的弦纹。瓮内有谷物遗痕。从该城规模和地望看，可能为阿力玛里的"附庸城邑"。

根据农4师可克达拉市文物局印制的《4师可克达拉市辖区内不可移动文物名录》记载，1957年公布为自治区级文物保护单位时，该古城年代被定在唐代。索伦古城在2011

1. 一边直接被用作沤肥的古城墙遗址

3. 另一边已变成残垣废墟的古城墙遗址

2. 剩余三面围边的城墙(左侧:西墙，中间/对面:北墙，右侧:东墙)遗址

3. 剩余的一边城墙及其文保标志

4. 剩余的一边城墙的断面及标志牌(正面)

5. 标志牌背面的说明

图 4-10　(唐代)索伦古城遗址及文保标志牌

年12月版《霍城县不可移动文物》一书的“霍城县第三次全国文物普查古遗址一览表”中，是经复查后被断代为唐代，位列第一的古遗址。但从出土陶瓷形制看，与北疆地区宋元时期城址所出器物有相似之处。考虑到元、清时期因在同一地址上也建有索伦古(故)城(根据有关文物保护碑记载，清时的索伦城又被称为“科旗城”，据说该类科旗城一共建有三座，且其中一座与此索伦古城重叠，见后续有关图片和内容的介绍)，由于遗址地点相同，不同时间就该古城所立的保护标志碑(牌)，由于研究不到位竟出现有交错和内容介绍上的矛盾之处，也未做出有关缘由的说明，往往使人对该古城的文明断代产生混淆和疑问。但从历史发展的角度看，不同时代的城市建于同一地点(尤其是后期在之前古城的基础上进行维修和续建或使用)的情况应属正常。故此，仍以该城的最初断代在唐似为合理，希望未来有关部门能做出进一步的考证明晰，以利于今后对该文物资源的保护和有效开发与利用。

3. 辉煌的宋(蒙)元时期

宋(蒙)元时期以城址(池)和麻扎为代表的不可移动文物，在霍尔果斯人文历史上具有极为特殊的重要性，是古“苹果城”阿力玛里在其历史文化中形成“中亚乐园”和古代欧洲人眼里“中央帝国之都”地位，并作为古代陆上丝绸之路最为重要的枢纽和驿站，对中亚和欧洲产生过巨大影响的时期，其文物价值十分突出，也极为珍贵。

据《霍城县不可移动文物》等资料介绍，这一时期的阿力玛里是继汉朝的赤谷、唐代的弓月之后，兴建于伊犁河流域最为重要的城址(池)。该名城始建于西辽帝国时期，至大蒙古时期为阿力玛里达鲁花赤、元朝的阿力玛里行尚书省驻地。及元朝退出西域，又成为察合台汗国和东察合台汗国的都城。鼎盛时期，该城建立了远达欧洲基辅罗斯的驿站，成为连接东西方的枢纽重镇。虽然，阿力玛里城地表建筑遗迹现已全然无存，但其国际化都市的背景以及地下丰富的文物遗存对于有关中亚民族史、宗教史等的研究仍然具有十分重要的意义。事实上，在当时阿力玛里城的周围，实际上还曾存有过5座城址，它们分别是兴建于元代前后(个别建于唐朝)，有的沿用至清代，有的可能是阿力玛里城的附庸城邑，如磨河、三宫、索伦等(详情参见有关说明)。这类附庸城均作方形，城周长都在1 400～1 500米，有角楼、护城壕，个别有马面。地表多散见陶片、碎砖、瓷片等。在阿力玛里遗址附近还有东察合台汗国的第一任汗王——吐虎鲁克·铁木尔汗的麻扎(汗王陵墓)。这些珍贵的古迹，记录着成吉思汗黄金家族的历史以及伊犁河流域游牧文明的进程，都是弥足珍贵的文化遗产。

有关这一时期不可移动文物的情况，现在都已被悉数列入《霍城县第三次全国文物普查古遗址一览表》中。在此，我们同时也将调研的最新发现及有关内容做出展示并给以必要的补充说明。

(1) 古墓葬与王陵

① 小麻扎

小麻扎又称沙德赫麻扎(或全称希依阿·买艾买提·沙德赫麻扎)，据有关资料记载去世已数百年一直安葬于此的陵墓主人，现麻扎建于1910年前后。该麻扎位于霍尔果斯市莫乎尔乡库鲁斯村南约5千米、阿力玛里镇兵团61团场团部驻地以东的买来路西侧，现为园林4连的所在地的平原地带，东西开阔平坦，北依园林1连，南北分别为公共墓地，四周为园林和农田，西侧有一个现代清真寺（小麻扎清真寺），占地总面积约200亩（见图4-11）。

1. 小麻扎全景

2. 小麻扎近景（左）和内景（右）

3. 小麻扎内景及顶部结构

4. 小麻扎内部结构(顶部情况)

图 4-11　小麻扎(希依阿・买艾买提・沙德赫麻扎)

② "大麻扎"——吐虎鲁克・铁木尔汗麻扎(王陵)及附近古墓地

该麻扎当地人俗称"麻扎包"或大麻扎,为蒙元时代察合台汗国鼎盛时期著名汗(王)——成吉思汗第七世孙吐虎鲁克・铁木尔汗(1330—1363 年,《明史》记做"秃黑鲁・帖木儿")的王陵。陵墓位于霍尔果斯市莫乎尔乡开干沟南约 4 千米、阿力玛里镇兵团 61 团场 7 连地域内,北望克干山,西临克干河,紧邻阿力玛里故城遗址。附近地势平坦,四周为绿化带、农田以及民宅。东侧的陵园区大门外有两条乡间土路通过,陵园围墙外南侧有晚清的伊斯兰教徒墓地和紧邻的 213 省道。该麻扎是新疆和伊犁境内唯一保存至今的一座元代遗存的古建筑和国家第五批(2001 年颁布)重点文物保护单位(见图 4-12)。

1. 文保碑(左)和大麻扎内景(右)

2. 大麻扎外景(正面)

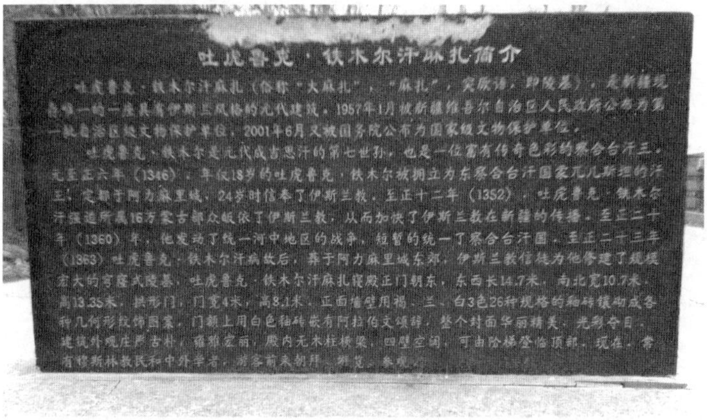

3. 文保碑背面的铭文

4. 文保碑及麻扎管理机构(左为入口与门卫室，正面平房为办公用房)

5. 气势恢宏的大麻扎(景区)全景(左、右两侧为关于阿力玛里故城与吐虎鲁克·铁木尔汗王陵的碑记，广场前方的中间道路直通王陵)

6. 王陵(左)及其碑记(右)

7. 王陵(吐虎鲁克·铁木尔汗麻扎)碑记(中/英文对照)

8. 故城阿力玛里遗址碑记全景(中/英文)

9. 阿力玛里故城遗址碑(位于大麻扎景区内)

10. 阿力玛里故城遗址碑记(中文)

11. 大麻扎(侧景左图)及其通往地宫的其中之一条地下通道入口(左图前部,右图)

图 4-12 吐虎鲁克·铁木尔汗麻札(大麻扎)

吐虎鲁克·铁木尔汗麻札,是成吉思汗(公元 1162—1227)次子察合台汗的后裔吐虎鲁克·铁木尔汗的陵墓。作为成吉思汗第七世孙的吐虎鲁克·铁木尔汗于元至正八年(1348 年)被拥为东察合台汗国的第一任汗登上汗王宝座,曾一度统一了察合台汗国。所辖地域东至哈密,西达撒马儿罕以西,北到瓦剌地界,南抵于阗,势力空前强盛。1363 年去世后,归葬于阿力玛里城东郊。后人为他在阿力玛里城附近修建了这座规模宏大的穹窿式陵墓(麻扎)以宣扬其功德。该麻扎占地达 22 亩,作为研究考证元代以后新疆地区民族关系、建筑艺术的重要遗迹,具有较高的历史价值。

这座穹窿式麻扎,完全采用阿拉伯建筑形式,麻扎平面呈(长)方形,坐西朝东,东西长 14.7 米,南北宽 8.8 米,正殿高 13.35 米,正门朝东,呈拱形,麻扎正面正门的墙壁上用紫、蓝、白三色 26 种彩色硫璃釉砖镶砌,绘制有 21 种纹饰的几何美术图案和植物纹样,精致华丽,装饰面积有 80 多平方米。寝殿用砖砌拱顶,殿内无木柱栋梁。大寝殿南北长度为 10.7 米,东西长度为 15 米,大寝殿方形建筑体的高度为 7.9 米,大寝殿拱顶高度为 5.45 米。建筑面积为 160 平方米。据说,此陵建于公元 14 世纪中叶,清徐松所著《西域水道记》中推算建于元至正二十年(1360 年),库尔班·阿里·哈里迪所著《东方五史》中认为在 1364—1365 年,历经 600 多年风雨的历史,建筑主体仍然保存完好,这紫、蓝、白三色的彩釉琉璃砖依然显得庄重和华贵,是我国新疆现存的唯一元代建筑。1980 年划定了 75.4 亩用地的保护范围,并立碑牌和砖砌围栏进行保护。2001 年 6 月被国务院正式公布为第五批全国重点文物保护单位。2009 年 9 月正式立碑(见图 4-12 中的 1、3、4 图)。

在这座建筑的南侧还并列有一稍小但无彩色釉砖贴面的麻扎,相传为汗王的亲眷(其妹妹和妹夫)的陵墓(见图 4-13)。

1. 左侧为汗王妹妹夫妇陵墓(右侧为王陵)

2. 汗王妹妹夫妇陵墓全景(左)和内景(右)

图 4-13　大麻扎旁左侧汗王妹妹夫妇的陵墓及其内景

大麻扎附近原来还有大片的古代墓葬区,现已基本被平毁。

本次调研,又发现一处前几年建设蔬菜大棚时被推土机推开已毁掉了部分穹顶和一端面的古墓,因及时回填现暂处仍可发掘的状态,其具体位置见图 4-14。

图 4-14　被部分破坏了砖构穹顶古墓的位置(路旁蔬菜大棚最右端)

(2) 古城遗址——阿力玛里故城遗址

阿力玛里故城遗址地处霍尔果斯河东岸，位于现今霍尔果斯市口岸东约 8 千米的阿力玛里镇，海拔高度 800 米，南望伊犁河，四周为开阔的农田，是霍尔果斯市阿里玛里镇内以兵团第 4 师 61 团场园林 2 连和园林 5 连所在地（莫乎尔乡开干村西南约 3 千米处）为中心，其四围分别为：东起格干沟东沿，西至 61 团场园林 1 连农田，南截 61 团场农 7 连至农 6 连一线，北至兵团第 4 师电力公司向西的沿天山山脚一线，遗址周长约 25 千米，有 10 余平方千米范围的区域。现存除了具有佐证性标志意义、紧邻故城东面坐落于 61 团场 7 连的大麻扎（察合台汗国鼎盛时期著名汗王吐虎鲁克・铁木尔汗的王陵）外，其余均已经被开辟为良田和果园。

阿力玛里为蒙元时期著名的古城名和地区名。其名因汉语音译的原因，又常常被写作阿力麻里、阿里麻力，甚至阿拉马力、阿勒玛里，等等。最早建于何时，有待考证。历史上，名扬中外的阿力玛里在相当长时期为众多史册所记载，曾两度作为由中华民族北方少数民族建立的地方藩属政权的王城都邑所在，时间长达数百年之久。在元初政治家耶律楚材《西游录》及道士李志常的《长春真人西游记》的著作中，均作“阿里（力）马”，汉译名为“苹果城”，阿力玛里即突厥语“苹果之城”的意思。

据史籍记载，西辽时期居住在伊犁地区的葛逻禄部就已将阿力玛里城作为其王城使用。这是该故城第一次作为藩属都邑的时期，建都于此的葛逻禄曾先后臣服于唐朝、回鹘、西辽，其后归顺蒙古成吉思汗并参加西征。第二次作为藩属都邑是后来的蒙元时期。故城所在地作为曾是成吉思汗次子察合台的封国察合台汗国的国都王城，是波斯著名的历史学家志费尼三次来过的（当时称为阿力玛里）地方，他在其名著《世界征服者》中称“察合台”的宫阙成了全人类的核心。这一时期，阿力玛里城发展迅速，成为当时中亚地区的政治、经济、文化中心和交通枢纽，被誉为古丝绸之路上的“中亚乐园”和“中央帝国都城”。14 世纪 20 年代，察合台汗国分裂为东、西两部，东察合台汗国的首府在阿力玛里城。阿力玛里城极盛时期，有不少著名人物都到过这里，如耶律楚材、长春真人邱处机等，著名的意大利人马可波罗也曾经过此城去往中国内地。阿力玛里城是一座多民族聚居的城市，在一段时期内还是一个多宗教同时并存的城市。16 世纪 60 年代以后，察合台后王已完全突厥化，并退居南疆，阿力玛里城逐渐荒废。

位于格干平原上（不含 2015 年新发现的山上部分）的阿力玛里故城遗址，现处在一片农田和林地之中，除吐虎鲁克・铁木尔汗麻扎外，其余全部被开辟为农田和林地，其所在地曾出土过大量文物，主要有古汉文钱币和阿拉伯文钱币、玛瑙饰物、玉器、石刻、铁器、青花瓷器和西辽至元代的各种瓷器。目前有关该故城大部分遗迹变化的真实情况，据本次调研的了解，除 40 多年前还残留有相当数量的古城墙和垛口等遗存，甚至可能就是古阿力玛里故城重要的完整卫星城或其炮台所在的角（瓮）城（据当年的知情者说，该遗址位于兵团 61 团场现水管站所用之地上，也有可能是清代的牛录驻地所在，见图 4－15）。这些都早已因生产建设平毁（有关情况据了解为本次调研资料首次介绍），更多的遗迹很可能最终是毁于当年的泥石流的冲填而被掩埋于现今这些农田和果林地下 2 米左右的地方（图 4-15 所示为故城的核心区，现为现代果林与农田）。

1. 地表为果林的阿力玛里故城遗址所在地

2. 埋藏于农田和果林地下的古王城阿力玛里遗址远景

图 4-15　阿力玛里故城核心区遗址(深埋于 61 团园林 2 连现代果林与农田之下)

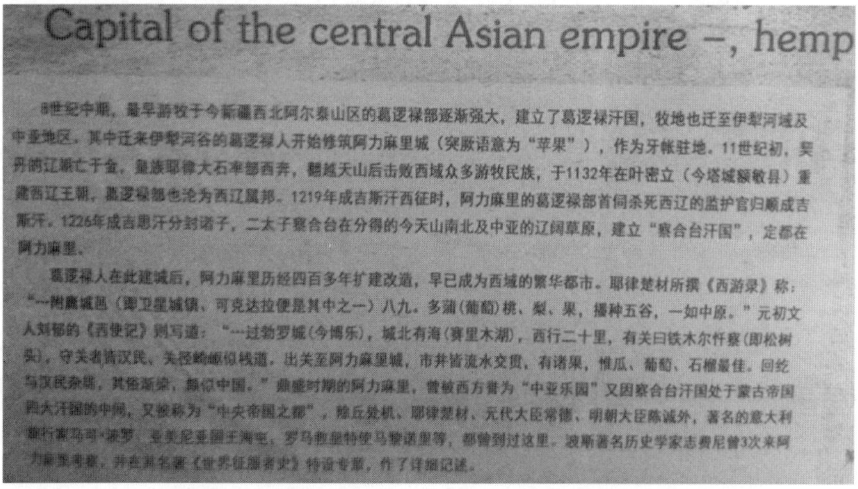

1. “草原之夜风情园”内的阿力玛里王城简介与缘起说明照片

2．“苹果城”阿力麻（玛）里遗址照片（“草原之夜风情园内”的图片介绍）

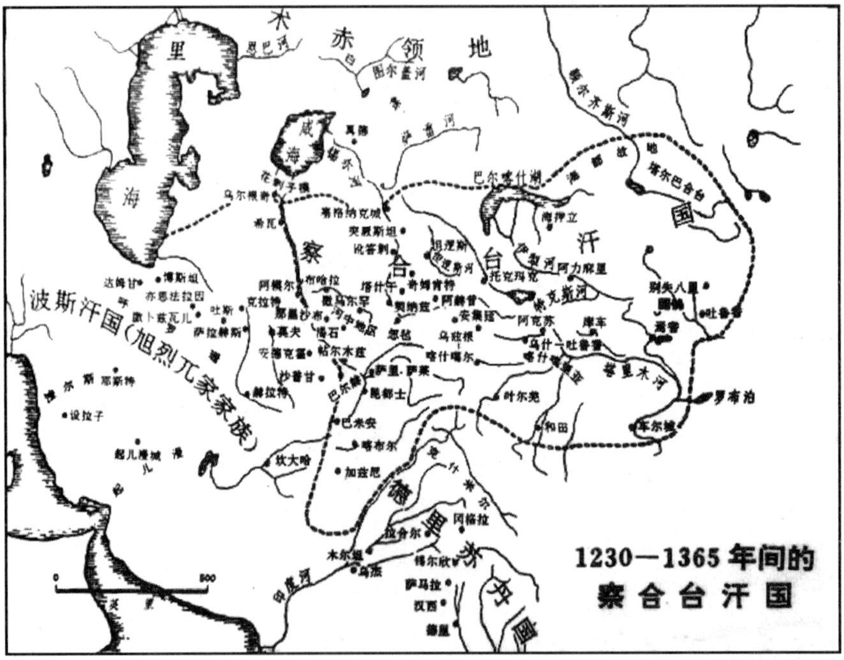

3．“草原之夜风情园”内的“中央帝国之都——阿力麻（玛）里”所在的汗国地图照片介绍

4. 位于大麻扎景区内的阿力麻(玛)里故城遗址碑(中文)

5. 位于大麻扎景区内的阿力麻(玛)里故城遗址碑侧面

图 4-16　大麻扎墓园内关于“苹果城”阿力麻(玛)里(故城)的碑文说明

事实上，根据本次调研和有关报道，由新疆维吾尔自治区文物局和伊犁哈萨克自治州文物局始于 2014 年与陕西省文物保护院的接洽，并于 2015 年由陕西省文物保护院历时几个月用最先进的科技考古勘探理念和手法对阿力玛里遗址区域进行科技勘探，终于找到了这座埋藏于地下的古代名城！据说他们用航空遥感等技术手段加多光谱遥感探测与传统勘探方法相结合，先通过对遗址区域进行密度、湿度、温度和磁性等要素的探测，达到发现地下文化遗存的目的；再用传统勘探手段，验证已解译出的各类异常——即不断总结分析在不同环境、不同季节、不同干湿、不同密度、不同磁性环境下的各类异常。通过寻找规律、采集遗物、察看地形、分析土质，一步步逐渐探明了遗址的布局与规模。结果在克干山坡上和山下，最终发现和找到了汗王古城的重要迹象——从各种图像上可以看到城市、街道、房屋，还有城外的陵墓集中区和城内的手工业作坊区，甚至看清了地下的埋藏物。由此在现代科技的帮助下终于揭开了这座宏大历史文化古城的神秘面纱。

(3) 古瓷窑遗迹与出土文物

本次调研新发现古瓷窑场的遗迹所在地之一，在霍尔果斯市阿力玛里镇兵团 61 团场大麻扎附近，该处应有两座古瓷窑场遗址，曾经从其中取出来的瓷器残片可以佐证，现该遗迹处于被回填土掩埋的临时保护状态的水泥地坪之下（见图 4-17），初步推断其存在时间应为蒙元时代。

位于阿力玛里镇 61 团大麻扎附近水泥地坪下（图中箭头所示）

图 4-17　古瓷窑遗址（被回填土埋在水泥地坪下）

1. 大麻扎附近古瓷窑出土的瓷器残片

2. 阿力玛里故城出土的古瓷器残片（照片提供：刘春功）

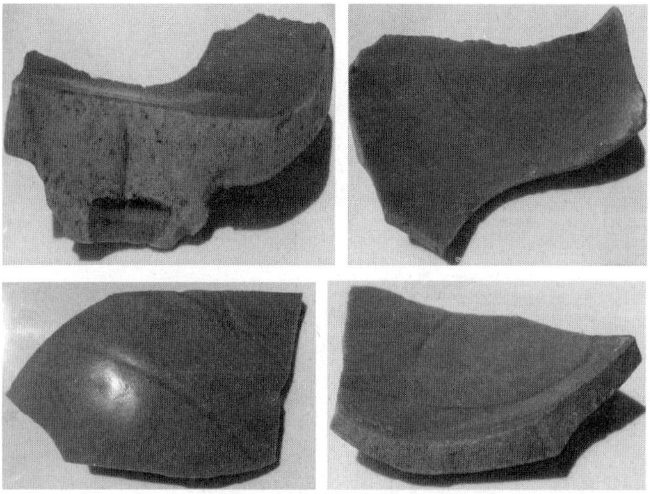

3. 其他在阿力玛里镇出土的民间收藏残瓷片

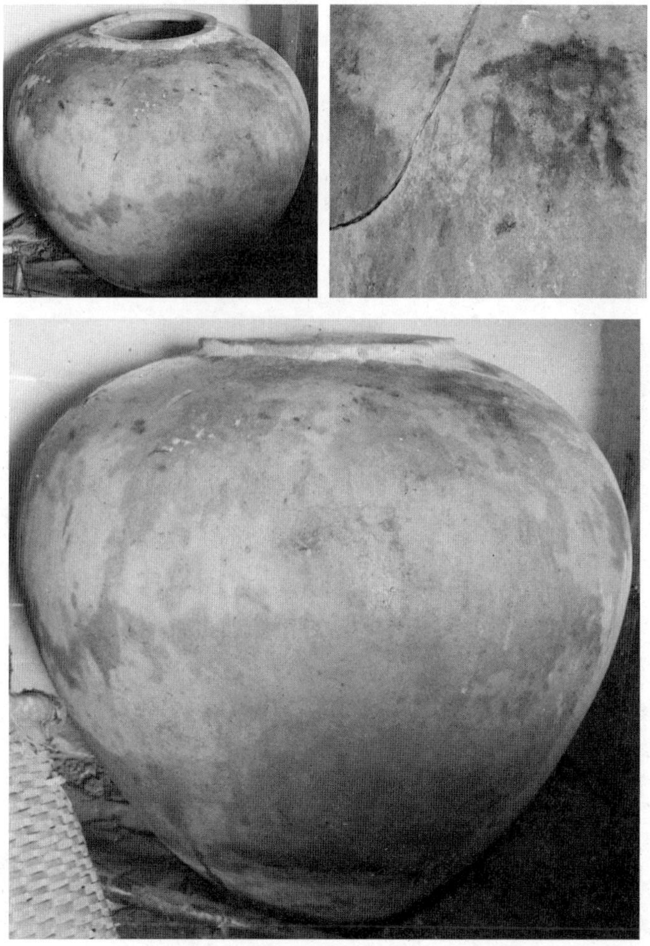

4. 民间收藏的出土于元代的巨型陶罐(下)及其罐口附近文字(上:右,局部)

图 4-18　大麻扎附近古瓷窑遗址与民间收藏的元代瓷器残片和陶罐等

(4) 古寺庙——小麻扎清真寺

小麻扎清真寺位于霍尔果斯市阿力玛里镇辖境内兵团第 4 师 61 团场团部以东的买来路西侧，紧邻希依·阿买·艾买提·沙德赫麻扎(小麻扎)的北边缘。整个建筑为两层金属圆木结构，据《61 团志》(准印证 2000 年第 490 号新疆维吾尔自治区内部资料性出版物)的有关介绍，该清真寺兴建于 1104 年前后，与大麻扎隔村相望，历史悠久，享有盛名。(见图 4-19)。

1. 左图据说为早前被毁原样，右图为后建现用

2. 小麻扎清真寺的位置(图中左侧位于右侧的小麻扎后)

3. 召唤楼及其所在位置(林中清真寺旁)

图 4-19　小麻扎清真寺

4. 故土新归的(明)清时期

蒙元后期，作为汗国中心的“苹果城”阿力玛里因发生包括宗教在内的各种内争和战乱，加之据传有来自泥石流等的自然灾害损毁，名城阿力玛里始有衰败，到与之分立的同期明(朝)时更因权力治所的南迁而几近废弃以至荒芜，所在地域亦为蒙古亦力把里所辖。至清王朝统一蒙古后，至乾隆年间，最终还是通过平定有关蒙古准噶尔部的叛乱才得以彻底重新收复，从而有了古称“西域”的地名自此被叫做“故土新归”的“西域新疆”或简称“新疆”之新(现用)地名一说。这一时期遗留在霍尔果斯辖区内以拱宸古城和卡伦、牛录等军事驻地为代表的众多古迹遗存，既见证了祖国边疆的统一，也提醒人们曾经有过的国土沦丧之痛与难言之屈辱和国耻。这一时期是霍尔果斯人文史再闪光焰，城市地位由居于国家统御西部的中心“伊犁九城”之一的附庸城邑(卫星城)“拱宸城”向以卡伦为典型代表的边境和口岸转变的时期，有关的不可移动文物在维护国家的统一和巩固边防、加强民族融合与团结等方面具有特殊重要的意义。

据有关资料记载，在此期间，面对边疆地区的实际和边外沙俄殖民势力对我国领土的觊觎，清政府继承了汉(汗)唐以军府治理边疆的历史传统，创立了伊犁将军府作为主管西北边陲的最高军政建置。将军府总领驻边诸军，建城筑堡，开荒屯田，沿边设置卡伦，采取了一系列卓有成效的措施，以巩固边防、防御沙俄侵略、维护祖国统一。在紧邻今霍尔果斯市的霍城县境内，位于现为惠远镇的老城村和新城村所在地的惠远老城和新城，就分别有建于乾隆年间和光绪年间的(伊犁)将军府治所。乾隆年间，还以惠远城为中心，在伊犁河两岸陆续修建了包括今天霍尔果斯市内位于金边镇上的“拱宸城”在内的八座城池，合称“伊犁九城”，如今九城中的七座城池尚存部分残垣断壁。但惟有光绪年间所建的惠远新城四面城墙、城内钟鼓楼、伊犁将军府衙、文庙等建筑得以幸存。1840 年鸦片战争后，清朝国势衰微，同治、光绪年间，清政府被迫和沙俄签订了一系列不平等条约，致使边界大幅度内缩，大片国土沦丧。中俄重新分界后，伊犁将军在沿边重要地段、隘口处重新安设卡伦。现已查实，这些卡伦目前仅在霍尔果斯辖区内就仍有 6 座遗址被部分保存。作为历史的见证，这些百年古迹已成为人们今天进行爱国主义教育的重要基地。

(1) 古城遗址——索伦城(科旗城)和拱宸城

① 索伦古城(科旗城)遗址

清代索伦古城，或称科旗城。此处介绍的名叫索伦城的科旗城，是关于历史文物单位保护碑上所记载的应为三个清代索伦古城中，包括最新发现的第二索伦城遗址在内，根据现场踏勘可以确认的其中两座遗址的情况。

根据有关记载，清乾隆四十八年(1783 年)清政府为抵御外来侵略，自黑龙江调遣劲旅索伦达斡尔官兵 1 018 名，分两批跋涉万里，分期到达伊犁后被安置在霍尔果斯河附近驻屯，称“索伦达斡尔”，简称“索伦营”。且分别驻扎在三处，因而有了碑石记载中历史上曾有过 3 座索伦城之说。其中，驻扎在前述唐代索伦古城所在地的，被称为所谓的科旗城或第一索伦城，人们习惯于称之为索伦城。目前，3 座索伦古城遗址已发现 2 座。其中，此处的索伦古城是保存最为完整的也是可确认的 2 座索伦城之一。该索伦古城遗址位于霍尔果斯市金边镇(即原霍城镇)东南 3 千米，兵团第 4 师 62 团 6 连所在地东侧，即霍尔果斯市莫乎尔乡 1 村西约 2.5 千米处，目前尚存有东南和西与北三面古城墙残垣，其中北墙和西墙基本保存完整，东墙的东南段因人为取土沤肥遭挖掘和破坏，南面的城墙遗址现为一条东西走向的农田公路(见图 4-20)。

1. 边墙之一

2. 边墙之二

3. 文物保护碑(左：正面；右：侧面)

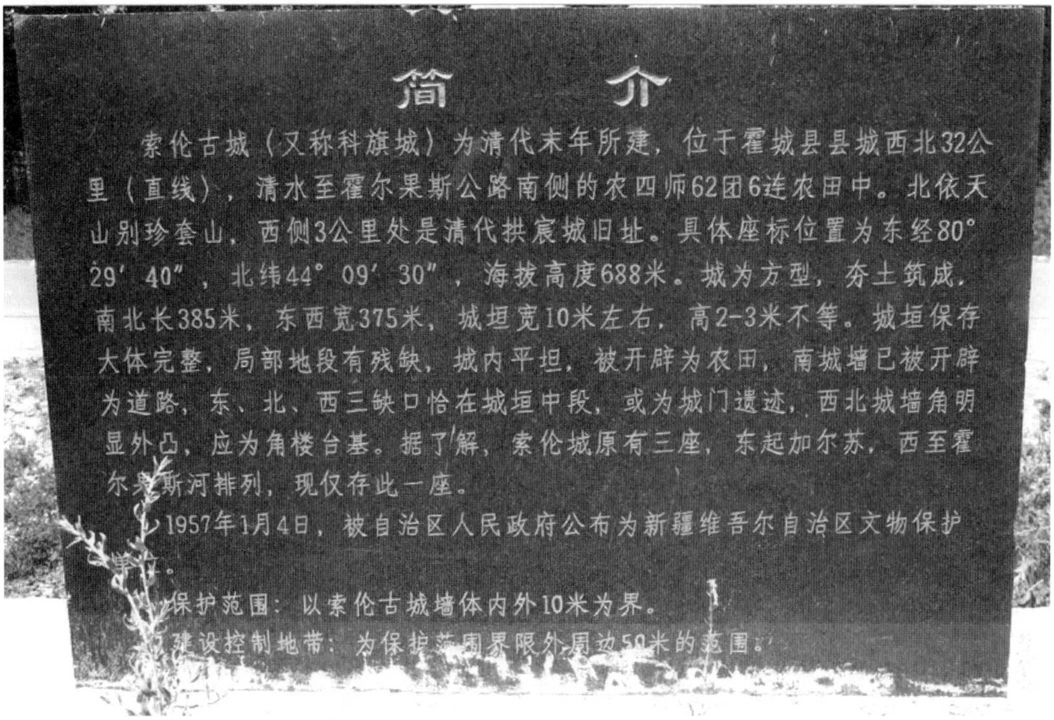

4. 保护碑简介

图 4-20　（清）（第一）索伦古城遗址（科旗城，三座中唯一留存的古城）

第二座索伦古城遗址，在我们的本次调研中有了突破性发现，实际是位于紧邻霍尔果斯市伊车-嘎善乡隔铁路与 312 国道相接的可克达拉市的兵团第 4 师 64 团 2 连所在地，有“索伦路”路牌标识后的东面一块原本有 600 亩左右的土地上，且该地块现为铁路所分割。路牌东铁路西面的一块东西长约 600 米，宽约 500 米，现种植有公路用苗木，少部分处于铁路东面的农田为种植玉米的用地。根据当地众多知情人的介绍，应基本可以确认为历史记载中属于在霍尔果斯辖区及其附近应有的三座索伦古城中的第二座索伦古城遗址所在。该古城的具体位置在与霍尔果斯市伊车-嘎善乡隔路相邻虽然现仍属于霍城县境内但为兵团第 4 师 64 团 1 连驻地，已为精伊霍（即精河—伊宁—霍尔果斯）铁路所分割，大部分处于铁路西面的连队苗圃地里。该古城，现以兵团职工为主的当地人称之为“塔城地”，而于 30 多年前因边防屯垦需要，生活于其中以锡伯族为主的居民在平毁迁徙（基本是搬迁到现在的伊车-嘎善乡境内）前则称其为“佛嘎善”，锡伯语意为“旧城”或“旧村（镇）”，这恰与“伊车-嘎善”所表达的锡伯语“新城”或“新村（镇）”的意思相吻合（见图 4-21）。

然而，最后的另一座也就是记录在文物保护石碑上的第三座索伦古城遗址的具体位置和状态，本次调研无论我们如何努力找寻其线索也始终毫无结果，仍然处于未知情况。

② 索伦（兵营）第二古城（科旗城）遗址

第二索伦城（科旗城）遗址，现位于和霍尔果斯市伊车-噶善乡加尔苏村田地相接的紧邻地区，即现为兵团第 4 师可克达拉市所辖 64 团场 2 连驻地所在，由团场竖立的“索伦”路牌

1. 古城所在地的索伦路标志牌

2. 古城所在苗圃地部分

3. 古城所在农田部分

第二索伦城(科旗城)遗址位置(上/中:苗圃地,下:铁路以东西侧的农田玉米地)

图 4-21(1)　(清)第二索伦城(科旗城)遗址所在地

与两条交汇田间公路所夹的苗圃地和铁路以东的农田里(见图 4-21(1)),并与附近隔 312 国道的霍尔果斯市伊车-噶善锡伯族自治乡加尔苏村相邻。在该村的村史馆,其中有记录关于索伦(营)城(科旗城)来历的文字和有关“索伦”人西迁的路线图(见图 4-21(2))。

1. 霍尔果斯市伊车-噶善乡加尔苏村史馆藏该村达斡尔族先民西征戍边路线示意图

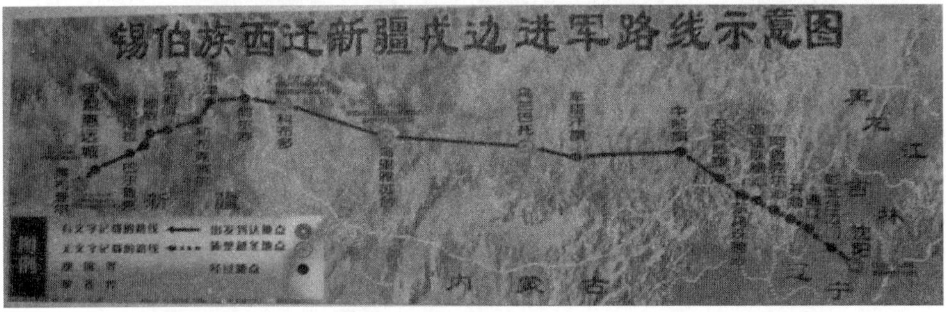

2. 伊犁州察布查尔县锡伯民族博物馆藏锡伯族西迁新疆戍边进军路线示意图

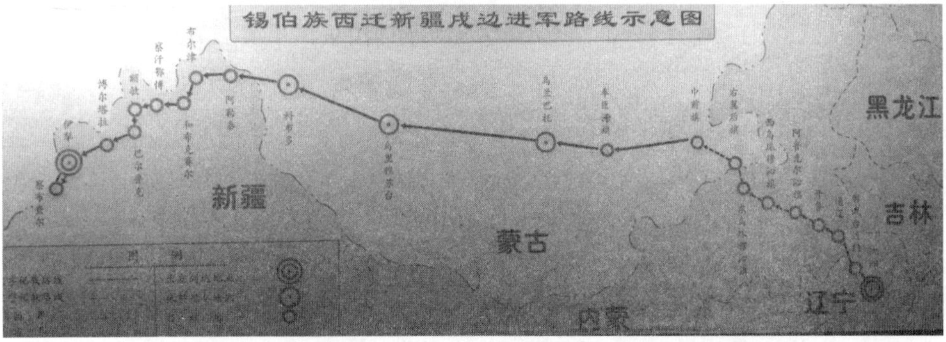

3. 伊犁将军府馆藏的锡伯族西迁新疆戍边进军路线示意图

图 4-21(2)　(清代)进疆戍边的各民族西迁路线示意图

据村史记载，加尔苏是哈萨克语“水”的意思，源自当地的一条泉水河。故在蒙古语里又有“石头”上的清泉之意。该村位于伊车-噶善乡南部，东、西、北分别与霍城县清水河镇和霍尔果斯市的莫乎尔牧场及本乡的赤哲噶善村相接，南靠兵团64团2连，是一个在近代为国家守边护防有着光荣而悠久历史的民族村。

史书记载，17世纪80年代末期，新疆额鲁特蒙古准格尔部头目噶尔丹举兵反清。康熙二十九年(1690年)，康熙帝亲率大军西征。至乾隆二十二年(1757年)，清军相继击败噶尔丹及其后继者策妄阿拉布坦、阿睦尔撒纳。清朝在伊犁地区分驻将军特哈八旗的达斡尔、鄂温克官兵各500人，以索伦营的名义编入西征军序列，参加了历次战役。战争结束后，清朝以三年为期，实行轮换驻防制度。乾隆二十八年(1763年)初，清政府为免去轮换部队长途跋涉之苦，决定新选派的官兵携带家眷，永戍新疆伊犁地区。同年秋，布特哈地区的达斡尔、鄂温克二族各500名官兵，携带家口，迁往伊犁。到达伊犁后，“索伦”(即鄂温克——引者)在奎屯萨马尔地方游牧，大虎尔(即达斡尔——引者)在霍尔果斯河一带，索伦营分别管辖4个牛录，即霍尔果斯牛录(原霍城县前进牧场，现属霍尔果斯市莫乎尔乡南侧)、柯多牛录(现62团东侧)、佛则克牛录(现62团南侧)。当年与亲属泪别迁去伊犁的有木尔登、金柯日、索德日、鄂嫩、郭布勒、沃热、德都勒、托木、敖蕾亚库等九个哈拉的人们。现居住在加尔苏村的主要有索德日、鄂嫩两个哈拉的后代。后来，伊犁地区连续爆发维吾尔族农民反对清朝官吏压迫的武装斗争，被迫参战的索伦营右翼达斡尔族官兵，遭到起义军的严重打击，在霍尔果斯(索伦营)城被长期围困后，在领队大臣图瓦强阿的率领下，实行突围，绕道俄境，抵达塔城地区。另外有十几个达斡尔族家庭因当时有其他任务需要抗击的缘故而走散或留守当地(索伦营)流域附近生活，先后形成霍尔果斯市莫乎尔(乡)牧场的达斡尔噶善和聚集于伊车-噶善乡加尔苏村，其中加尔苏村现共计有达斡尔族46户152人。同期，还有其他东北少数民族(如锡伯族、鄂伦春族等)参加了西迁戍边的行动(西迁路线见图4-21(2))，故而还有了锡伯族的西迁节。

③ 拱宸城遗址

该城址遗迹现位于霍尔果斯市金边镇(老霍城大街西端，距霍尔果斯口岸6千米)，地处别珍套山南麓的山前地带。据史料记载，清朝统一新疆后，相继建起了著名的“伊犁九城”，拱宸城即为九城之一。拱宸城建于清乾隆四十五年(1780年)，为屯兵驻防城。据《西域水道记》记载：“拱宸城者，即和尔郭斯城也，乾隆四十五年将军伊勒图建，在塔勒奇城西北八十里，城高一丈七尺，周三里七分。门三、东辉，西遵乐，南绥定。屯镇参将驻之。”再据《62团志》，清朝同治十年(1871年)7月，沙俄侵占伊犁后，拱宸城等遭到了破坏。1881年，自沙俄手中收复伊犁后，清朝光绪十四年(1888年)调霍尔果斯防卫厅。民国初(1914年)改设霍尔果斯县。1947年拱宸城再改名为霍城县城，更名为霍城镇。1962年，新疆生产建设兵团机运处在此建立边境农场。1966年，撤销水定县，合并为霍城县，县政府搬迁到水定镇。拱宸城所在地老霍城镇(后再更名为现在的“金边镇”)为兵团第4师62团团部所在地。

该城主要遗存现今仅存为西墙和部分北墙。其中，城内一条马路再将西墙辟为北段和南段两部分。北段长 153 米，墙为夯土筑，残高 1.5～5 米，宽 1～5 米；南段长 150 米，残高 2～3 米，宽 1～3 米。其中，西城墙北段处于兵团第 4 师 62 团场供销公司仓库院内西侧长约 280 米，东 10 米处即为 62 团场供销公司仓库；西城墙的另一部分在 62 团场中学院内（距霍尔果斯市莫乎尔乡二村西北约 7.5 千米处），其南段有断续长 90 余米位于 62 团场中学西侧，为学校围墙的一部分，东靠学校教室。遗址所存的部分南段北墙长 80 余米。2017 年间的最新多次踏勘，根据当地老人的回忆和介绍，可确认新发现了保存尚算完好的目前仍在作为工厂仓库使用（正在遭到化工废弃物损毁和破坏）的三座古兵营房中残存的唯一一座（另两座兵营营房和一座伙房及一座统兵头领的官邸——衙房应已被毁），并发现了应属于该被毁领兵官邸（衙房）的建筑遗存：一块用于房门立柱的带纹饰雕琢呈鼓状的门柱石础（基）、若干灰砖和一些筒（状）瓦片（见图 4-22）。

1. 夏季的拱宸城北墙遗址

2. 初冬时节的遗址北墙

3. 立了文保牌后的遗址北墙

4. 遗址西墙的一段残垣

5. 遗址西墙的另一段残垣

6. 遗址西墙的一处侧面

7. 遗址西墙的一段残垣

8. 遗址西墙一段的残垣断壁

9. 遗址西墙的较长一段残垣远景

10. 拱宸城遗址西墙

11. 拱宸城遗址之西墙最长的一段残垣全景

12. 拱宸城遗址(民间/商家自立的)标志牌

13. 拱宸城遗址被公路截断的另一段西墙

14. 拱宸城遗址所在驻地兵团 62 团场 2017 年 4 月竖立的保护牌

15. 拱宸城遗址西墙及其紧邻的古代士兵营房(左)和在用借壁的民房(右)

图 4-22　有关拱宸城遗址的照片

(2) 古陶窑遗址与出土文物

① 古陶窑遗址

在霍尔果斯市金边镇(原老霍城镇境内索伦古城南面)兵团第 4 师 62 团 11 连驻地北侧的路口,根据当地知情人提供的信息,调研发现有大量的古砖、古瓦和陶器碎片,散布面积约为 200 米×100 米,据型(形)制、种类和数量分析,该处应为一处罕见的古窑厂(场)遗址所在(见图 4-23),初步推测该古窑厂(场)应为清代遗迹,属于和拱宸城相近的年代。其中曾先后出土过大量的古砖和陶(盆)罐残片,以及各种瓦片、清代古钱币和部分瓷器等其他文物(见图 4-24)。

图 4-23　清代古窑场遗迹(金边镇 62 团 11 连境内所在地的葡萄园内)

② 出土文物(见图 4-24)

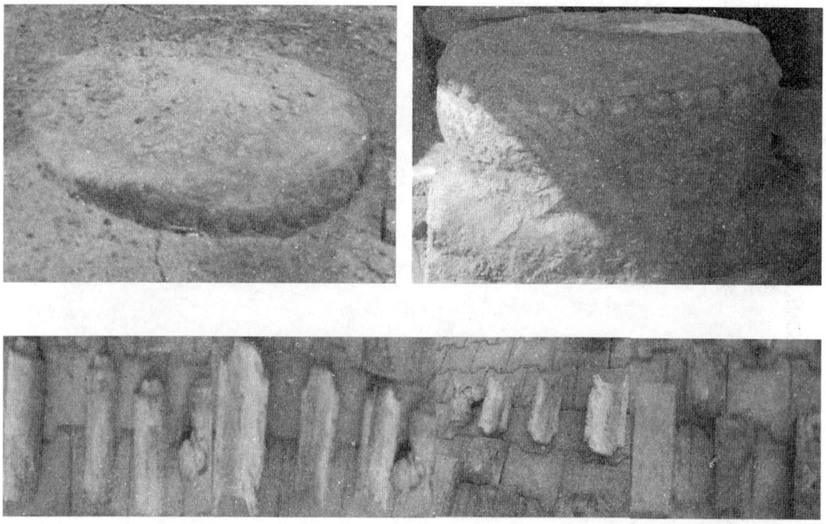

1. 拱宸城古代士兵营房旁出土的领兵官衙府邸门柱用鼓状石柱础和屋顶筒瓦片及灰砖
[鼓状石柱础(上图左:出土现场,上图右:全图),下:部分筒瓦片及古砖]

2. 清代古陶窑遗址(位于兵团 62 团 11 连处)新出土的各种陶制品残片
(上图左: 文物现场,上图右:筒瓦, 下图:各种瓦片)

3. 62团11连陶窑遗址出土的筒瓦及文物现场与大量
的文物残片和铁制品大量文物残片和铁制品

4. 调研过程直接发现的部分文物(清代窑场出土)

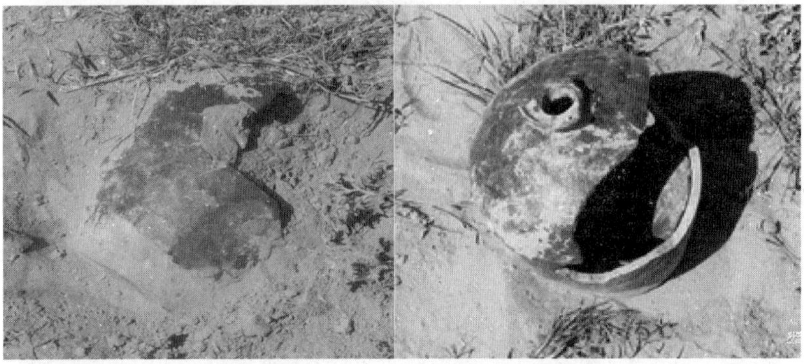

5. 萨尔托海(三道河子/河源)出土的古陶罐等文物(调研中发现)

6. 萨尔托海等地出土的清代钱币、陶罐与配刀等(部分照片提供:赛里克)

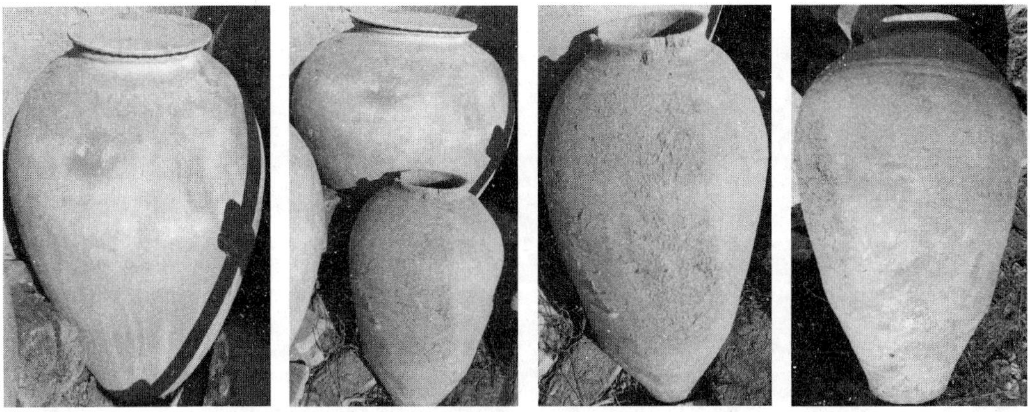

7. 收藏在民间的部分文物(照片提供:杨利涛)

图 4-24　清代出土的文物或其残片

(3) 古石刻——刻有部落标志文字的巨型条石

巨型文字刻石作为古代游牧部落氏族标志,据说已有数百年历史。该石刻据知情人介绍,应为区分不同部落和界定所辖游牧区域而立的标志石,该文物应位于霍尔果斯市北部山区的二道沟内,是一块刻有游牧部落用于区分不同部族或氏族标志性文字名称的巨型条状大石头。本次调研限于条件,未能进行实地踏勘,尚待进一步查实确认。但有关信息均为首次发现和公布。

(三) 丰富的近现代文明

1. 落霞映衬下的晚清时期

(1) 军事设施遗址

根据有关资料记载,在现今霍尔果斯辖境内,曾先后有过十多座清代卡伦、数座烽燧和瞭望台,以及众多炮台、若干牛录(驻地)和古(近代)兵营房等(见图 4-25～图 4-41)。始建于清代和民国年间的军事防卫设施,加上新中国成立后(20 世纪五六十年代)一批批边防守卫部队官兵和驻地兵团屯垦戍边的军垦战士们在艰苦创业时期建设的最初几代边防设施,构成了一幅国防历史久远、积淀深厚、内涵丰富、内容充实,在巩固国防和守边卫士的事业中有着重要历史意义的边疆多彩特色文化图册,成为口岸特区城市独有、十分重要的另一个极具魅力的历史文化资源。

在霍尔果斯的边疆国防与屯垦守边的历史文化中,尤以卡伦(包括炮台等)为代表的古代军事设施的意义特殊、地位重要,它们不仅是现今国家主权的象征,而且也是新疆各族人民屯垦戍边、保家卫国、反对外来侵略的实物见证,对于研究清代新疆和国家西部的边防史和屯垦历史都有着重要的参考价值。

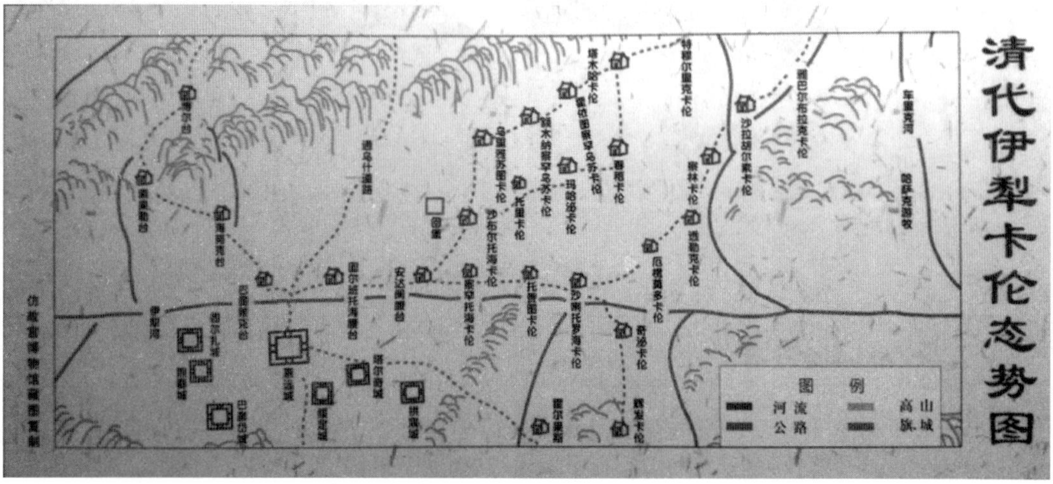

1. 馆藏于伊犁州察布查尔县锡伯民族博物馆的卡伦态势图

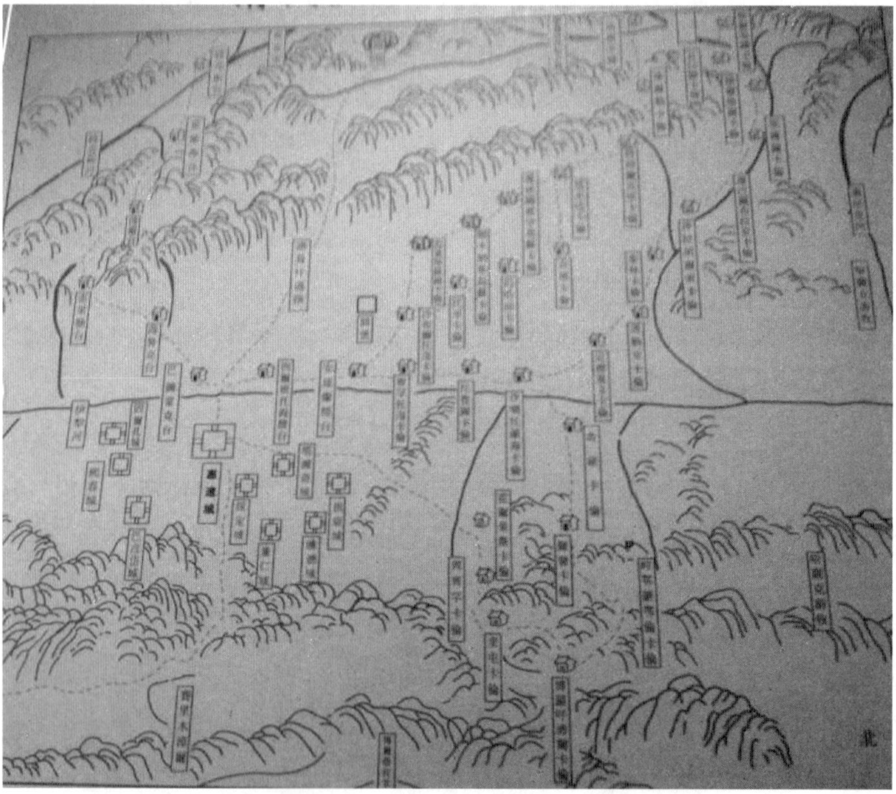

2. 馆藏于伊犁州霍城县(惠远镇)伊犁将军府的伊犁卡伦分布图

图 4-25　清代伊犁卡伦态势(分布)图

卡伦,作为清代特有的一项边防措施和清代军事建制的一项主要内容,在守卫边防和巩固国家边疆方面曾发挥过主要的作用。据《新疆识略》记载,清政府曾在新疆设置过多达250余座的卡伦。仅“伊犁沿边大小卡伦七十余座，周围地逾数千里，各卡相离数十里至百余里之遥。每卡仅设弁兵十余名及三十余名不等。惟按月周巡，可期声势联络。”①

所谓卡伦，有源于满语音译或蒙古语音译的不同说法。但其中的含义都有“瞭望、守卫”之意，在满语中是清代在边疆地区设置的吏番候望之所。具体还可特指“岗哨、哨所、哨探、哨兵”；泛指时，则可表达除了“守边、巡边”外，还具有维护当地社会秩序、稽查游牧、屯田和传递公文等较为宽泛的职能或功能。其类型，在清代分为常设卡伦、移设卡伦和添撤卡伦三种。而按照卡伦设置的位置和职责的不同，再分为内地卡伦和外地卡伦，即内卡和外卡两种。新中国成立后，常设卡伦常被作为与周边国家进行领土谈判的主要国界依据。各卡伦设驻防官一人，领兵设守，两个卡伦间设一鄂博(或称俄博、牌博等)，作为两个卡伦官兵会师和沟通巡查情况的会哨处。而卡伦官兵要求每日巡查，每三个月才能一换。可见，卡伦制度管理较严，加上常有伊犁将军及参登大臣不时地率众巡视，所以，卡伦的建设都较正规。

据有关资料记载②，霍尔果斯最早设置卡伦是乾隆二十八至二十九年间(1763—1764年)。由清廷从东北调取的索伦达斡尔族、锡伯族军民分别进驻今天的察布查尔和霍尔果斯及奎屯一带屯垦戍边。其中，“伊犁索伦营”的八座卡伦分布于霍尔果斯河两岸，东岸四旗为右翼，西岸四旗为左翼。光绪七年(1881年)《中俄伊犁条约》签订后，西岸的博罗霍吉等四座卡伦尽归沙俄所有。光绪九年(1883年)，清政府在正式收回伊犁后，又在霍尔果斯边界一带相继设置了河源、尼堪、红山嘴等六座卡伦。辛亥革命后，早年的卡伦陆续撤销，到民国时期的1938年1月，再正式撤销索伦营，全体官兵解甲归田，从此卡伦便不复存在。

但是，由于自然风化和人为破坏等种种原因，现存的这些近现代军事设施，都已成废墟。其中，半数的卡伦已被彻底平毁或查无踪影，霍尔果斯境内尚存的6座卡伦遗址墙体也已全部垮塌，有的已完全破损；其他的近代以来的军事设施也大致如此，有关情况汇总见表4-1。幸运的是，这些现存的清代卡伦遗址已全部入选第七批全国重点文物保护单位且立有标志石碑，从而大大加快了保护和利用的步伐。

① 苏尔塔西卡伦

该卡伦又称老兵营卡伦，简称老兵营或老军营。兴建于光绪八年(1882年)，属于添撤卡伦。根据本次调研收集到的《新疆生产建设兵团农4师61团志》(准印证为2000年第490号的新疆维吾尔自治区内部资料性出版物)和有关资料记载，该卡伦位于海拔3 008米、阿拉马力边防连以北16千米的深山老林之中，有极为崎岖险峻的山路可通。初步推测应为驻守阿拉马力边防站的该边防连每年开春后派出的前哨班所在地附近，但实际情况限于条件本次调研未能进行踏勘，有关情况尚待进一步查实。

---

① 《清仁宗实录》，卷254，华文书局，1985年第一版。

② 冯素俊：《中国西部百年口岸——霍尔果斯》，新疆人民出版社，2007年12月，第95～96页。

表 4-1 霍尔果斯境(及邻域)内古(近)现代军事设施文化遗址情况汇总

<table>
<tr><th rowspan="2">序号</th><th rowspan="2" colspan="3">军事设施遗址或遗迹(文物)名称</th><th rowspan="2">有无本地资料记载</th><th colspan="2">新发现情况</th><th rowspan="2">查实情况</th><th rowspan="2">资源等级</th></tr>
<tr><th>全新</th><th>部分新</th></tr>
<tr><td>1</td><td rowspan="12">卡伦(清代/自北向南)</td><td colspan="2">苏尔塔西卡伦</td><td>无</td><td>是</td><td>—</td><td>待查</td><td>未定</td></tr>
<tr><td>2</td><td colspan="2">哈尔索胡尔卡伦</td><td>有</td><td>否</td><td>—</td><td>查实/被毁</td><td>国保</td></tr>
<tr><td>3</td><td colspan="2">契格尔干卡伦</td><td>有</td><td>否</td><td>—</td><td>查实/被平毁</td><td>国保</td></tr>
<tr><td>4</td><td colspan="2">沃合卡伦</td><td>有</td><td>是</td><td>—</td><td>待查</td><td>未定</td></tr>
<tr><td>5</td><td colspan="2">富尔干卡伦</td><td>有</td><td>否</td><td>—</td><td>查实</td><td>国保</td></tr>
<tr><td>6</td><td colspan="2">沙彦卡伦</td><td>有</td><td>否</td><td>—</td><td>查实</td><td>国保</td></tr>
<tr><td>7</td><td colspan="2">尼堪卡伦</td><td>无</td><td>是</td><td>是</td><td>无踪影</td><td>未定</td></tr>
<tr><td>8</td><td colspan="2">英塔卡伦</td><td>无</td><td>是</td><td>是</td><td>查实/被平毁</td><td>未定</td></tr>
<tr><td>9</td><td colspan="2">察罕额博卡伦</td><td>有</td><td>否</td><td>—</td><td>查实/未保护</td><td>国保</td></tr>
<tr><td>10</td><td colspan="2">登元卡伦</td><td>有</td><td>否</td><td>—</td><td>查实</td><td>未定</td></tr>
<tr><td>11</td><td colspan="2">乔老克卡伦</td><td>有</td><td>否</td><td>—</td><td>查实</td><td>国保</td></tr>
<tr><td>12</td><td colspan="2">河源(三道河子)卡伦</td><td>有</td><td>否/—</td><td>是</td><td>查实</td><td>国保</td></tr>
<tr><td>13</td><td rowspan="2">烽燧与了望台</td><td colspan="2">黄旗马队烽火台</td><td>有</td><td>否</td><td>—</td><td>查实</td><td>未定</td></tr>
<tr><td>14</td><td colspan="2">黄北了望台</td><td>无</td><td>是</td><td>—</td><td>查实</td><td>未定</td></tr>
<tr><td>15</td><td rowspan="3">清代炮台</td><td colspan="2">乔老克(炮台)</td><td>有</td><td>否</td><td>—</td><td>查实</td><td>未定</td></tr>
<tr><td>16</td><td colspan="2">阿克(炮台)</td><td>有</td><td>否</td><td>—</td><td>查实</td><td>未定</td></tr>
<tr><td>17</td><td colspan="2">陶布拉克(炮台)</td><td>无</td><td>是</td><td>—</td><td>查实</td><td>未定</td></tr>
<tr><td>18</td><td colspan="3">清代拱宸城古兵营房</td><td>无</td><td>是</td><td>—</td><td>查实/未保护</td><td>未定</td></tr>
<tr><td>19</td><td colspan="3">清代牛录驻地(伊车嘎善乡砖场)</td><td>无</td><td>是</td><td>—</td><td>查实/被平毁</td><td>未定</td></tr>
<tr><td>20</td><td colspan="3">阿勒肯(克)陶民国(时期)兵营/位于 4 道(号)沟金矿附近</td><td>无</td><td rowspan="4">是</td><td>—</td><td>待查</td><td>未定</td></tr>
<tr><td>21</td><td rowspan="3">边防一线戍边文物</td><td colspan="2">阿拉马力边防站老营房</td><td rowspan="3">无</td><td>—</td><td rowspan="3">查实/22 号遗址未保护</td><td rowspan="3">未定</td></tr>
<tr><td>22</td><td colspan="2">红山嘴(咀)边防站老营房</td><td>—</td></tr>
<tr><td>23</td><td colspan="2">黄旗马队边防连拥军路</td><td>—</td></tr>
<tr><td rowspan="5">24</td><td rowspan="5" colspan="2">马群等处兵团二道防线屯垦戍边遗迹</td><td>一代石堆</td><td rowspan="5">无</td><td rowspan="5">是</td><td rowspan="5">—</td><td rowspan="5">查实/未保护</td><td rowspan="5">未定</td></tr>
<tr><td>二代土屋</td></tr>
<tr><td>三代土屋围院</td></tr>
<tr><td>四代板房</td></tr>
<tr><td>五代迷彩楼</td></tr>
<tr><td>25</td><td colspan="3">总计</td><td colspan="5">28(项)</td></tr>
</table>

② 哈尔索胡尔卡伦

该卡伦作为历史上距离清代拱宸城最远、条件最艰苦的一座卡伦，位于霍尔果斯口岸北部山区（即现在的阿拉马力边防连驻地营地内），南北分别与大、小塔尔沟相邻，南面距离红山嘴（咀）卡伦约 35 千米，西濒霍尔果斯河东岸 500 米，地处周围被高山环抱的山间坡地上，现今交通（盘山公路）尚为不易，可想古代交通尤为困难。“哈尔索胡尔”是哈萨克语“黑瞎子”的意思，因此，该卡伦又被哈萨克牧民俗称为黑瞎子卡伦，属于清代建立的常设卡伦。之所以如此取名，据说，可能与附近野生的自然生态环境有关。因为离该卡伦不远有一处名叫“哈熊沟”的地方，早些年常有狗熊（哈萨克牧民俗称“哈熊”）和狼等猛兽出没。故而，该卡伦就自然成为清代索伦营所辖霍尔果斯境内的六座常设卡伦中距离最远、自然环境和生活条件最艰苦的一座卡伦。遗址早已无存，所在地目前为阿拉马力边防连的马厩，旁边有国家和自治区政府立的文物保护标志碑（见图 4-26）。

1. 文保碑（左：正面；右：背面）

2. 遗址所在地（围墙内）

图 4-26　哈尔索胡尔卡伦遗址(文物碑)及其位置(围墙内所在)

③ 契格尔干卡伦

该卡伦为清代建立的添撤卡伦。原遗址地处霍尔果斯河东岸约 4.3 千米的山前坡地上，位于霍尔果斯市莫乎尔乡格干牧业村北 9 千米，南距红山嘴(富尔干)卡伦约 8 千米处，兵团第 4 师 61 团场林管理站东北约 6 千米，西临中哈边界。现为霍干水库所在地境内，遗址具体应在靠近水闸前 20 米的水面底下，已被完全淹没，据说 2010 年建水库之前卡伦墙体就已全然不存，地势相对平坦，地表长有牧草，所在地已被开辟为农田，地下是否有相关遗迹、遗物不明。但其前面未立任何标志牌(见图 4-27)。有关该卡伦的最新情况，据了解为本次调研首次发布。

清光绪七年(1881 年)，《中俄伊犁条约》签订后，割霍尔果斯河以西领土给俄国，重新勘界后，清政府在边界设立卡伦，契格尔干卡伦为其中之一，其南有富尔干红山嘴(咀)卡伦，北有哈尔索胡尔卡伦，彼此呼应。20 世纪 80 年代，第二次全国文物普查期间调查登记，该卡伦尚存墙垣，为方形夯土建筑，南北长 25 米、东西宽 23 米、高 3 米，墙厚 1.5 米，门朝南开，宽 3 米。北墙下存两墙墙垣，呈南北向，用途不明。四角有角楼，尺寸不统一。

④ 沃合卡伦

遗址位于霍尔果斯河东岸，红山嘴(富尔干)卡伦以北约 6 千米、南距契格尔干卡伦约 2 千米的树林中。据《中国百年口岸——霍尔果斯》记载，沃合卡伦为锡伯语，是“石头卡伦”的意思，为清代建立的添撤卡伦。实际情况限于条件本次调研未能进行踏勘，有关情况尚待进一步查实。

⑤ 富尔干(红山嘴)卡伦

该卡伦又称富尔干卡伦，在锡伯语中“富尔干”意为“红山嘴/咀”故而富尔干卡伦俗称“红卡子”，是清代建立的常设卡伦。位于霍尔果斯河东岸 100 米，兵团第 4 师霍尔果斯河管理处北，霍尔果斯市莫乎尔乡开干村西南，距离红山嘴(咀)边防连营房北侧约 500 米处的一片果园中(四周种植苹果树，内外杂草丛生)，遗址所在地现被用作承包经营的果园，

1. 1989年拍摄的卡伦局部和全景

2. 2010年拍摄的卡伦所在地环境遗址已无存[据《霍城县不可移动文物》翻拍]

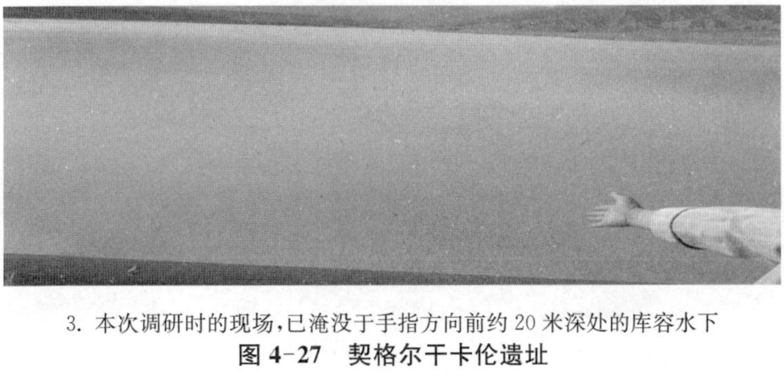

3. 本次调研时的现场，已淹没于手指方向前约20米深处的库容水下

图4-27　契格尔干卡伦遗址

前面立有文物保护标志牌(见图 4-28)。该卡伦北与契格尔干卡伦和哈尔索胡尔卡伦遗址相呼应,南与沙彦卡伦相邻(距尼堪卡伦 15 千米),东北紧邻“红卡子”边防站。卡伦东侧有南北方向的边防公路。

作为清代在边疆地区设置的更番候望之所,满语意为“瞭望、守卫”的“卡伦”中,富尔干(红山嘴/咀)卡伦是清光绪七年(1881 年),《中俄伊犁条约》签订后,割霍尔果斯河以西领土给俄国,重新勘界后,由清政府在边界设立的卡伦之一。该卡伦为方形夯土建筑,南北长 35 米,东西宽 33 米,最高处为 2.2 米,墙厚 1.2～1.5 米,门朝南开。北墙和西墙保存相对较好,东墙、南墙残损严重,其中东墙现仅存 15 米,南墙亦仅存断续墙垣。四角有角楼,多残。

1. 掩映在杂草丛中的卡伦边墙残垣

2. 富尔干卡伦的断续墙垣

3. 几乎无法辨识的卡伦残垣

4. 本次调研时的现场，掩隐在果林与灌木草丛之中的卡伦及其文保碑的正面

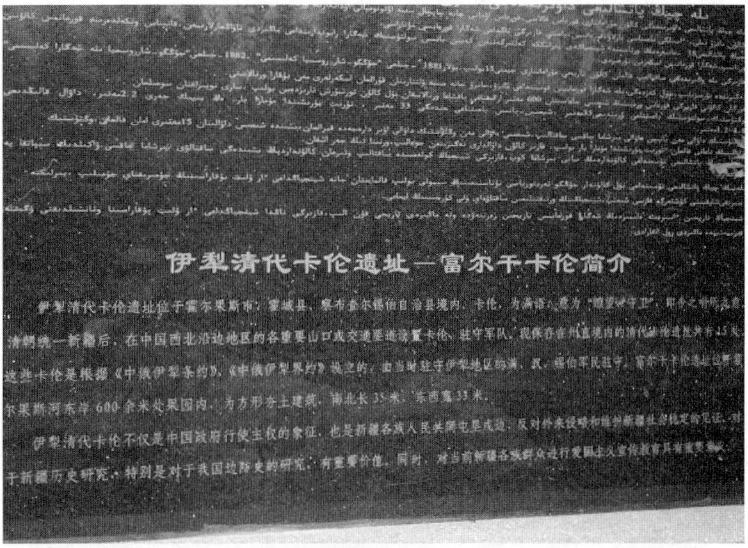

5. 文保碑的背面

6. 1989年拍摄的卡伦局部[据《霍城县不可移动文物》翻拍]

图4-28　富尔干(红山嘴/咀)卡伦遗址

⑥ 沙彦卡伦

该卡伦又叫白(色)卡伦,因“沙彦”一词为锡伯语“白色”之意,故俗称“白卡子”,是一座添撤卡伦。该卡伦位于霍尔果斯河东岸约 100 米,东风干渠西侧,老霍城镇北 10 千米,霍尔果斯口岸以北 5 千米,兵团第 4 师 61 团场林管站南侧,霍尔果斯市莫乎尔乡开干村西南 9 千米、南距尼堪卡伦 4 千米,北距“红卡子”边防站 4 500 米,西距中哈边境线 500 米左右,海拔高度 896 米处。遗址现在实际地处中国—哈萨克斯坦边境合作中心中方一侧。

据有关记载,沙彦卡伦旧城址最初是修筑于清乾隆四十二年(1778 年),用于清朝在此驻军镇守边关的城堡。清光绪七年(1881 年),《中俄伊犁条约》签订后,割让霍尔果斯河以西领土给俄国,更新勘界后,清政府在边界设立卡伦,沙彦卡伦为其中之一。现存沙彦卡伦是清政府正式收回伊犁后,于光绪八年(1882 年)沿霍尔果斯河东侧所设置的九座边防卡伦中,因远离同期的居民和农田而保存最完整的一座。该卡伦为方形夯土建筑,坐北朝南,南北长 35.3 米,东西宽 32.8 米,墙高 3～3.6 米,墙最厚的地方约有 3 米,顶宽 0.8 米,城门宽 3 米。有角楼,现存西北角楼和西南角楼,正北城墙内侧有 5 个半穹形的洞(属炕洞痕迹),东城墙内侧有 1 个半穹形的洞,内可蹲一人,据了解这些洞是后期人为。

沙彦卡伦现因地处中哈边境合作中心内,其前已立有文物保护标志牌和铁网护卫,有关部门基于规划保护和修缮的原则,正在附近建设卡伦主题公园,即将建成爱国主义和国防教育的基地(见图 4-29)。

1. 沙彦卡伦鸟瞰图(周围绿色是防护围栏)

2. 沙彦卡伦远景(侧)

3. 沙彦卡伦全景(正)

4. 沙彦卡伦的边墙(残垣)

5. 沙彦卡伦全景(近景)

6. 沙彦卡伦边墙局部(近景)

7. 文物保护碑

图 4-29　沙彦卡伦遗址

⑦ 尼堪卡伦

该卡伦也叫牛侃(或尼勘)卡伦，即霍尔果斯卡伦，属于常设卡伦，俗称“大卡子”。“尼堪或牛侃(尼勘)”，锡伯语即“汉人”之意，因此，该卡伦意为汉族士兵驻守的卡伦(因有汉军及八旗子弟戍守，旁边还建有关帝庙，一座类似神阁[或神龛]不是很大的庙宇)，卡伦遗址早已全无踪影。据《新疆图志》载：“尼堪卡伦，在河之东岸，驻稽查委员一，镇守哨弁一。西岸属俄，有俄卡。”据此推测，该卡伦原址应位于现今霍尔果斯边防连西北侧，为所驻守的第五代国门南侧附近。现除有关资料记载外，其遗迹早已踪影全无。

⑧ 英塔卡伦

该卡伦遗址位于现今英塔尔边防连附近。前后经过两次考证，最终可确认，卡伦为霍尔果斯市金边镇所在兵团第 4 师 62 团 4 连(现为霍尔果斯经济开发区兵团园区配套区所在地)靠近英塔尔(“英塔尔”——突厥语意为“沙枣树多的地方”或“沙枣花盛开的地方”)边防连附近(边防二道围网外)的一处清代边防哨卡(推测应为清代英塔[尔]卡伦所在地)。

第一次只因损毁年代久远，又无任何标记，且最后的遗迹(土堆残垣)也为前些年的生产建设所平毁(有诸多团场老职工见证)，故而无法进一步查实有关情况。第二次，根据调研后期收集到的《新疆生产建设兵团史志丛书——新疆生产建设兵团农 4 师 62 团志》中的“第 4 师 62 团示意图”中的标记和《团部驻地——老霍城镇》介绍的内容查实，该卡伦应是该团 4 连所在榆树村西南标注为“了望台”图示的英塔尔附近的英塔卡伦(见图 4-30)。相应记载表明，该卡伦位于老霍城镇西南 3 千米处，是清光绪八年(1882 年)清兵为抵抗外来侵略，屯驻英塔尔地区的哨所。

⑨ 察罕鄂博卡伦

该卡伦为蒙古语地名卡伦，“察罕鄂博”蒙古语意为“白堆”，故在蒙古语里是“作为路标或界标的白色石堆了望哨(卡)”，为清代的常设卡伦。遗址位于现在的黄旗马队边防连营房近旁，距离登元卡伦 5 千米。所在地为芦苇荆棘等灌木所严密覆盖，外形已几乎难以辩识(见图 4-31)，只有披荆斩棘深入其中才可以见到遗址。本次能够最终查实也是得益于关心戍边历史、熟悉情况的边防部队首长提供的确切消息，于第二次对现场进行的重新踏勘时才最后发现并确认，否则在夏天草木茂盛的时节根本不会被发现和辩认出来。其前立有文物保护标志牌(见图 4-31)。“察罕”又作“察汗”或“查干(厂汗、查汗)”的蒙古语

英塔卡伦遗址所在地(位于霍尔果斯经济开发区兵团园区配套区路旁农地)(照片提供:史建新)

图 4-30　英塔卡伦遗址及其位置示意图

(上)芦苇与荆棘丛中的察罕额博卡伦遗址及前立的文物保护碑(下)

察罕额博卡伦保护碑后的卡伦残垣(左、右:深藏茂草中被掩盖的遗址边墙)

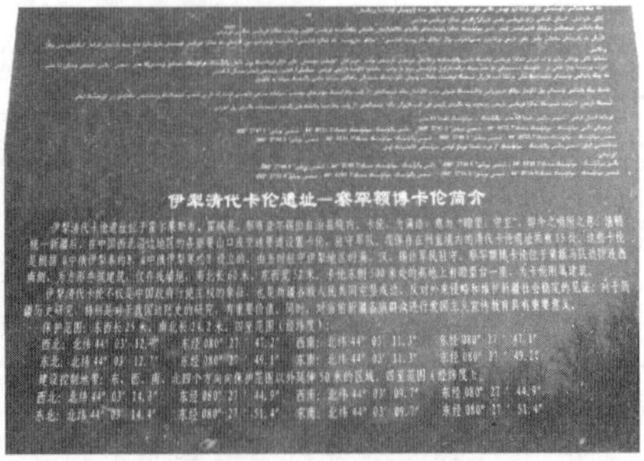

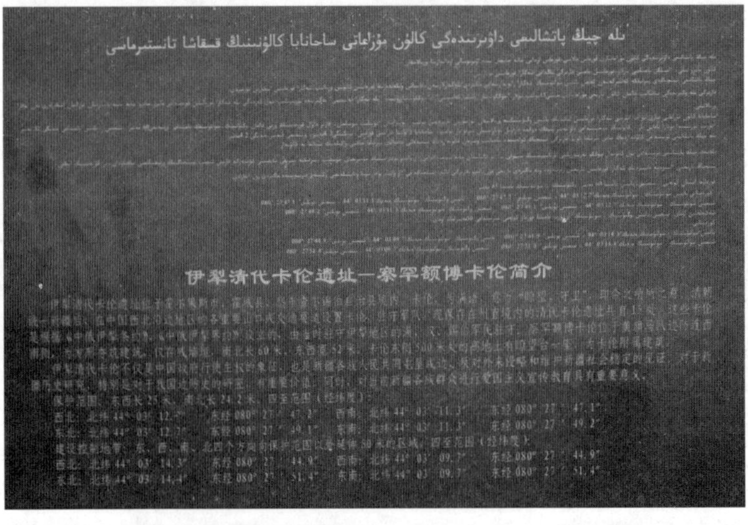

察罕额博卡伦及其文物保护碑刻(上左:正面,上右、下:背面)

图 4-31　察罕额博卡伦遗址

音译，意思是“白色”。“鄂博”是蒙古语“敖包”的意思，游牧民族地区的蒙古族牧民习惯用土石垒成高堆，插上旗杆，作为路标或界标，叫做“鄂博”。也有些“鄂博”用作山河的界限。(清)龚自珍《蒙古台卡志序》：“鄂博：以山为鄂博，以河为鄂博，以垒为鄂博，二十五部落如其境。”《清史稿・兵志八》：“鄂博者，华言石堆也。其制有二：以垒为鄂博，以山河为鄂博。”章炳麟《訄书・封禅》：“因大麓之阻，絫土为高，以限戎马，其制比於蒙古之鄂博。”故此处的鄂博可理解为以(霍尔果斯)河流为界。

⑩ 烽燧与瞭望台——黄旗马队烽火台遗址和附近的黄北了(瞭)望台遗迹

烽火台，又名黄旗马队烽火台，建在一片开阔平原的高阜之上。位于原清朝察罕鄂博卡伦，现今的黄旗马队边防连内，遗址正处于连队营房旁边，与现代在用的新式了(瞭)望塔紧邻，前面立有边防团于 2003 年 8 月所建、刻有“烽火台遗址”字样的花岗岩石碑和铁丝围网(见图 4-32)。据连史室资料介绍和有关资料记载，黄旗马队边防连得名源自驻地“百年哨卡”戍边的历史。公元 1757 年，清朝乾隆皇帝平定准噶尔部落后，开始在边疆广设

1. 烽火台遗址及其前立石碑正面

2. 石碑背面(铭文)

3. 烽火台正面

4. 烽火台侧面

5. 清代烽火台与现代了(瞭)望台(中间为石碑)

6. 烽火台遗址鸟瞰图

7. 烽火台遗址侧背面

8. 烽火台遗址背面

9. 由南向北视域里的古烽火台和现代了(瞭)望台

古(清)代烽火台(遗址)与当代边防哨卡

(清代)黄旗马队烽火台遗址(上:正面)及其标志碑刻(下:背面)

图 4-32 黄旗马队烽火台遗址

卡伦。乾隆四十四年(1779 年),时任伊犁将军的勒图负责筹建霍尔果斯河驻防设施,其中在该连队西南 300 米设立的察罕鄂博卡伦,驻扎的是一支正黄旗马队,因该卡伦的清朝官兵巡查边境时骑着马擎着清朝的黄色龙旗而得名。由此后来驻防的连队故得此名。该连队也因此有了“百年哨所,百年坚守”的历史传承。在该部防地的南北分别有清代的乔老克炮台(卡伦)遗址和守防遗址“黄北了(瞭)望台”(见图 4-33)。黄北了(瞭)望台遗址位于黄旗马队边防连防区最北边,遗址所在现仅存浅显的地面部分残迹,前面立有标志牌——属于原有史迹文献并无记录,而为本次调研首次发现并公布的历史文化新资源(见图 4-33)。

清代守防遗址黄北了(瞭)望台与现代边防哨卡(了(瞭)望台)全景(上:遗址碑;下:全景图)

(清代)守防遗址“黄北了(瞭)望台”(上)及其碑石(下及下右)

图 4-33　黄北了(瞭)望台遗址

⑪ 登元卡伦与阿克炮台

该卡伦为清代建立的常设卡伦,南距清代河源卡伦 25 千米,位于霍尔果斯市莫乎尔乡莫乎牧业村西南约 12.5 千米,兵团第 4 师 63 团场 4 连驻地南约 4 千米处,西濒霍尔果斯河与哈萨克斯坦共和国接界,西约 50 米处是国家重点公益林保护区,南为沙地,东和北为农田，是黄旗马队边防连最南边防区所在。作为周围人烟稀少的同一地点，实际在该处存有登元卡伦和阿克炮台两个历史文化遗迹(位置见图 4-34)。

卡伦之意，如前所述。登元卡伦为清光绪七年(1881 年)，《中俄伊犁条约》签订后，割霍尔果斯河以西领土给俄国，重新勘界后，清政府在边界设立的卡伦之一。遗址现仍存四围方形夯土建筑的部分城墙遗迹(城垣)，仅存墙垣，东西长约 35 米，南北长约 37 米，墙宽 3.5 米，高 2～3 米，门朝南开，四角有角楼。前面分别立有登元卡伦与阿克炮台两块文物保护标志牌(见图 4-34)。

据有关记载，阿克炮台是清朝当时在察罕鄂博卡伦驻守的一条无名河流与伊犁河交汇处的主要防守力量和卡伦的主要防御阵地之一。当年有几十门火炮可以封锁周围七八千米的地区。炮台前立有边防团于 2003 年 8 月所建、刻有“阿克炮台”字样已剥落的花岗岩石碑。现在的炮台遗址仅剩四周高不足 1 米、长约 200 米的残缺土墙(见图 4-35)。

(清代)登元卡伦遗址及其文物保护碑(左上图：正面，右上及下图：背面)

遗址及其前立的两块石碑

遗址现场及全景

图 4-34　登元卡伦与阿克炮台遗址

1. 阿克炮台遗址碑背面

2. 阿克炮台遗址碑正面

3. 阿克炮台遗址碑背面的铭文

4. (清)阿克炮台遗址石碑背面全景

图 4-35　阿克炮台遗址(碑)

(清)登元卡伦和阿克炮台遗址(全貌)及矗立其中的现代边防了(瞭)望台

立碑标志在同一地点的(清)登元卡伦和阿克炮台
(清)登元卡伦和阿克炮台遗址(全貌)及矗立其中的现代边防了(瞭)望台

图 4-36　登元卡伦和阿克炮台遗址

⑫ 乔老克炮台(卡伦)

乔老克炮台,哈萨克语又称"乔拉克炮台",意为短缺的炮台。遗址地处霍尔果斯边防营所属河源边防连最北端的防区内,位于第 4 师 63 团 9 连驻地南约 3 千米处(霍城县三道河乡沙门子村西南约 22 千米),北为霍尔果斯沙漠,西南濒霍尔果斯河与哈萨克斯坦共和国接界,东南接塔克尔穆库尔沙漠,北靠国防公路,路北为棉花田,周边人烟稀少。炮台前立有边防团于 2003 年 8 月所建、刻有"乔老克炮台遗址"字样的花岗岩石碑。遗址为黄土夯筑,基本呈方形,南北长 4.8 米,东西宽 3.8 米,残高 3.4 米。遗址所在现存部分炮台残迹,前面立有文物保护标志牌(见图 4-37)。作为清代遗存,现仍可看出该炮台所在为一处地势较高的平阜,西侧脚下的霍尔果斯河构成了一道向西防御的天然屏障。

1. 遗址正面

2. 遗址侧背面

3. 遗址及其前立的标志碑(近景)

4. 遗址现场中景

5. 遗址侧背面近景

6. 遗址现场及全景

7. 台地上的遗址远景

8. 遗址现场的文保碑(左)和其他碑刻(右)

9. 文保碑背面的铭文

10. (清)乔老克炮台卡伦遗址(全貌)及矗立其中的现代边防了望台

图 4-37　乔老克炮台(卡伦)遗址

⑬ 河源(三道河子)卡伦与陶布(卜)拉克炮台

河源卡伦,又称“三道河子”卡伦,在满语里被叫做“次钦卡伦”。该卡伦位于霍尔果斯边防营最南端的河源防区境内,距离霍尔果斯口岸50千米,霍尔果斯河东岸第4师63团8连以西、三道河子边防站西北约600米处的平滩上(霍城县二道河乡沙门子村西南),地处林带、农田旁,南隔伊犁河与位于察布查尔县境内的头湖卡伦呼应,西侧有便道通过。卡伦之西,隔霍尔果斯界河与哈萨克斯坦的边防哨所比邻。该处实为卡伦和炮台共用一地两个历史文化遗迹的所在。在满语里意为“瞭望、守卫”,用作清代在边疆地区设置的更番侯望之所的“卡伦”中,河源(三道河子)卡伦是清光绪七年(1881年),《中俄伊犁条约》签订后,割霍尔果斯河以西领土给俄国,重新勘界后,清政府在边界设立的卡伦之一,是一个常设卡伦。

现存河源卡伦为方形夯土建筑,南北长28米,东西宽25米,最高处为3.2米,墙厚约1.5米,门朝南开。四围尚存部分残垣,四面墙体损毁严重,仅东北墙角保存相对较好,其余仅见低缓的墙垣。伊犁地区现存卡伦,四角多有角楼,而河源卡伦墙体保存差,难辨角楼遗迹。保存较好的东北墙角处,亦未见有明显的角楼。前面立有河源卡伦标志牌;据称为陶布拉克的炮台位居其中。“陶布(卜)拉克”在哈语中是“土堆”之意,故而该炮台,民间又称为“土堆炮台”或“土炮台”。两个文物遗址所在均位于河源边防连防区最南端,但仅有河源卡伦的文物保护标志牌,而无关于陶布(卜)拉克炮台的任何说明和标志牌。据知悉情况的哈萨克族向导反映,本次所了解到的炮台情况,是当地哈萨克族群众多年来熟知的历史信息,也是第一次正式向有关部门反映,且该炮台即位于河源卡伦内。因此,关于炮台的情况应为本次调研所首次发现并记录的新资源,见图4-38。

⑭ 清代拱宸城古兵营房

该遗迹位于今霍尔果斯市金边镇兵团62团场场部的拱宸城遗址所在地紧邻西城墙的地方(见图4-39)。据知情人介绍,直到20世纪50年代前后,在其附近还存有其他两座兵营(营房)和一座伙房,另外还有一座管兵统领办公和居住的衙门(式)(建筑),共四个古建筑。现存的仅为其唯一遗存。且在我们考证发现时仍被用做企业的化学原料品仓库(见图4-39中的有关照片)。后在课题组的一再要求下,62团已立牌表示保护(见图4-39之13),但兵营所在地企业仍未迁出。而领兵办公和居住的衙门式建筑,于本次调研中意外发现了出土的其门柱用鼓状石础和部分筒瓦片及古砖等文物(见图4-24)。其他三个古建筑(两兵

1. 文物保护碑(左:正面;右:背面)

2. 残存的河源卡伦与陶布(卜)拉克炮台(遗址)

3. 三道河子卡伦与陶布(卜)拉克炮台残垣与不远处的文保碑全景

图 4-38　河源(三道河子)卡伦遗址与陶布拉克炮台(遗址)

1.

2.

3.

4.

5.

6.

7.

8.

9.

10.

11.

12.

清代拱宸城古兵营房(图 1、2、8、9、10:正面;图 3、4:右侧面;图 5、7:左侧面;图 6、11、12:背面)

13.（清代）拱宸城古兵营房旁团场 2017 年 4 月制作立起的保护标志牌

图 4-39　(清代)拱宸城古兵营房

营一伙房）的遗迹则暂无任何其他踪迹可觅。由于该兵营遗迹属于原史迹文献尚未发现有记录，为本次调研所首次发现并被确切记录下来的最新历史文化资源。有关情况的说明，据了解为本次调研资料首次发布。

⑮（清代）牛录驻地（含疑似）2 个

根据有关记载，在原霍城县西部，今位于霍尔果斯市紧邻边境的辖境内，清朝中后期应先后建立过 4 个用于屯兵驻防的军事建制为牛录的单位，但实际驻地的坐落究竟在现今的何处早已无人知晓。本次调研，我们根据当年直接参与有关工作的知情人指认，首次发现并可初步确认的有其中两个（至少第一个应确信无疑）牛录驻地遗址所在地点（但都因为当年的生产建设而早已被平毁）：第一个是位于现在伊车-嘎善乡砖场的一个（由具体实施平毁工作的建设者介绍，见图 4-40），另一个则是位于兵团 61 团现为水管站所占用地之上的也有可能（应为疑似）是第二个牛录驻地所在，也很有或更有可能是古阿力玛里城的角（或瓮）城（现为 62 团水管站所在地，由当年的知情者说明情况，见图 4-41）——均属于原史迹文献虽有记录，但因为历史变迁却为本次调研所首次发现并被确切记录下来的最新历史文化资源。有关这两处牛录驻地的情况，据了解为本次调研报告所首次发布。各处均尚未竖立文物保护标志碑牌。

（2）红桥与晚清金矿遗址

① 红桥遗址

位于霍尔果斯市金边镇境内兵团第 4 师 62 团 11 连红桥村所在荒芜的农地（因土地含盐碱重撂荒）中。关于红桥历史的解释，主要来源于《新疆生产建设兵团史志丛书——新疆生产建设兵团农 4 师 62 团志》（新疆人民出版社）的地图与有关文字记载，清乾隆四十二年（1777 年）清兵为抵抗外来侵略驻扎在此地，为了往来方便，在老霍城镇东南 8.3 千米处（现为兵团第 4 师 82 团 11 连所在红桥村）的黑水沟上架起一座独木桥，因用红漆漆过，故称为“红桥”。该连队驻地，至今仍叫红桥村，继续使用着红桥路的路名。

1. (清代)牛录驻地原址(现砖场所在)

2. 现为砖场的遗址所在地

3. 原清代牛录驻地遗址旁的公路(下图林荫道为县级公路,上图右侧为乡间公路)

4. 清代牛录驻地原址的位置

图 4-40 现为伊车-嘎善乡砖场的原为清代牛录驻地所在

现为 61 团水管站的疑似古阿力玛里角(瓮)城遗址所在地或清代牛录驻地

图 4-41　清代牛录驻地遗址

屯垦驻地为该处的兵团 62 团场的连队，多年来因农业生产建设和围泽垫土造田需要，已将原有的沟壑用淤泥和人工运土填平，该独木桥也因此在十多年前就被填埋的浮土所掩盖于地下，其具体位置如图 4-42 所示。如若需要仍可挖出覆于薄土之下的独木红桥。对该处遗址的保护和利用，从巩固国防与加强民族团结、反对分裂，进行维护祖国统一的爱国主义教育等方面考虑，应该不失为一个进行爱国主义和历史文化教育的旅游景观场地，有相当的历史文化价值。有关信息为本次调研所首次发现和发布。

红桥遗迹掩埋位置(现场人员所在前方 10 多米远林带沟处)

红桥遗迹所在地的村名与路名

图 4-42　清代(晚期)红桥遗迹

② 晚清(民国)金矿遗址

根据知情人介绍,该金矿遗址,应位于霍尔果斯市北部山区的 4 道(号)沟内,原为晚清时期沙俄盗矿者越境后非法在我国境内私采偷开之矿洞,后被我国政府发现后派军队予以炸毁而遭废弃。本次调研限于有关条件,暂未进行实地踏勘(也缺相关资料),还有待进一步查实确认。但所提供的情况均为首次发现和发布。该历史遗迹,在国家主权和历史文化的教育方面仍有一定的现实意义,利用得好将可以成为边境历史文化建设与开展历史文化旅游的一大重要资源。

(3) 霍城拱北与二娘娘墓

“拱北”为波斯语,汉译是“墓地”之意。霍城拱北又称南麻扎尔,该墓地位于霍尔果斯市金边镇上霍尔果斯火车站东北直线距离约 300 米处,与兵团 62 团殡仪馆隔围墙相邻(见图 4-43)。

图 4-43　霍城拱北与二娘娘墓

(4) 石刻与碑石遗迹

① 数字石刻

在霍尔果斯市莫乎尔牧业乡北部的三道泉沟坡地上，踏勘石刻遗迹时发现一块用俄语或哈萨克语老文字体刻有“1847”清晰字样的岩石块(见图 4-44)。

图 4-44　“1847”字样的(俄)哈萨克语老文体刻石(见图中石头的左下侧)

② 黑色路标石(大黑石头)

该黑石是位于红山嘴(咀)后山河谷里对面山顶上的古代路标石，民间俗称“大黑石头”。该巨型黑色大石头位于红卡子(富尔干卡伦)正东方向[红山嘴(咀)后山]峡谷内正面所对的一个在宽约 8 米多、倾斜 60 度以上的山坡顶部，粗估是一块重达 2 吨左右、自古以来就被当地的人认为是只能由此上山的唯一通道路标，故称此巨型三角状黑色大石头为所谓的“路碑石”，当地人也俗称为“大石头”或“大黑石头”。据说是当地(包括界河对岸)居民古今便捷(或隐蔽越境或入境后)上山的主要标志物(具体位置如图 4-45 所示)，曾经在当地牧民中有相当大的影响力，现虽已弃用，但在历史文化旅游方面有一定的价值(如可作为景观和对有特殊要求游客开放的休闲爬山游或历史文化教育之用等)。有关信息为本次调研所首次发布和确认。

③ 清代 18 号界碑——耻辱碑(见图 4-46)

现位于霍尔果斯国门景区碑亭内的清代 18 号界碑，一般在做介绍时，都会说是耻辱碑。缘于 1882 年清政府与沙俄所签订的《中俄伊犁界约记》规定，在伊犁河南岸边界上的所立界碑由沙俄政府制作，清政府提供尺寸和所需要的银两。但用于立界的石碑制成后，必须要有两国政府官员到场监督建立才能确认。结果该号立界石碑建成后，却在清政府官员没有到场的情况下(据传，当时本应到场监督立碑的这位清朝官员途中犯了鸦片烟瘾，当天停在了惠远城；也有传说是沙俄官员派人在头一天设计故意灌醉了这

1. 沟底沿山道可看见的大黑石头(远景)

2. 远景 2(上山坡地上可看见的大黑石头)

3. 大黑石头(中景)

4. 大黑石头正面(近景)

5. 大黑石头背面(近景)

图 4-45　通往山上台地的路(便道)与引上山顶的黑色标志石(路标石)

图 4-46　位于国门景区碑亭内的清代 18 号界碑(耻辱碑)及其介绍碑

(左:碑亭,中:界碑,右:介绍碑)

位清朝官员以使其滞留),由此,沙俄趁机向我方境内推进了 20 多千米,于悄然中在没有监督的情况下将该碑立起。为此,清政府拒绝承认所立石碑为界碑,由此形成了 40 多(另一说是 400 多)平方千米的争议地区。从此,清代 18 号界碑在民间就有了国家耻辱碑的说法。

④ (清代)大石堆(沙俄侵华的见证)(见图 4-47)

据《中国西部百年口岸——霍尔果斯》记载①和边防部队官兵介绍,在霍尔果斯边防连巡逻路的南端,距离第五代国门(俗称"老国门")约 3.5 千米处开始,在地处开阔的荒原之上靠近现今国界线的我方一侧,地表上会零星散落一些现已成或大或小用石头堆起的包包,因这些石堆包不同于当地靠近山区的古代石堆封土形制中内有壤土的坟堆墓葬,堆砌成石堆所用的都是较大的石头,所以被叫做"大石堆"。而这些被称为"大石堆"的遗迹,却是清朝政府在沙俄的武装侵略下蒙受耻辱的象征。据说,原先这样的大石堆在霍尔果斯边境线上有十多个,但由于长期的风沙吹埋,年深日久疏于保护和管理,大石堆现在的地表特征已不明显,大多难以辨认,经过的人们往往也不会加以注意,甚至会混同于某些石堆封土的古墓而被忽视。

好在其中仍有一处,也是现存最大的一个大石堆,其特征仍突出和标志性明显。这就是位于距第五代国门南 5.5 千米一片戈壁荒滩上、329 号界碑南面不足百米、距第六代国门/联检区已不足千米,离现已通车的双西公路(即"欧洲西部-俄罗斯-哈萨克斯坦-中国西部"高速公路)约 610 米,附近有边防执勤点的大石堆(见图 4-47)。据有关记载,该处的大石堆原高约 1 米,直径约 2 米,无任何围网保护和标志,从有记录起至今过去的十余年时间,大石堆外形已有些变化,高度略有降低,在野地里似不如以前那么凸显了(对比情况见图 4-47)。庆幸的是,本次调研因幸得边防部队官兵的大力帮助,在他们亲自对现场进行踏勘后,终于查实和基本摸清了有关具体情况。下面是结合有关记载,对大石堆所见证的近代中国西北边界屈辱史做的一个简要说明。

原来,该大石堆的出现,起因于沙俄自 1871 年对伊犁地区的武装侵占,及其后开始长达

① 冯素俊:《中国西部百年口岸——霍尔果斯》,新疆人民出版社,2007 年,第 101-102 页。

10年对伊犁的殖民统治。1881年中俄签订《中俄伊犁条约》，根据条约，沙俄向清政府交还伊犁，清政府将霍尔果斯河以西1万多平方千米的中国领土划归俄国。但事实上沙俄实际一共割占了7万多平方千米的中国领土，其中有相当一部分就是俄国违反《中俄伊犁条约》规定而多侵占的中国领土。在侵占中国领土的过程中，用"垒石立界"来伪造边界标志，就成为沙俄经常采用的一种强盗加窃贼式的方法。当时根据中俄双方的约定，界碑由清政府出钱（银两），由沙俄进行制作，在此期间沙俄为了尽快把《中俄伊犁条约》中割让的土地条款变为现实，并多侵占中国领土，在正式界碑还没有制作设立前，就先派兵在沿线的多个地点将大石头放置成堆，作为占领标志和临时界碑，而在随后的正式勘界中将这些伪造的标志作为俄方谈判的依据，并以武力逼迫清政府予以承认。

1. （左）2007年时（根据宋廷玺照片翻拍），现处第六代联检区近旁的"大石堆"（右）

2. 荒漠中的"大石堆"（左）及邻近的边防执勤点（右）

3. 大石堆背后远处是哈方名为"努尔饶尔"的新公路口岸

图4-47　（清代）大石堆（沙俄侵华的见证）（照片提供：马文涛/史建新）

现今，随着 1994 年 4 月 26 日《中华人民共和国和哈萨克斯坦共和国关于中哈边界的协定》的签署，两国边界线已正式确认，大石堆成了历史的尘埃，只是由大石堆所见证的沙俄侵华的耻辱史，一直在不断地警醒着国人需时刻自强才能避免重蹈覆辙。而大石堆也已成为守边官兵进行爱国主义雪耻教育最好的反面教材。

2. 凋落的民国时期

(1) 阿勒肯(克)陶民国(时期)兵营遗址

据了解，该遗址应该是位于霍尔果斯北部山区 4 道(号)沟金矿附近，属于民国时期早先遭废弃的用于驻守边防人员的地方。限于条件，本次调研未能进行实地踏勘和确认，有待以后条件许可时做进一步查实。

(2) 寺庙

拱北寺(又称“娘娘庙”或“老哇庙”，属清代墓葬、民国修缉后建庙)，该寺在《62 团志》的地图和文献中都有记载，实为拱北墓地(又称南麻扎尔，“坟墓”之意)内北侧的一个民国时代的建筑。现位于霍尔果斯火车站东北直线距离约 300 米处，与兵团 62 团殡仪馆隔围墙相邻的拱北墓园内。因墓地林深茂密多有乌鸦(老哇)般鸣叫而又被当地团场人俗称为“老哇庙”(见图 4-48)。

1. 二娘娘墓地和寺(庙)全景

2. 正面 1—(波斯文碑后的园内是墓地和寺庙)

3. 正面 2—(石栏内为墓地)

4. 拱北寺左侧面

5. 拱北寺右侧面

6. 全景

图 4-48　拱北寺(位于霍城拱北内的娘娘庙,或称老哇庙)

3. 新中国成立以来——重现光焰再造辉煌的现当代

(1) 碑石等标志性文物

霍尔果斯作为国家边界象征的有关碑石等标志的说明，为简明起见，如图 4-49、图 4-50 所示。

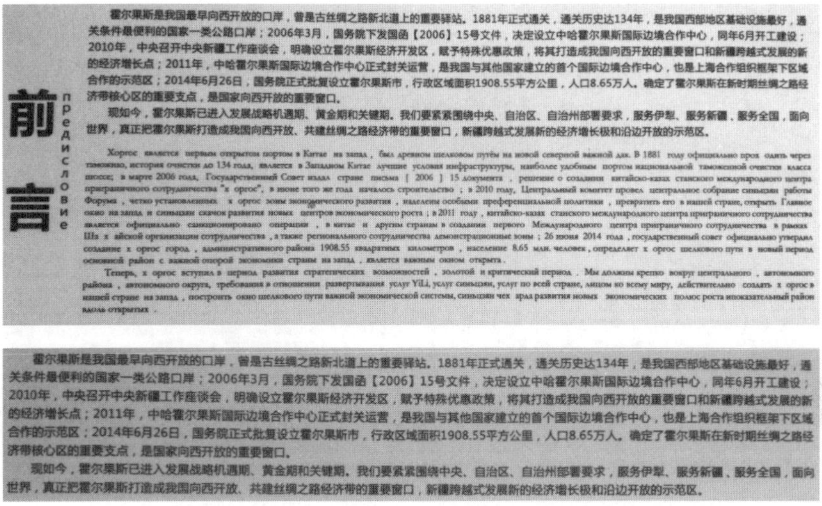

前言 предисловие

霍尔果斯是我国最早向西开放的口岸，曾是古丝绸之路新北道上的重要驿站。1881年正式通关，通关历史达134年，是我国西部地区基础设施最好，通关条件最便利的国家一类公路口岸；2006年3月，国务院下发国函【2006】15号文件，决定设立中哈霍尔果斯国际边境合作中心，同年6月开工建设；2010年，中央召开中央新疆工作座谈会，明确设立霍尔果斯经济开发区，赋予特殊优惠政策，将其打造成我国向西开放的重要窗口和新疆跨越式发展的新的经济增长点；2011年，中哈霍尔果斯国际边境合作中心正式封关运营，是我国与其他国家建立的首个国际边境合作中心，也是上海合作组织框架下区域合作的示范区；2014年6月26日，国务院正式批复设立霍尔果斯市，行政区域面积1908.55平方公里，人口8.65万人。确定了霍尔果斯在新时期丝绸之路经济带核心区的重要支点，是国家向西开放的重要窗口。

现如今，霍尔果斯已进入发展战略机遇期、黄金期和关键期。我们要紧紧围绕中央、自治区、自治州部署要求，服务伊犁、服务新疆、服务全国，面向世界，真正把霍尔果斯打造成我国向西开放、共建丝绸之路经济带的重要窗口，新疆跨越式发展新的经济增长极和沿边开放的示范区。

Хоргос является первым открытом портом в Китае на запад, был древном шелковом путём на новой северной важной дх. В 1881 году официально прох одить через таможню, история очистки до 134 года, является в Западном Китае лучшие условия инфраструктуры, наиболее удобным портом национальной таможенной очистки класса шоссе; в марте 2006 года, Государственный Совет издал стране письма [2006] 15 документа, решение о создании китайско-казах станского международного центра приграничного сотрудничества "х оргос", в июне того же года началось строительство; в 2010 году, Центральный комитет провел центральное собрание синьцзян работы Форума, четко установленных х оргос зоны экономического развития, наделены особыми преференциальной политики, превратить его в нашей стране, открыть Главное окно на запад и синьцзян скачок развития новых центров экономического роста; в 2011 году, китайско-казах станского международного центра приграничного сотрудничества является официально санкционировано операции, в китае и другим странам в создании первого Международного центра приграничного сотрудничества в рамках Ша х айской организации сотрудничества, а также регионального сотрудничества демонстрационные зоны; 26 июня 2014 года, государственный совет официально утвердил создание х оргос города, административного района 1908.55 квадратных километров, население 8.65 млн. человек, определяет х оргос шелкового пути в новый период основной район с важной опорой экономики страны на запад, является важным окном открыта.

Теперь, х оргос вступил в период развития стратегических возможностей, золотой и критический период. Мы должны крепко вокруг центрального, автономного района, автономного округа, требования в отношении развертывания услуг YiLi, услуг синьцзян, услуг по всей стране, лицом ко всему миру, действительно создать х оргос в нашей стране на запад, построить окно шелкового пути важной экономической системы, синьцзян чех арда развития новых экономических полюс роста иноказательный район вдоль открытых.

霍尔果斯是我国最早向西开放的口岸，曾是古丝绸之路新北道上的重要驿站。1881年正式通关，通关历史达134年，是我国西部地区基础设施最好，通关条件最便利的国家一类公路口岸；2006年3月，国务院下发国函【2006】15号文件，决定设立中哈霍尔果斯国际边境合作中心，同年6月开工建设；2010年，中央召开中央新疆工作座谈会，明确设立霍尔果斯经济开发区，赋予特殊优惠政策，将其打造成我国向西开放的重要窗口和新疆跨越式发展的新的经济增长点；2011年，中哈霍尔果斯国际边境合作中心正式封关运营，是我国与其他国家建立的首个国际边境合作中心，也是上海合作组织框架下区域合作的示范区；2014年6月26日，国务院正式批复设立霍尔果斯市，行政区域面积1908.55平方公里，人口8.65万人。确定了霍尔果斯在新时期丝绸之路经济带核心区的重要支点，是国家向西开放的重要窗口。

现如今，霍尔果斯已进入发展战略机遇期、黄金期和关键期。我们要紧紧围绕中央、自治区、自治州部署要求，服务伊犁、服务新疆、服务全国，面向世界，真正把霍尔果斯打造成我国向西开放、共建丝绸之路经济带的重要窗口，新疆跨越式发展新的经济增长极和沿边开放的示范区。

图 4-49　霍尔果斯市规划展示馆中关于现代霍尔果斯的介绍图片

① 口岸与现代国门

口岸，是主权国家对外国进行经济贸易、政治、外交和文化、科技与旅游和移民等往来，供人员、货物和交通工具出入国境的港口、机场、车站、通道等处，是国家指定对外往来的门户，所以又常被称为"国门"。国门作为"国"和"门"意义的组合，就成为国家指定供人员、货物和交通工具出入国(边)境的(江、河、湖、海)港口、机场(又称空港)、车站和通道等口岸的统称。口岸不仅陆上边界有，海岸港口有，深入内地的都市机场中也有，这说明人们对国门的理解即口岸。

按照上述有关口岸的内涵的规定，目前在西部边关重镇的霍尔果斯，作为国家口岸所在地，霍尔果斯共有六处陆路(通商)口岸。它们分别是：最为人熟知且一直是国门形象代表的口岸(即第五代国门，实为主要联检区所在，见图 4-51(1)～(5))，位于该市火车站附近 2012 年开通的霍尔果斯铁路口岸；地处南部联检区 2018 年 9 月 27 日开始启用的最新公路口岸(即第六代国门，见图 4-51(6)、(7))，以及紧邻对第三国开放(第五代国门旁)、作为中国—哈萨克斯坦国际边境合作中心中方一侧(联检大厅)的口岸。另外，还有以霍尔果斯国际汽车站为标志的公路口岸和以中-哈(亚)天然气管道计量首站所标志的"中国能源通道国门第一站"的(能源/物流)口岸。

因此，屹立于中哈两国边界上我方一侧，由国家海关、边防、出入境检验检疫(即"一关两检")机构人员值守的联合办公建筑(群)，被人们形象地称为竖立起来的现代国门，该标志当

图 4-50(1)　G312 国道终点标志碑与界河桥(碑后黄色水泥的桥栏所示)
(起自上海止于中哈边界的 G312 国道终点 4818 km 路碑与碑后界河桥上会晤的两国边防军人)

图 4-50(2)　紧邻界河与国界 324 号碑的国道 G312 终点标志碑

图 4-50　324 号国家界碑和界河(桥)与 G312 国道 4818 km 终点路碑

1. 现代国门及其变迁图[新中国成立后第 1～6 代联检(查)楼/厅简况]
(照片翻拍自霍尔果斯市规划展示馆)

2. 第一代国门(上:赵守财摄)和联检厅(下)(20 世纪 50～80 年代)

3. 第二代国门(上)和(联)检查厅(下)(20 世纪 80 年代)(赵守财摄)

4. 第三代国门(20 世纪 80～90 年代)(赵守财摄)

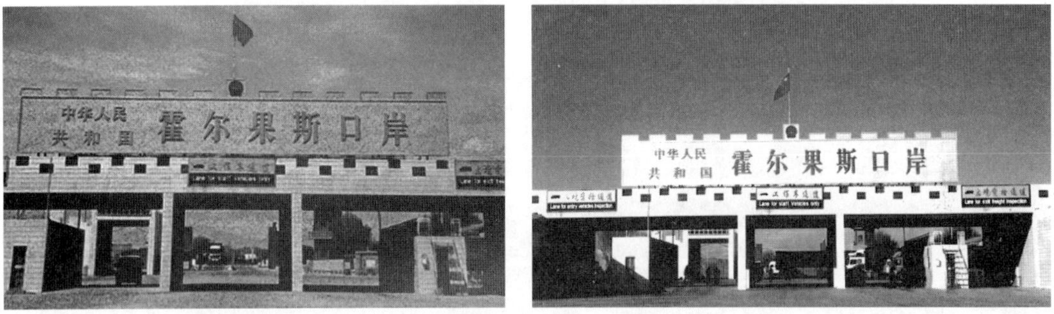

5. 第四代国门和联检厅(20 世纪 90 年代)(宋廷玺摄)

6. 在用的第五代国门(左)和联检厅(右)(2000 年至今)

7. 第六代国门所在的联检大厅(联检楼)(2018 年 9 月至今)

8. 庄严雄伟的第六代国门(2018 年 9 月至今)
[穿过其中进入南部联检厅,所行驶的公路(路面)即为“双西”公路]

9. 出入第六代国门/联检楼后位于中方一侧的“双西”公路零公里附近

图 4-51　不同年代的现当代国门及其联检(“一关两检”)厅(楼)

地俗称联检楼。现今的霍尔果斯,这些作为口岸形象的国门已历经五代建筑形式的演变,正进入第六代国门时期(见图 4-51)。目前霍尔果斯仍在使用的国门是由迎宾大道——亚欧(北)路终点处所在霍尔果斯口岸主要联检区的联检楼代表的第五代国门,对面是境外哈萨克斯坦的霍尔果斯口岸。地处霍尔果斯口岸南部联检区,刚刚开启的第六代国门,当地人亲切地称之为“新国门”或“南国门”,对面是境外哈方的努尔绕尔公路口岸—— 一个在哈萨克斯坦乃至俄罗斯和白俄罗斯等前苏联国家中规模最大、设施最全的公路口岸。

② 现代特区城市标志碑

该现代石刻碑矗立在特区城市入口的主干道——迎宾路(亚欧路)旁,见图 4-52。

(2) 现代边防与红色文化遗址遗迹

霍尔果斯有着极为丰富的爱国主义教育资源,特别是形成于边防部队为国守边固防的卫土斗争和兵团屯垦戍边过程中的现代边防文化,无不浸透着源于艰苦创业时代注入的红色基因,是作为边关重镇的特区城市极富魅力、十分宝贵的高端文化资源。其典型代表如下。

① 阿拉马力边防连(红歌连)与“毛主席的战士最听党的话”(见图 4-53)

图 4-52　霍尔果斯城市标志碑(现代石刻)

1. 现(当)代“红歌连”营房(第 4、5 代营房)全景(正面)

2. 第一代地窨子

3. 第二代柳坯房

4. 第三代砖平房(现为连史馆所在)

5. 红歌连的四代营房(上图 1:第 4 代,图中:1 为第一代,2 为第二代,3 为第三代,下图:第一代遗址所在地现场[即过塔尔沟桥路北两个红旗之间的草坡地])

(第一代是 1962 年建的地窨子,第二代为 1963 年建的柳坯房,第三代是 1965 年建的砖平房,第四[第五]代为 1996[2014]年建的楼房)[部分照片提供:马文涛]

6. “红歌连”营房正面

7. “红歌连”营房局部

8.《毛主席的战士最听党的话》歌碑

9. “红歌连”石刻

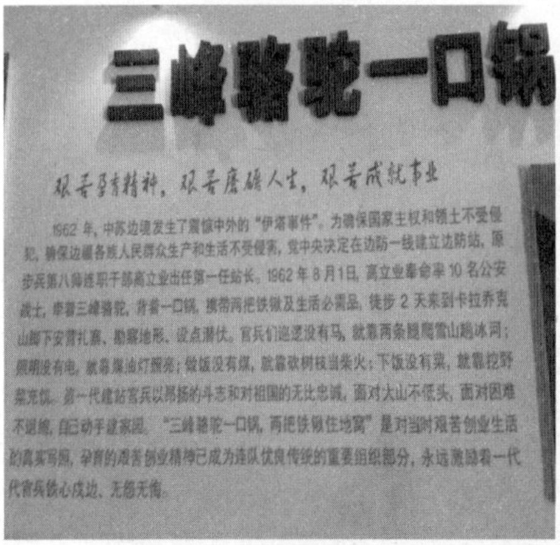

10. 陈列在第三代营房(连史馆)中的展板介绍

红歌连——阿拉马力边防连营区的部分石碑和连史馆内的部分展板介绍

11. 不同时节的阿拉马力边防哨所(红歌连营区)远眺

(左:初冬时节群山环抱中的“红歌连”营地,对面白雪覆盖的山峦为哈萨克斯坦;右:盛夏时的“红歌连”营地)

12. 夏季营区外的山谷堆石豪言

13. 初冬时节的山谷堆石豪言

14. 夏季凸显的山谷堆石壮语

15. 初冬时节的山谷堆石壮语
刻在山谷上的豪言“乐守边关”和“书写军魂”壮语
（红歌连驻地夏季和初冬时节摆放在营区外两侧山坡上的石堆誓词）

图 4-53　阿拉马力边防连（红歌连）的红色戍边文化

阿拉马力边防站所在连队，在军内又被称为“红歌连”，其故事缘由如前所述，此不赘言。至今营区驻地所在的营房已历经五代，且前三代都是当年艰苦创业时期的老营房，其中分别建于 1962 年的第一代地窨子，是当年“三峰骆驼一口锅，两把铁锹住地窝”的驻地所在。建于 1963 年的是第二代柳杯房，这两代老营房所在之处正是“红歌”诞生的地方，虽然地表上两代老营房的建筑早已无存，但通过遗址所在地周围的环境仍可清晰地辨认出鲜明的时代特色。现存的第三代老营房为连史陈列馆，建于 1965 年，其砖砌平房建筑本体保存较好，正发挥着爱国主义教育基地的作用，该老营房在《霍城县不可移动文物》里已被认定为 20 世纪的文化遗产，成为 20 世纪 60 年代国家西北边陲边防站的一个代表。同时以该连艰苦创业精神为背景创作的红色军旅歌曲《毛主席的战士最听党的话》，因歌词内涵催人奋起直击心扉，昂扬进击的旋律高亢激越而在社会上产生了极大的影响，是一个时代的红色文化标志。据有关资料记载，第三次全国文物普查已确认该老营房遗址为文物点，这对弘扬人民子弟兵热爱边疆、献身国家边防、无私奉献的崇高爱国主义精神有重要的现实意义。

② 红卡子边防连的老营房与山坡上的石堆壮语

高山坡地上巨大的“祖国万岁”石堆刻字与山顶的红卡子边防哨所

红卡子边防连老营房(上图:全景)与上山巡逻的石阶路(爱国主义教育基地:下图)

图 4-54　红卡子边防连的老营房与山坡壮语

③ 边防巡逻路与现代了(瞭)望哨

现代边防哨所(了(瞭)望台)(上右)和边防巡逻公路(上左、下:两侧为一、二线边防围网)

图 4-55　现代边防哨所与巡逻路

④ 通往黄旗马队边防连的拥军路石碑与路旁的“百年哨所”等石刻

图 4-56 所展现的是由一家国有企业(中石油西部管道公司)出资于 2011 年夏秋时节与部队共同修建的连接省道 213 公路与黄旗马队边防连驻地间的拥军路。在长达 800 多米的柏油路两旁矗立的系列石碑雕塑,已成为边防线上军民团结守卫祖国边疆的一道靓丽风景,更是军队与人民结下深厚鱼水情谊的象征和军民(军地)共建钢铁边防线的标志。

图 4-56　黄旗马队边防连附近的拥军路与“百年哨所”等石刻(部分照片由马文涛提供)

⑤ 现(当)代兵团屯垦戍边遗址设施

由图 4-57 构成的一组照片,主要反映自 20 世纪 50 年代以来,在祖国西北边境线上“一手拿枪,一手拿锄(或一手拿[牧]鞭)”,把“种地就是站岗,放牧就是巡逻”的屯垦戍边事业演绎到极致的那些生活和战斗在新疆边防一线的兵团军垦战士驻屯过的戍边故地遗址和部分建筑设施。

1. 一代冬窝子(帐篷)遗址(山坡上的石头为当年压帐篷和生活用的石头)

2. 二代土屋残垣

3. 三代土屋外的围墙残垣

4. 三代土屋与围墙遗址远景

5. 三代土屋遗址近景(局部)

6. 三代土屋近景

7. 三代土屋及其院墙遗址(远景)

8. 三代土屋及围院遗址中景

9. 四代板房

10. 五代(现用)迷彩楼

11. 相邻的第四、五代值勤点(位置)

图 4-57　兵团二道边防线上各个时期屯垦戍边的值勤驻地(遗址)

(图 1:第一代位于坡地上的帐篷(放牧的冬窨子)遗址[20 世纪 50～60 年代],图 2、3、4:第二代土屋遗址[20 世纪 70～80 年代],图 5、6、7、8:第三代土屋+围墙(20 世纪 80 年代),图 9:第四代板房(20 世纪 90 年代),图 10:第五代迷彩楼房[21 世纪以来]、图 11:第四、五代值勤驻地

——图片拍摄地均位于阿力玛里镇名为“马群”和 3 号站处。(部分照片由杨利涛提供)

⑥ 屯垦戍边治沙纪念歌碑

《沙林人》歌碑,位于黄旗马队边防连防区最南端,紧邻乔老克炮台处,兵团第 4 师 63 团为在边境线上的军垦人竖立的治沙纪念碑《沙林人》歌碑,该碑用音乐和文字记录下了军垦战士在戈壁沙海艰苦创业时的英雄故事(见图 4-58 碑的正、背面)。

(3) 现代特区城市风貌

① 建设中的古城新市略览

图 4-59 是一组系列展现霍尔果斯特区城市风貌的照片,从中可初步略览作为口岸特区城市和边关重镇的现代霍尔果斯风采。

1. 歌碑正面(全景)

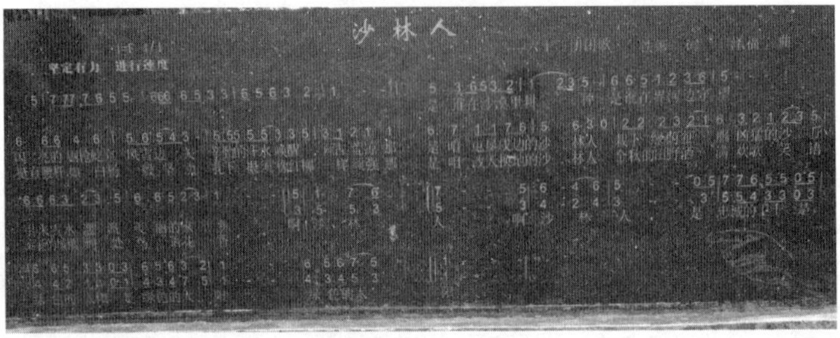

2. 歌碑正面(局部)

3. 歌碑背面(局部)

4. 歌碑背面(全景)

图 4-58 《沙林人》歌碑(1、2:正面,3、4:背面)

1. 第五代国门全景

2. 五代国门前的迎宾大道(亚欧北路)

3. 第五代国门夜景

现代国门风采昼夜远近各不相同的景色

图 4-59(1) 口岸——现代国门标志(“一关两检[海关和边防检查——检验检疫]”联检楼)

4. 城区一角

5. 城区一隅

6. 城区远眺

7. 亚欧路上的主城区

图 4-59(2)　现代化的特区城市霍尔果斯一瞥

(4、5、6:特区城市一角;7:通向国门的迎宾大道——亚欧路及附近主城)

亚欧北路上通往(第五代)国门之前的卡拉苏河大桥(左上图)及其附近景观(右上及下图)

图 4-59(3)　位于国门前的迎宾大道(亚欧北路)夜景

图 4-59(4)　远眺邻国(哈方)霍尔果斯城(即隔边界围网对面绿色掩映的哈方口岸城市)
(图中靠近边境围网排队的集装箱运输车辆正等待进入中哈合作中心哈方一侧)

图 4-59(5)　位于中方第六代国门对面的哈方(努尔饶尔)公路口岸新检查站(哈方新国门)(图片源自解放军新闻传播中心融媒体,拍摄:林波)

图 4-59　霍尔果斯现代特区城市风貌系列图片

(2) 有国际影响的系列标志性建筑

① 中哈霍尔果斯国际边境合作中心(见图 4-60)

图 4-60 是一组关于中哈霍尔果斯国际合作中心的图片。其中,进出中方一侧具有国门意义的联检大厅[见图 4-60(1)]和跨越中哈地面标志线由方鼎式界柱标志的联接通道等,是中哈霍尔果斯国际边境合作中心内最为重要、也是最有特色和价值的历史文化建筑。进入合作中心后如需进入哈方领土,一定要经过的就是联接中哈两国的地面国际通道。其标志是在正对境外左右矗立的两座方鼎式界柱[见图 4-60(4)],两侧分别铸有中华人民共和国国徽(东面)和哈萨克斯坦共和国的国徽(西面),站在通道的一侧可与哈(萨克斯坦)方一侧的金雕雕像相望,中间的地面上有分别用红色(代表中方)和蓝色(代表哈方)地画(划)线与两国文字标识划出的国界线,在这两个方鼎门之间与金雕的连接通道便是中哈国际通道,这是一条汇集人类共同美好生活的纽带,已成为充分体现合作中心中哈两国(包括第三国)在货物、人员和文化等方面进行往来和交流、交融的标志。

目前,中心已建成了以开展边境自由贸易以及文化和旅游业为主,集投资、贸易、人员出入境等高度开放的综合性国际自由贸易区。已成为促进中哈双边贸易发展和友好交流的主渠道,是上(海)合(作)组织框架下国家间经(济)贸(易)往来与区域合作的示范区和世界跨境贸易的合作样板,是"一带一路"倡议的标杆示范和核心区中霍尔果斯代表国家对外开放、体现特区之"特别"的新形象。

a. 中哈霍尔果斯国际边境合作中心联检大厅——新国门新标志

1. 合作中心联检楼全景(左、右两侧为车辆出入通道)

2. 夏季的合作中心联检楼及其出口处(左侧)

3. 合作中心联检楼一瞥(正面)

4. 夏季合作中心联检楼及其入口处(右侧)

5. 合作中心联检楼近景

6. 合作中心联检楼出口(车辆通道与楼内紧邻的人员出口通道)

7. 合作中心联检楼远景

8. 合作中心联检楼夜景

9. 合作中心联检楼(入口)夜景

10. 夜色中的合作中心联检楼(全景)

11. 傍晚时分的合作中心联检楼(全景)
图 4-60(1)　中哈霍尔果斯国际边境合作中心联检大厅(中哈合作中心正门)
(图 1、2、3、4、5、6、7:全景;图 8、9、10、11:夜景)

b. 中哈国际边境合作中心内中方一侧的标志性建筑——中国文化馆

1. 全景

2. 正面(南)

3. 正面(北)和西侧面

4. 正面(东)和南侧面夜景

5. 正面(南)夜景

图 4-60(2) 霍尔果斯中国文化馆(上、中:全景;下:夜景)

c. 合作中心内的两国联接通道及其标志——方鼎界柱

1. 方鼎界柱及其国家标志——国徽(中国)

2. 标志国家边界的一对方鼎界柱及其构成的地面上联接通道(西望景观)

3. 方鼎界柱中方一侧的中国国徽和地面联接通道(正通过通道进入中方的客车和行人)

4. 方鼎界柱哈方一侧的哈国国徽与东望景观(往来通道上的车辆与行人)

5. 方鼎界柱哈方一侧之东望的地面联接通道与景观

图 4-60(3)　中国—哈萨克斯坦共和国霍尔果斯国际边境合作中心通道及通道两边的方鼎界柱
(合作中心内的中-哈国家联接通道[上 1、2、3:中方一侧;4、5:哈方一侧])

1. 哈方地面标志(线)(蓝色)

2. “一步跨两国”的地面标志线(地划[画]线)

3. 位于方鼎界柱正中间地面联接通道的地划(画)线

4. 合作中心内的地面联接通道(由哈方东望的通道与中方景观)

5. 正通过地面标志线进入中方的车辆

6. 代表中国一侧的红色地面标志线和代表哈方一侧的蓝色标志线

7. 地面标志线旁的国名文字标识和正在跨越国界的游人

图 4-60(4) 联接通道地面上体现“一步跨两国”的国家边界标识线与中-哈两国文字的国名(图中界线标示:蓝线[哈方],红线[中方])(图 1、2:蓝线[哈方],图 3、4:红线[中方])

④ 合作中心内哈方一侧标志性建筑——国鸟金雕雕塑与中心全景

图 4-60(5)　合作中心哈方一侧标志性建筑哈国国鸟——金雕雕塑(位于哈方广场中央正对联接通道处)

图 4-60(6)　中哈霍尔果斯国际边境合作中心全景鸟瞰图(图片源自解放军新闻传播中心融媒体,拍摄:琚振华)

图 4-60　中—哈霍尔果斯国际边境合作中心(部分照片由史建新提供)

② 联接中哈(中—亚)的著名建筑

a. 中哈霍尔果斯河分水枢纽工程(见图 4-61)

中哈霍尔果斯河友谊联合引水枢纽工程(俗称“中哈霍尔果斯河分水枢纽工程”),位于中国与哈萨克斯坦共和国的界河——霍尔果斯河的出山口处,作为中哈两国友谊的象

1. 远眺

2. 近观

中哈霍尔果斯河分水枢纽工程(上游河床来水流入水闸明渠全景,河对岸及弧形建筑等是哈方)

中哈霍尔果斯河分水枢纽工程(下游河床河水出闸后引向中方的分流明渠全景,河(闸)对岸为哈方)

中哈霍尔果斯河分水枢纽工程管理站(左:哈方;右:中方)

图 4-61　中哈霍尔果斯河分水枢纽工程

征、居于霍尔果斯河的中心。河东岸属我国新疆维吾尔自治区伊犁哈萨克自治州霍尔果斯市、地处新疆生产建设兵团第 4 师 61 团场,西岸属哈萨克斯坦共和国潘菲洛夫州。距离霍尔果斯口岸 27 千米,联合引水枢纽由拦河闸、两侧对称布局的取水建筑物、上下游河床整治明渠和两岸连接平台组成,建有 4 孔开敞式拦河闸,平均分配水量。工程由哈萨克斯坦共和国水利工程设计院设计,中国新疆生产建设兵团建工集团施工,于 2011 年 4 月开工,2013 年 6 月竣工,同年 7 月两国政府组织了完工验收并交付使用。该工程为改善两岸灌区的引水条件,为霍尔果斯河灌区提供引水保证,对边境地区经济发展提供水资源保障发挥了积极的重要作用。中哈霍尔果斯河分水枢纽工程成为中国和哈萨克斯坦共和国友谊的见证。

b. 中(国)-哈(萨克斯坦)(中-亚)天然气管道首/末站(见图 4-62)

由中国石油主导建设和运营的中国-中亚天然气管道,是在中(国)-哈(萨克斯坦)石油管道的基础上延伸连接中亚多国与中国的天然气管道。由已建成通气投产的包括 A/B/C 三线构成,分别是 2009 年 12 月投产的 A 线、2010 年 10 月实现通气的 B 线和 2014 年投产的 C 线。其中,A+B 线的设计年输气能力为 300 亿立方米,C 线的设计年输气能力可达 250 亿立方米。中亚天然气管道把我国从中亚国家进口的天然气,通过中亚管道接入中国国内的西气东输管道,覆盖我国 25 个省、市、自治区和香港特别行政区的用户,造福 5 亿多人口。位于霍尔果斯境内的中(国)-哈(萨克斯坦)(暨中亚)天然气管道首/末站既是我国管道天然气西气东输工程的中亚气源的起点,当然也是中(国)-哈(萨克斯坦)(暨中亚)天然气管道的终点。

该站实为境外(中国-哈萨克[中-哈]、中国-上海合作组织[中-亚] A/B/C 三条输气线路合一的天然气管道)输气的末站与境内西气东输管道接收计量、加压作业、日常维修的三大首站所在。为中哈-中亚三线(四)站合一的现代工业物流的典型代表。未来基于安全前提的开发利用,将具有很高的工业旅游价值。

中-哈（暨中国—中亚）天然气管道计量（国内入境）首站（暨国外出境末站）

中国石油西部管道(加压)作业首站

中国石油西部管道中哈—中亚天然气管道维抢修首站和加压(压气)首站

图 4-62　中(国)哈(萨克斯坦)(中亚)天然气管道首站

c. 霍尔果斯铁路口岸与霍尔果斯(新)火车站(见图 4-63)

下列一组图片展示的是霍尔果斯铁路口岸及其国际客货运输的情况。随着 2012 年霍尔果斯铁路口岸的开通和 2017 年 6 月国际客运业务的开通,霍尔果斯已成为常年开放的中国西部最大的铁路客货运输口岸。

图 4-63(1)　2011 年 12 月中哈铁路成功接轨(左),2012 年 12 月霍尔果斯铁路口岸正式开通(右)
(照片来自《霍尔果斯口岸志[旅游和对外贸易部分]》)

图 4 - 63(2)　停留在霍尔果斯铁路口岸上等待铁轨换装作业后开行的中欧班列

图 4 - 63(3)　2017 年 6 月开通国际客运业务的霍尔果斯火车站

图 4-63(4)　现代化的霍尔果斯火车客运站(左:客运站台,右:车站大楼)

图 4-63(5)　现代化的霍尔果斯火车客运站(外景)

图 4-63　霍尔果斯铁路口岸(国际化的铁路运输通道)与现代化的火车站

d. 现代化的(中-哈)霍尔果斯国际汽车站(见图 4-64)

霍尔果斯国际汽车站是承担中长途和短途客运,支撑霍尔果斯境内外(国际)旅游客运业务的公路客运口岸,是霍尔果斯当地中哈两国之间人员往来的另一条主要通道。该站现址位于霍尔果斯亚欧路与友谊路交汇处,距在用的第五代中哈口岸联检大厅约 1 500 米,始建于 1952 年,1996 年新建的站务楼在 1997 年 10 月建成投用后,2006 年获自治区人民政府批准开通国际客运,2012 年被自治区运管局评为二级站。该站现开通有从霍尔果斯到哈萨克斯坦共和国雅尔肯特市(周一至周六,每日四班过站配载)的国际班线。目前该站每天有 10 余个国际旅客班车经过,高峰时进出口岸的旅客达 3 000 余人。未来国际汽车客运站会迁往位于南部联检区(第六代)新国门旁,现正按一级站标准加紧建设中的新址,将在规模更大、设施更好、现代化程度更高的条件下运营。

图 4－64(1)　国际汽车站站内情况(左:国际候车厅;右:国内候车厅)

图 4－64(2)　国际汽车站站务楼(左)和停车场(右)

图 4－64(3)　国际汽车站外景

图 4－64　霍尔果斯国际汽车站

e. 阿力玛里“苹果城”标志与 213 省道“零公里”碑(见图 4-65)

位于现代“苹果城”霍尔果斯市阿力玛里镇(兵团第 4 师 61 团场团部所在地)的“零公里”标志碑，是省道 213 公路的起点，同时也是连接两个著名的口岸——霍尔果斯口岸与都拉塔口岸的霍(尔果斯)都(拉塔)公路纽带的其中之一的源头，作为连接我国西部两个现代化陆路国门和古代汗国王城都邑重要通道的 213 省道的霍—都公路(S213)，是位于

现代“苹果城”——阿力玛里镇(兵团 61 团驻地)的苹果标志(上、中左)
中右、下：起始于“苹果城”(有“苹果城”标志)的省道 S213“零公里”路碑
——连接霍尔果斯-都拉塔两大口岸的霍-都公路起点

图 4-65　现代“苹果城”标志与霍(尔果斯)-都(拉塔)两口岸联接公路的起点路碑

霍尔果斯境内除了全长 4 395 千米、连接江苏连云港和新疆霍尔果斯的连霍高速 G30 和国道 G312(上海市—霍尔果斯,全长 4 818 千米)外,第三条对外公路和连接西部两大口岸的省级公路。因此,霍—都公路(S213),是战略层面完全意义上国家对外开放的边(境国)防公路,具有很强的标志性意义。该处的景观有相当的观赏性,有较高的纪念价值,开发和利用好有关资源,可为当地的文化旅游增加不俗的亮点。

f. 霍尔果斯河畔的霍干水库(见图 4-66)

霍干水库是 2010 年 3 月在山前台地上建造的一座平原水库,主要汇聚和存储蓄积霍尔果斯河上游各处水源的水流(包括来自霍尔果斯河中方一侧的分流水)供给下游发电和水利。作为库容近 600 立方米,由围坝、入库涵和防水涵洞等组成的均质坝,建有围坝坝线长度近 2 000 米和坝高超过 30 米的调节池,远眺十分壮观,2014 年 4 月开始正式蓄水。

1. 水库闸口与蓄水池

2. 水库远眺

3. 水库主要蓄水水面

4. 蓄水的水库如平静的湖面

5. 水库的蓄水调节池巨型围坝及竖立在高坝上的标志牌

6. 巨型水库围坝远眺

图 4-66　霍尔果斯河畔的霍干水库及其围水大坝

(3) 主要历史遗存

① 鉴园与安全警示碑(二·一八纪念碑)(见图 4-67)。该遗存位于霍尔果斯市阿力玛里镇兵团第 4 师 61 团场团部驻地。据《61 团志》和《伊犁晚报》的有关记载,鉴园所在地原为该团俱乐部。1977 年 2 月 18 日(农历正月初一)晚上 11 点 15 分许,61 团俱乐部放映电影《战友》。一名赵姓 12 岁小学生因在附近燃放花炮“地老虎”引燃了俱乐部后面的近千只花圈,火势迅猛,顷刻燃及屋顶,约 15 分钟后致房顶塌落,最终酿成 694 人遇难,

161 人伤残的特大安全事故。为安民兴团，纪念故人和警示后人，1997 年 61 团场将保留了近 20 年的礼堂残墙推倒，在原址处建成一所开放式火灾教育主题公园——鉴园，1998 年团场在原址建立了一座碑亭，亭中竖起一尊“二・一八纪念碑”(暨安全警示碑)。

位于阿力玛里镇 62 团场驻地主干道边上的鉴园

1. 碑亭

2. 碑亭内的安全警示碑(二・一八纪念碑)

3. 安全警示碑(二・一八纪念碑)的不同视角景观(左、正中、右)

4. 安全警示碑(二・一八纪念碑)正面

5. 安全警示碑(二・一八纪念碑)背面的铭文(左:近景,右:全景)

矗立在鉴园内的安全警示碑及碑亭与碑文铭记

图 4-67　当代遗存——鉴园和安全警示碑

②《草原之夜》与原创词作者张加毅墓地(见图 4-68)。

1. “风情园”外景

2. 园内的石刻

3. 园内的雕塑

4. 词作者雕像及其身后的原创地遗址

5. 词作者原创时住过的地窨子(已修复的,旁边另有塌陷的)

6. 词作者张加毅的墓地之其上的纪念碑

7. 词作者墓旁的纪念碑文

8. 园内以张加毅在此原创的词谱成世界名曲的歌碑
《草原之夜》的原创地与词作者张加毅的墓地及纪念碑文

图 4-68　草原之夜原创地与词作者墓地

③“跨越历史的征程”——国门迎宾路(亚欧北路)上的雕塑(图 4-69)

位于霍尔果斯国门路前方,即迎宾路(亚欧北路)与神州路交口处,海关和边防营门前,新近竖立的大型雕塑——“跨越历史的征程”,在不同背景下的景观效果都不一样。其中,既有晴天里介于哨卡和中哈军事会晤站之间的,也有在国门、雪山、海关以及雪景和夜景等环境下,行进在丝绸之路上寓意为霍尔果斯的现代祥鸟展翅奋飞将和平崛起的不同英姿。

1. 全景(雕塑左侧为现代边防了[瞭]望塔,右侧为边防会晤楼)

2. 近景

3. 矗立在现代边防哨卡旁夏季的城市标志性雕塑

4. 从雕塑远眺是通向正前方第五代国门的卡拉苏河斜拉桥

5. 夜色中的雕塑和远处的亚欧北路与第五代国门

6. 振翅翱翔在阴云和风雨之中的神鸟雕塑

7. 夜景

8. 冬季远处雪山背景下的雕塑

9. 雕塑原型

10. 冬季雪雾中的雕塑

11. 雕塑全景与近旁通向远处第五代国门的迎宾大道（亚欧北路）及卡拉苏河斜拉桥

图 4-69　城市形象雕塑："跨越历史的征程"（背景、季节、昼夜不同的景观）

④ 屯垦戍边展览馆

该馆位于霍尔果斯市金边镇（老霍城镇），紧邻兵团第 4 师 62 团团部办公楼，为驻地团场所建。据了解该馆目前为伊犁地区规模最大、屯垦戍边内容最为丰富的文史展览馆（见图 4-70）。

图 4-70　金边展览馆 62 团(屯垦戍边史)(左:远景;右:近景)

⑤(跨境)金融小镇及其石刻标志

2017 年 1 月确立、位于霍尔果斯主城内新丝路社区的霍尔果斯跨境金融小镇(地处东风路与亚欧北路之间的神州路上),是 2017 年 11 月由中哈两国正式揭牌、未来将成为“一带一路”区域性国际金融港的(跨境)金融小镇,作为全国独此一家的跨境金融小镇,在国际贸易使用人民币直接结算的趋势下,该镇是我国唯一开展创新离岸人民币市场建设的试点先行区。该镇的石刻标志(石刻与铭牌)见图 4-71。

1. 夏季的石刻标志与铭牌(建筑物上方)

2. 冬季的石刻标志与铭牌

3. 初冬时的小镇一瞥

图 4-71　霍尔果斯新丝路(跨境)金融小镇石刻标志

⑥ 现代游子刻石

调研过程发现的照片所示这块作为现代天然巨型刻石，表现了少数民族游子的家国情结。该刻石位于兵团61团场草原站所在的马群区域，原本属于半埋在半山坡上的一块刻有老哈萨克文字，意为“纪念回国，岁月悠悠（流逝）哈里别克1956年2月”字样的巨石，现为当地商家为生意计随意挖出移至原山坡背后的一户农家乐旁，利用其背面的凹形特征略似人脸面部五官的图案，画上红色口型作为招牌标志石在使用中（见图4-72）。

（左：正面所刻的纪念文字及其译文；右：正在作为“招牌石”的背面）

刻有哈萨克老文字的巨型纪念原石正面（20世纪50年代哈萨克族归侨回国留念石刻）

图4-72　用哈萨克老文字刻写的现代游子石刻

4. 辖区内其他文化遗存

（1）古树名木

① 见证历史的“左柳”和“左榆”

在霍尔果斯市兵团62团的团场所在地金边镇和其下属的11连地境内，曾经长期生长着种植于清代的“左柳”（在其他地区又称“左公柳”，此为当地简称）和“左榆（榆钱树）”——均为左宗棠收复新疆后的兵士所栽种之树木，故简而称之。且树干都极为粗大，特别是个别左柳的树干甚至要有3～4人才能够合抱过来（见图4-73），叶冠形状茂盛，早已成片成林，部分生长在路边的甚至形成了被俗称为“柳树街”的景观，现在金边镇和62团的11连所在地两处仍保留有这样两个地名，但其中位于11连的“柳树街”的街名还在，但树木已换成新栽种的白杨了。

图 4-73　62 团 11 连已换种白杨的“柳树街”(左)和“左柳”所在地(右)

类似地,位于霍尔果斯市阿力玛里镇上曾经生长着著名的“四棵大榆树”。据团志资料记载,原来位于 61 团主街十字路口以东 400 米处、考证栽植于清代 1840—1850 年间的四棵大榆树,原为 61 团场林木生长最大、属嫁接型榆树品种的树种,曾经枝壮叶茂是现代阿力玛里镇内的一大景观,但自 20 世纪 80 年代后因风灾和团场基地城镇化建设修路需要而被伐毁,其尚存的根部已被埋于柏油路下(具体位置见图 4-74),若有需要仍可挖掘以佐证。遗憾的是,这些原本可以成为活的文物的古树名木,因团场生产和小城镇建设需要而在十几或二十几年前已被砍伐和平毁,并另外种植新品种树木而遭破坏,个别仍有尚存,如图 4-75 所示的根部可以佐证。

图 4-74　四棵大榆树所在地(覆盖于 61 团场团部主干道柏油路下)

图 4-75　位于 62 团 11 连境内百年古树(左柳)被伐后的树根

② 中国杏树王

位于阿力玛里镇兵团第 4 师 61 团小麻扎村的两棵树龄超过 130 年的挂牌古杏树，是国家地理坐标保护产品和该团场的镇团之宝，驻地所在因此被国家农业部命名为中国树上干杏之乡(见图 4-76)。

1. (镶嵌在)树身上的“树上干杏”铭牌

2.“树上干杏”主人家门前的两棵干杏王树

3. 2 株已被围栏保护起来的干杏王树

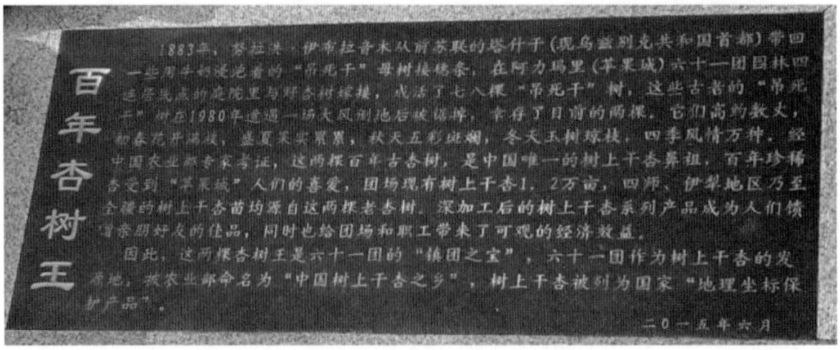

4. 团场竖立的干杏王树石碑铭文

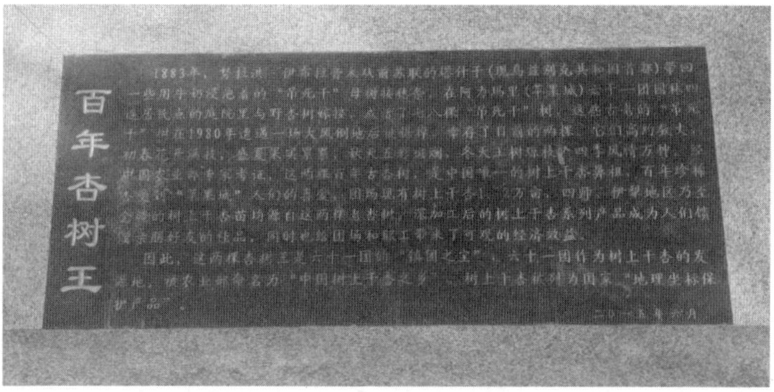

5. 立在干杏王树前的石碑

图 4-76　百年杏树王及其标志碑

③ 与海关和边防一起见证口岸历史的百年古树——新疆杨

在霍尔果斯海关大门北、城市雕塑“跨越历史的征程”的西北侧和亚欧北路的西边、正对霍尔果斯边防营门口，生长着两株树龄已在百年左右仍傲然挺立的新疆青皮杨——新疆杨。其中一株(见图 4-77)据有关方面考证，种植于清朝末年，几乎与口岸同龄。故而该新疆杨自然成为见证口岸百年历史变迁的活化石，被称为“口岸百年新疆杨”。

图 4-77　见证历史的口岸百年新疆杨

(上左：雕塑左前方 2 株老树远景；中/右：近景；下：标志牌)

(位于霍尔果斯海关北、亚欧北路旁、雕塑西北侧、边防营门对面附近)

④ 其他受保护古树(见图 4-78)

1. 民宅门前的古树

2. 路边的古树

(挂牌)受保护的百年古榆树(1. 位于富尔干卡伦附近;2. 金边镇境内)

图 4-78 已受保护的古树

⑤ 等待保护的古树(见图 4-79)

位于莫乎尔牧业乡阿山顶村附近据说已有超过 200 年树龄部分已枯死的古树

图 4-79　等待保护的百年古树

⑥ 界河边上“九棵柳”

这是一些位于边防公路旁一道围网外侧、中哈霍尔果斯分水枢纽北侧的号称“九棵柳”的已逾百年的古柳树。这些古树虽剩余 5 棵,也已挂牌保护,但无围栏等进一步的保护措施。据了解,其余 4 棵古柳树多年前已因人为破坏而被毁(见图 4-80)。

(2) 有文化内涵的原始野生果林(山楂/面塔树、桦树、杏树、黑加仑等)

调研过程,在莫乎尔乡格干沟河谷的一些台地上发现有一定文化景观价值的野生山楂(当地人俗称面塔树,图 4-81)和成片桦树林(图 4-82)与野生杏树(图 4-83)、黑加仑、零星的胡杨树(图 4-85)等。

1. 界河岸边的“九棵柳”中尚存的五棵柳远眺

2. 其中 2 棵虽已挂牌但仍需亟待进一步保护的古柳树

图 4-80　界河旁边防公路附近的“九棵柳”

图 4-81(1) 位于格干河二道桥岸边初冬时节里巨大的野生山楂树

图 4-81(2)　格干河二道桥附近东沟坡上仲春时节的野山楂树

上:夏秋时节挂果的野生山楂树(林)

下:夏秋时节挂果的(野生)黑加仑树

图 4-81(3)　夏秋时节挂满果实的野生山楂(上)和挂果的黑加仑树(下)

图 4-81　野生山楂(面塔)树(林)和黑加仑(树)

图 4-82　桦木沟里山坡上大片的野生桦木林(上:仲春时节;下:初冬时节)

图 4-83　盛夏时节生长在格干沟二道桥东沟坡上挂满果实的野生杏树(上图 1、2)与野杏果(下图)(部分照片由史建新和耶尔肯别克等提供)

(3) 河源萨尔托海(三道河子)(见图 4-84)及其胡杨林(见图 4-85)

三道河(子)地区,即位于伊犁河下游出境口河段的河源萨尔托海所在地。这里北距霍尔果斯主城 50 千米,也是霍尔果斯河与伊犁河的交汇之处,风景优美,景观独秀。其中,三道河(子)地名源于上游山溪汇集而成的三条小河,分别被称为头道河、二道河和三道河,这里曾是伊犁河有一定规模的渔场。20 世纪 30 年代,这里曾建有中国和苏联贸易的通航码头,是著名的三道河子口岸所在地,并筑有绥定县城到三道河 30 多千米长的绥(定)三(道河子)公路,伊犁河上游由苏联的小货轮往来运送的两国进出口物资颇为繁忙,至 50 年代达到鼎盛,一度把该地发展成了繁华的口岸小镇。20 世纪 60 年代后因中(国和前)苏(联)关系恶化,被迫于 1965 年关闭,至今已难觅当年国际码头(三道河子口岸)的踪影。这里还是伊犁河谷在中国境内海拔最低之处,风景秀丽,尤在傍晚之时,于远山映衬下的萨尔托海沙地草原上,茂密生长的胡杨林、红柳林与自东向西流动的伊犁河水构成的浩瀚水面和宽阔河滩之景色最为壮美。而有关该地的另外一个叫萨尔托海地名的由来与传说就更有文化的韵味(见前述第二章中的有关内容)。

1. 河源夏天的沙地

2. 河源沙地上茂盛的植物

图 4-84(1)　萨尔托海(三道河子或河源)的夏天

图 4-84(2)　萨尔托海当地夏天的红柳林

图 4-84　萨尔托海(三道河子或河源)沙地上的景色

胡杨树(林)是具有顽强生命力的野生木本植物。(成片的)胡杨树(林)因其坚忍不拔的品格和绝地求生的精神而为人称道,成为有重要观赏价值的景观旅游资源,具有相当高的观赏价值。特别是其中蕴涵的"三个千年"精神(活着千年不死,死了千年不倒,倒了千年不朽),更是边疆各族人民,尤其是兵团军垦人和守边将士们在与大自然奋斗的生产和生活与卫国戍边斗争中,创造的屯垦与戍边文化和具有顽强生命力的生动体现。

1. 位于河源哨所附近的大片胡杨林

2. 位于河源哨所南侧(萨尔托海)沙地的胡杨林

图 4-85　萨尔托海(三道河子或称河源)成片胡杨林

该区域内的胡杨林景观主要集中分布于紧邻霍尔果斯边防营所在防区的两处区域里，分别是位于霍尔果斯边防营防区最南端、清代河源卡伦所在地河源(三道河子)边防哨所的附近(隔边防二道围网)及其南侧的萨尔托海沙地中。两处的胡杨林均为本次调研踏勘过程所首次发现和查实确认。后期发现，在北部莫乎尔乡格干河的上游山区台地上也有零星的胡杨树分布。

5. 霍尔果斯辖区周边邻域内的主要史迹遗存

(1) 瞻德古城遗址(见图 4-86)

位于霍城县境内清水河镇上原名“察罕乌苏”的瞻德城，距霍尔果斯市约 30 千米，蒙古语为“清水”或“白水”的意思，所以当地汉族群众习惯称其为“清水河子”，是清朝统一新疆尤其是乾隆年间平定准格尔叛乱后，由伊犁将军在伊犁河谷以惠远城为中心相继建立的九座城池中的一座，因由乾隆皇帝钦点城名，史称“伊犁九城”。瞻德城为九城之一。

图 4-86(1)　荣登新中国第一套人民币 500 元券正图的瞻德城

图 4-86(2)　部分围护在铁栅栏内的瞻德古城(墙)遗址
(位于清河镇城西三村内[现作为霍城县第二中学运动场边上的校园围墙在用])

该城最为辉煌的时刻，是 1951 年 10 月 1 日，在中国人民银行发行的新中国第一套人民币中的 500 元券上，瞻德城的城门楼荣登该票面的主图位置(见图 4-86(1)]。该人民币 1955 年 5 月 10 日正式停用。如今，古城已成为遗迹(见图 4-86(2)、(3)]，城门楼也早已湮灭在历史的尘埃之中。但有部分古城边墙今天仍作为当地一所中学的围墙在使用中。

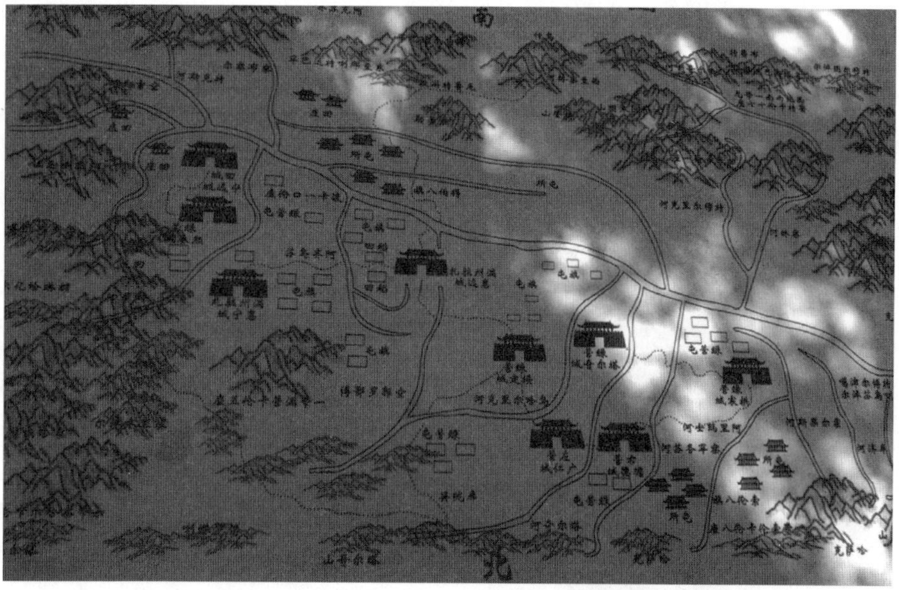

图 4-86(3)　古城遗址墙上有关“清代伊犁九城”及瞻德城的介绍牌及示意图

图 4-86　瞻德古城遗址及“清代伊犁九城”介绍牌

(2) 磨河古城遗址(见图 4-87)

位于霍城县三道河乡塔尔吉村旁的磨河古城，在《霍城县不可移动文物》一书的“霍城县第三次全国文物普查古遗址一览表”中，是经复查后被断代为唐至元时期位列第二的古(城)遗址。

1. 远景之一(冬季)

2. 远景之二(冬季)

3. 文保碑及古城遗址远景

4. 文保碑全景(正面)

5. 文保碑近景(正面)

6. 文保碑铭文(背面)

图 4-87　磨河古城遗址(1、2、3)及保护碑(4、5、6)(位于霍城县境内)

(3) 惠远古城遗址与惠远新城及伊犁将军府旧址(见图 4-88)

① 惠远古城遗址

1. 初冬时节的惠远古城遗址

2. 惠远古城之北墙遗址

3. 惠远古城墙(已修复部分)

4. 惠远古城墙的跺口

5. 惠远古城遗址远景

图 4-88(1)　惠远古城遗址残存的北城墙

1. 古城文保碑(左:近景,右:全景)正面

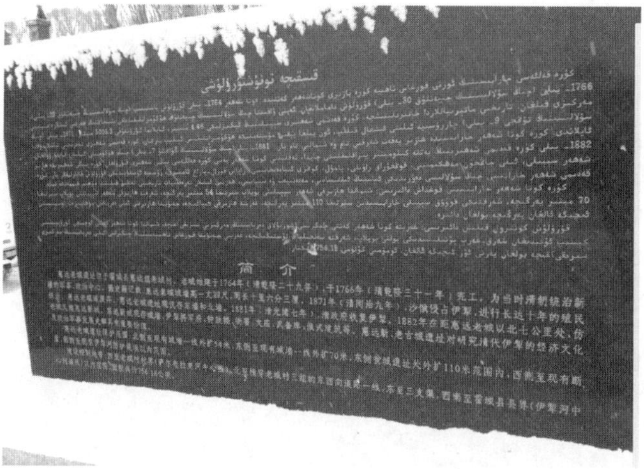

2. 文保碑背面

3. 文保碑汉-维文介绍

4. 文保碑背面的铭文

图 4-88(2)　惠远古城遗址文物保护碑

② 惠远新城(古建筑)及伊犁将军府旧址

图 4-88(3)　惠远新城(古建筑)景仁门(左)和钟楼(右)

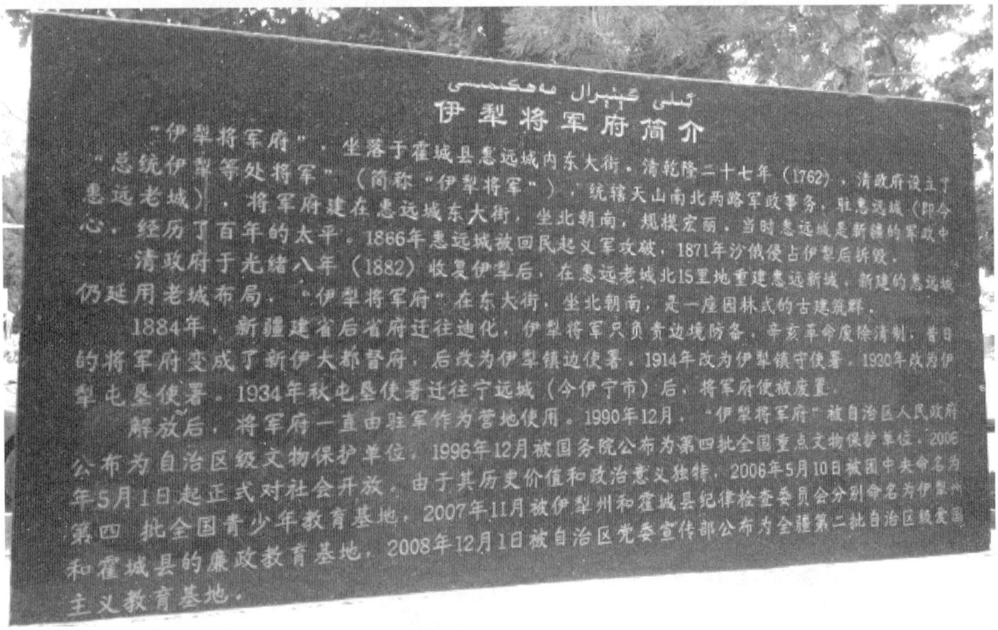

图 4-88(4)　惠远新城中伊犁将军府院内的石碑(上右)与门前的文物保护碑(上左:正面/下:背面铭文)

图 4-88(5)　惠远新城(左:进入景区的门楼,右:古城墙遗址[在用])

图 4-88　惠远古城遗址和惠远新城(古建筑)与伊犁将军府

(4) 广仁古城遗址(见图 4-89)

该遗址距离霍城县芦草沟镇内以清代“伊犁九城”之一的“广仁”古城命名的“广仁大街”仅200米左右,位于一所幼儿园的外墙围栏外的公路边上,是镇内唯一仅存的古城墙遗迹。

位于霍城县芦草沟镇内残存的广仁古城墙最后一段东城墙的遗址

图 4-89　广仁古城遗址

(5) 其他

① 塞里木湖湖心岛上的纪念建筑(见图 4-90)

1. 塞里木湖中的湖心岛及其岛上的建筑(四娘娘庙)

2. 湖心岛远眺(远处为天山)

3. 湖心岛上的四娘娘庙建筑(群)

3:位于四娘娘(俗称“海神娘娘”)庙建筑(群)
1、2:位于邻域博乐市境内建在塞里木湖中岛

图 4-90　塞里木湖中岛上的四娘娘庙

② 位于察布查尔县的都拉塔口岸(见图 4-91)

1. 近观

2. 远景

3. 全景

图 4-91　都拉塔口岸

（位于察布查尔县境内的中哈边界上/霍[尔果斯]—都[拉塔]公路终点）

③ 水定拱北（位于霍城县城）与三娘娘庙（见图 4-92）

1. 三娘娘庙全景（庙前围栏内为其墓）

2. 三娘娘庙院门入口

3. 三娘娘墓

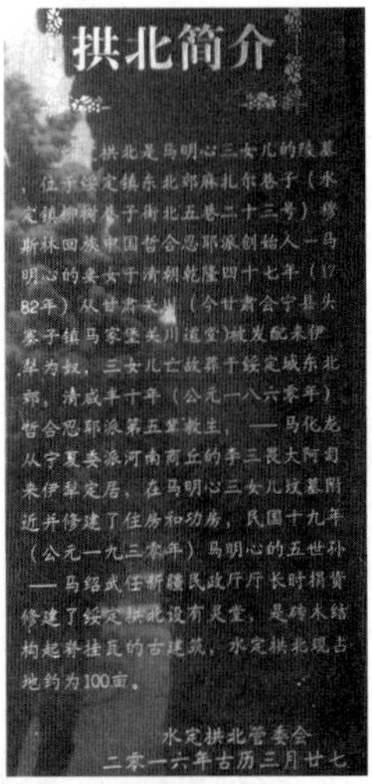

4. 三娘娘庙院门旁的绥定拱北碑

图 4-92　三娘娘庙(1)及庙前百年树龄的榆树(3)与水定拱北院门(2)及碑刻(4)

④ 霍城县境内的陕西大寺(见图 4-93)

水定(现霍城县)陕西大寺的主厅(左)与碑刻(右)

图 4-93　水定陕西大寺(正门)

⑤ 霍尔果斯附近霍城县境内其余史迹简况

在邻近霍尔果斯的霍城县境内,除前述影响较大的遗迹外,还有多处其他古遗址。例如,分别是位于兰干乡新荣村火烧庄子西南农田中,断代为元—清时期的火烧庄子古城遗址、位于三宫乡下三宫村三宫水库东侧、断代为元时期的三宫古城,以及清代属于"伊犁九城"的塔勒奇城址(位于兰干乡新荣村火烧庄子北、兰干乡与三道河乡交界处的公路旁)和绥定城址(位于县武装部弹药库内、水定镇柳树巷子村西约 1 千米处)、大西沟石窟寺(福寿山)和财寿洞,还有(清代)禹中海墓,以及位于大西沟和果子沟等十多处的古墓群等等人文遗迹。历史文化资源十分丰富。限于篇幅,此处不再作进一步介绍。

⑥ 伊宁县境内的弓月古城遗址(暨吐鲁番于孜旧城)(见图 4-94)

图 4-94 是一组反映唐代弓月古城遗址的照片,均为 2018 年中调研时从现场踏勘中最新拍摄。从图片中不难看出,历史上有名的弓月古城,实际是位于现今伊宁县吐鲁番于孜乡境内上吐鲁番于孜村东北处,与被称为吐鲁番于孜的旧城为同一座古城遗址。事实上,据当地文物管理部门的工作人员介绍,该处遗址也是伊宁县境内唯一的一座古城遗址。换言之,两座古城实际位于同一地方(或可理解为共用一地)。至于史实情况究竟如何,尚待专家考证。但从调研最新发现和了解到的,该古城墙现存残垣断壁的遗址部分保护情况,尚处于仅靠简陋围网与公园的休闲娱乐区相隔的杏园中,缺少其他保护标志和措施似应引起有关各方的注意。至于清代位于伊犁一带名为固勒扎的准格尔汗国王城,据说也有人认为其王城遗址的位置也在此处,就另当别论了。

1. 掩映在茂草丛中的弓月古城遗址

2. 遗址残垣之一斑

3. 古城墙遗址之一侧的断面

图 4-94(1) （唐代）弓月城（暨吐鲁番于孜旧城）古城墙遗址

1. 园林大门处张示的弓月城图示

2. 古弓月城在伊宁县城的位置

3. 弓月城民俗文化村入口的标志性大门

图 4-94(2)　(唐代)弓月古城(吐鲁番于孜旧城)遗址所在地位置

(位于伊宁县弓月城路所在弓月城民俗文化村中祥和杏园(见图 2 中的园林图)内的颐园亭杏园处)

1. 文保碑正面　　2. 文保碑背面

图 4-94(3)　弓月古城文物保护碑(位于伊宁县上吐鲁番于孜乡境内)

图 4-94　(唐代)弓月古城(暨吐鲁番于孜旧城)遗址

第五章　有关文献附图中和歌曲里的“苹果城”与霍尔果斯

（一）有关地图上的阿力玛里-霍尔果斯

为便于读者更好地了解有“千年驿站百年口岸”美誉的边关重镇霍尔果斯，认识其在我国古代陆上丝绸之路和当今国家正强力推进的“一带一路”核心区建设事业中的特殊历史地位，更新人们对古城新市在祖国西北民族融合与文化发展中发挥过重要影响和产生过独特作用的认知，在此，特将所收集到的国内外一些文献中的有关地图，但凡图中有涉及“苹果城”阿力玛里（或古称“阿里马”、阿里麻里、阿力麻里、阿勒玛里等不同汉语音译之名，以及后被称为“拱宸城”和“霍尔果斯”等）地名的情况，在尽可能注明来源和出处的情况下，均依据原地图上的旧（古）地名再对照今天的“霍尔果斯”市名，按文明时序（史迹与年代）及口岸和地形等特征，略经适当地改绘——用图中加有下划线的红字做出特别的对照标注和引出说明，最终编排和归纳出与当今霍尔果斯市所在地的地名有关，自古至今、由外而内的特区城市霍尔果斯的古今系列新地图，以期从时间和空间的观念上，能帮助读者进一步加深对这座具有厚重历史的文化名城的特别认知，增加对新兴特区城市霍尔果斯人文历史的更多了解。

以下是有关当今霍尔果斯辖境内，古代地名为“阿力玛（马）”或“阿里（力）麻（玛）里”或“拱宸城”，在各种不同的文献中所附地图上的图示情况。实际是古文明时期即处于中国历代封建王朝期间的“苹果城”阿力玛里—拱宸城所代表的现为霍尔果斯的历史在地图上的演义。

（1）古文明时期——处于中国历代王朝期间的“苹果城”阿力玛里—拱宸城

① 宋、辽（葛逻禄）、金、西夏时期的“阿里马”

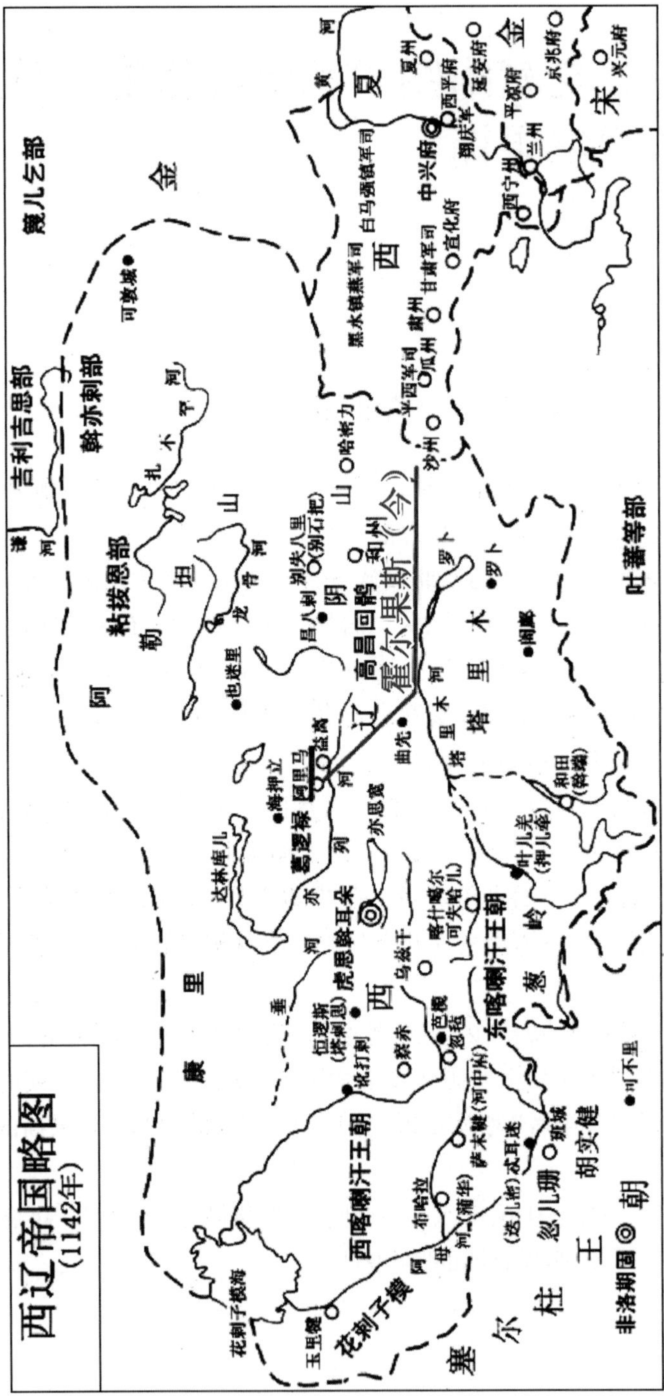

西辽时期(公元1142年)的葛逻禄—阿里马(今霍尔果斯)
(地图源自《中国边疆通史丛书·西域通史》)

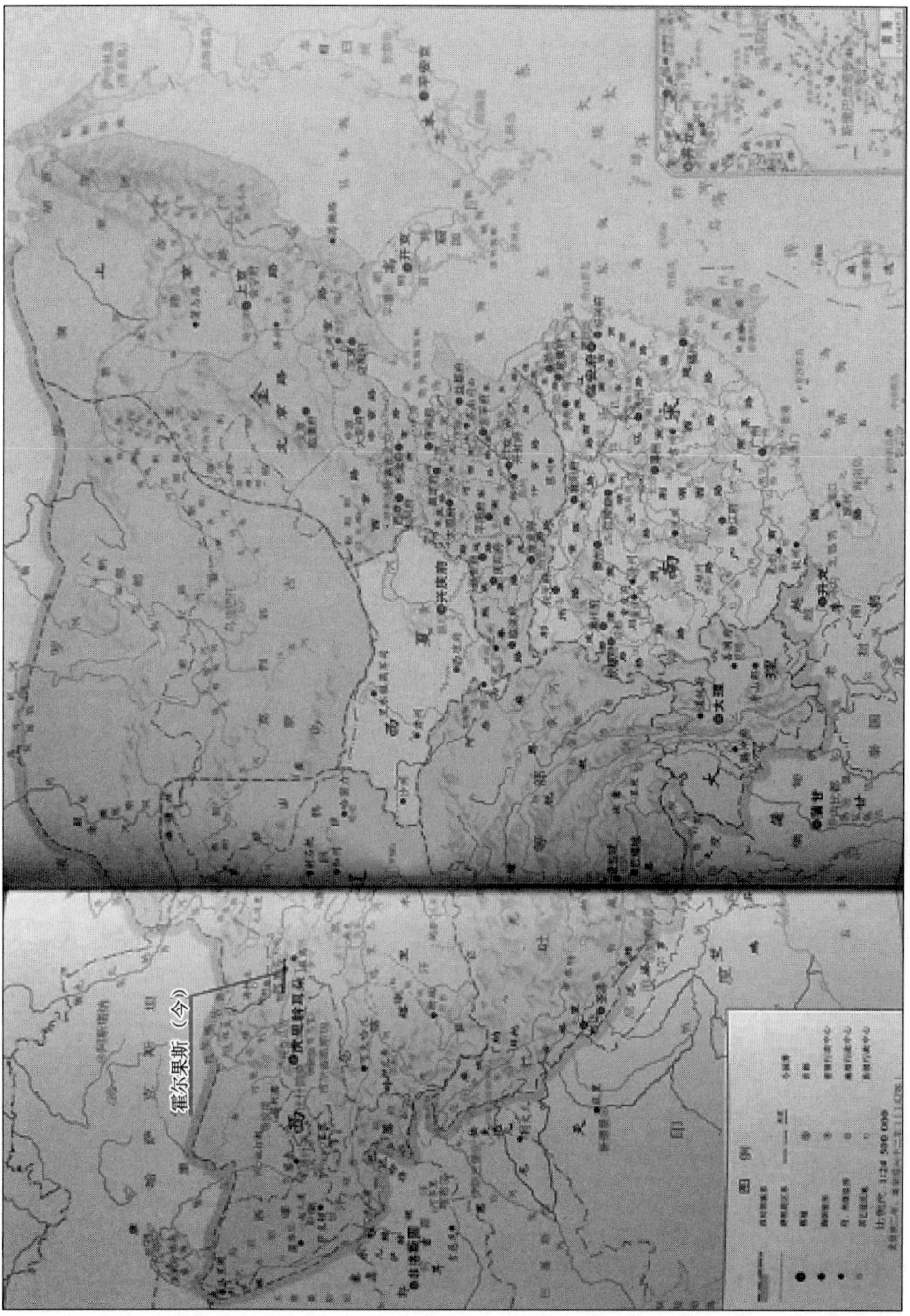

金、南宋(西辽)时期的阿里马-1(今霍尔果斯)(公元 1127—1279 年)
(地图源自新疆维吾尔自治区测绘地理信息局《地图上的新疆》第 26~27 页)

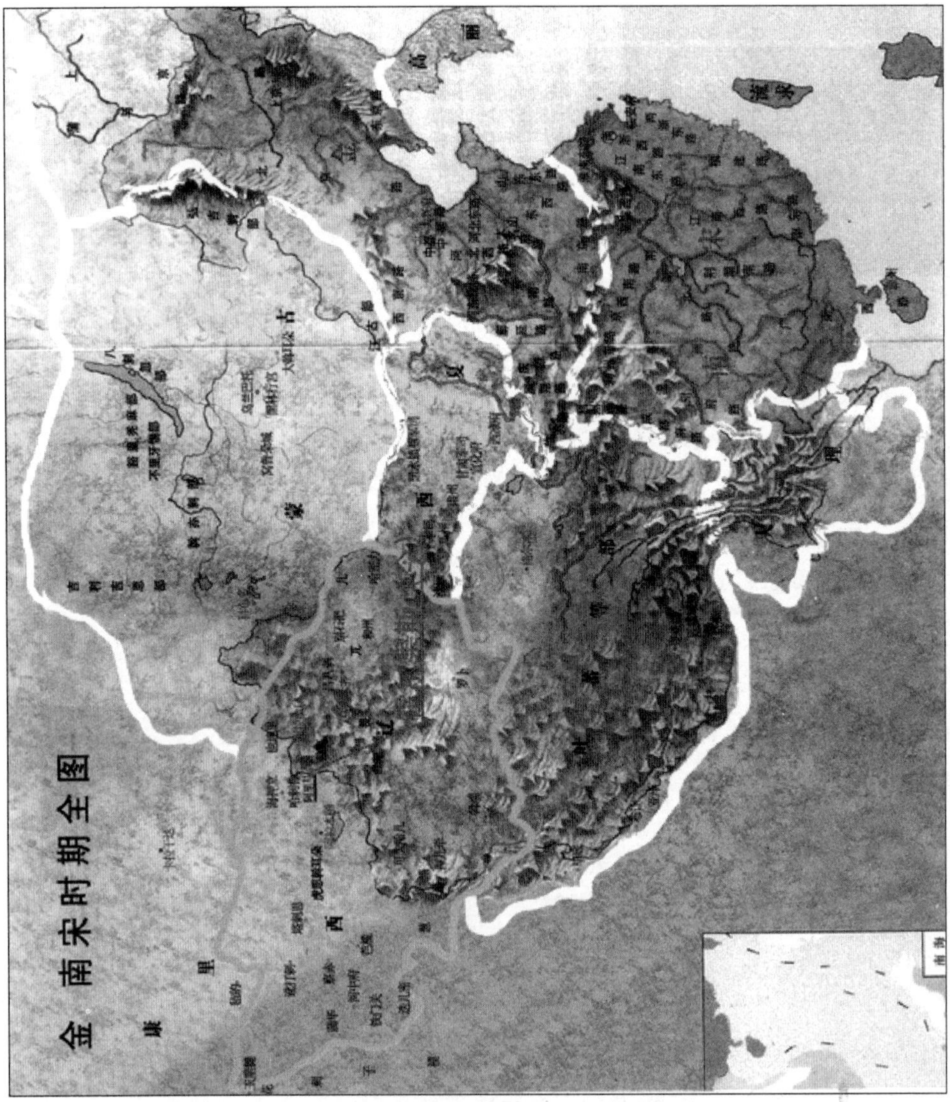

金、南宋(西辽)时期的阿里马－2(今霍尔果斯)(公元 1127—1279 年)
(地图源自《图说新疆历史丛书·宋辽金时期的新疆》第 49 页)

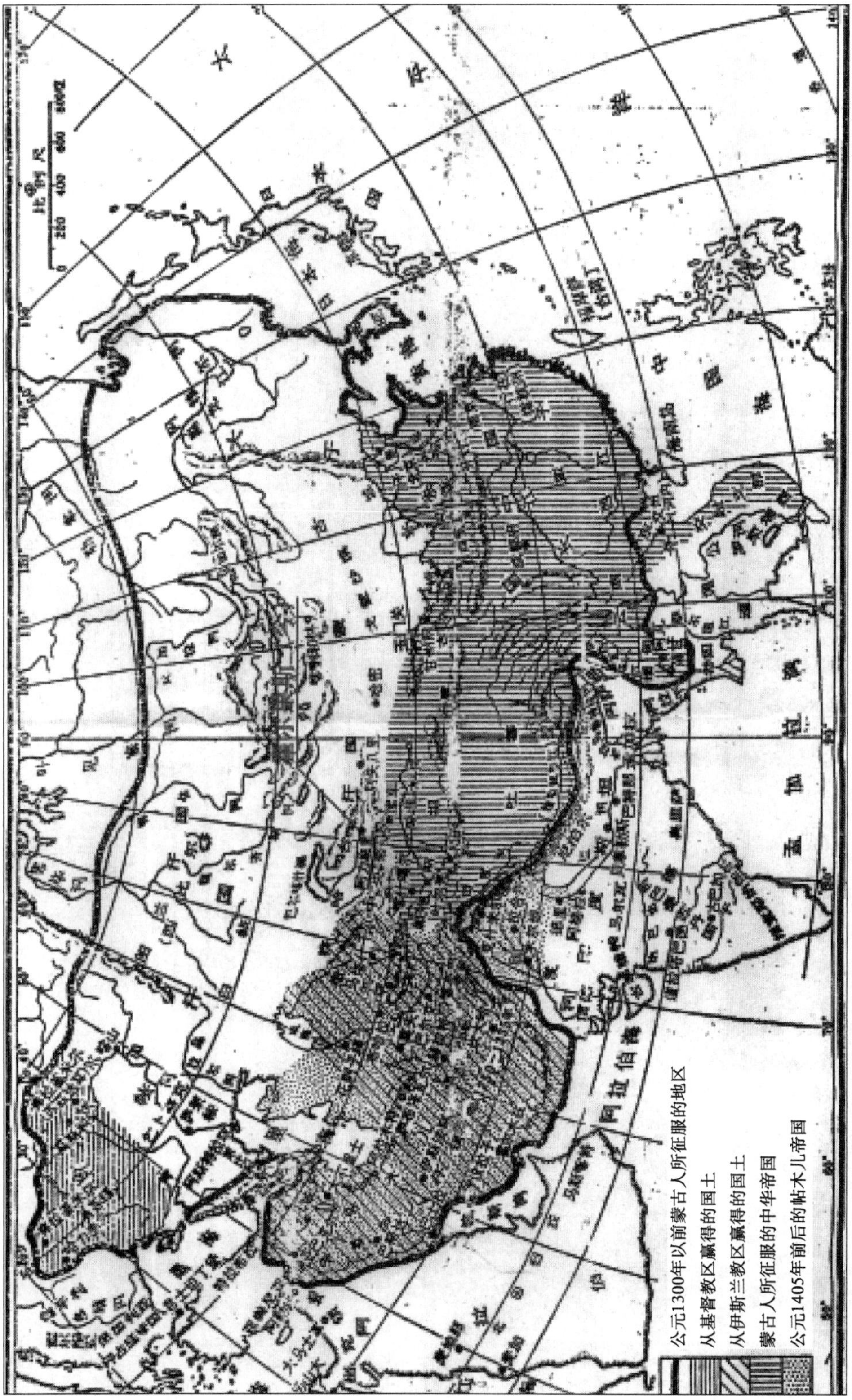

公元 1300 年蒙古帝国时期的阿力玛里（今霍尔果斯）（地图源自《世界通史》[美国国家图书馆藏]）

② 元(蒙古)时期(公元 1271—1368 年)的“阿力玛里”或“阿里玛里”

1300 年的蒙古帝国(元朝和四大汗国),1227 年的成吉思汗的帝国,1405 年的帖木儿帝国中的阿力麻里【图中英文标记为“Almalik”即“阿力玛里”(今霍尔果斯)】
(地图节选自《钱伯斯世界地图集》)

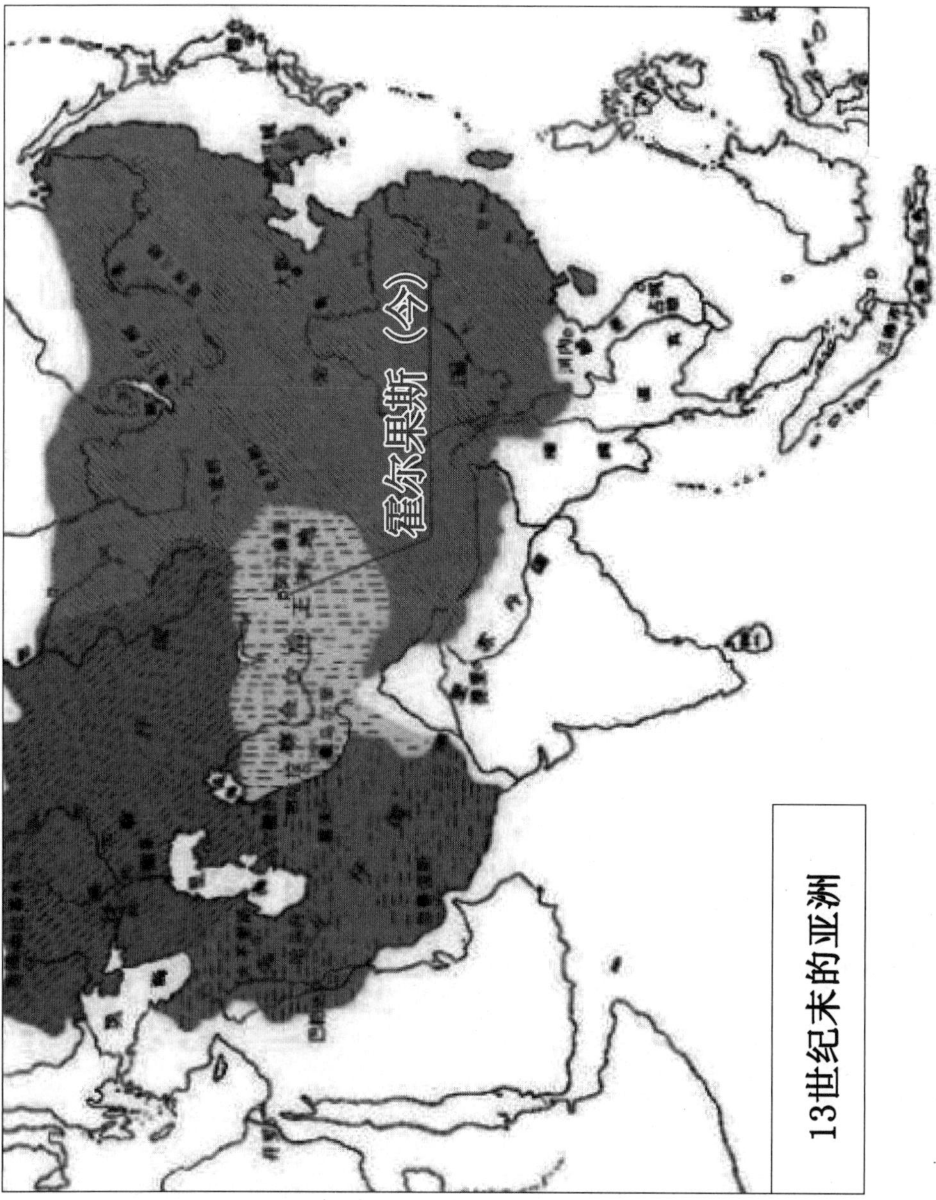

13世纪末的亚欧大陆地图中的阿力玛里（今霍尔果斯）
（地图源自周一良等主编《世界通史·中古部分》）

中世纪地图——元朝和四大汗国版图中的阿力玛里（今霍尔果斯）
（地图源自顾颉刚、章巽编，谭其骧 校《中国历史地图集（古代史部分）》
（上海）地图出版社，1955 年 3 月第一版）

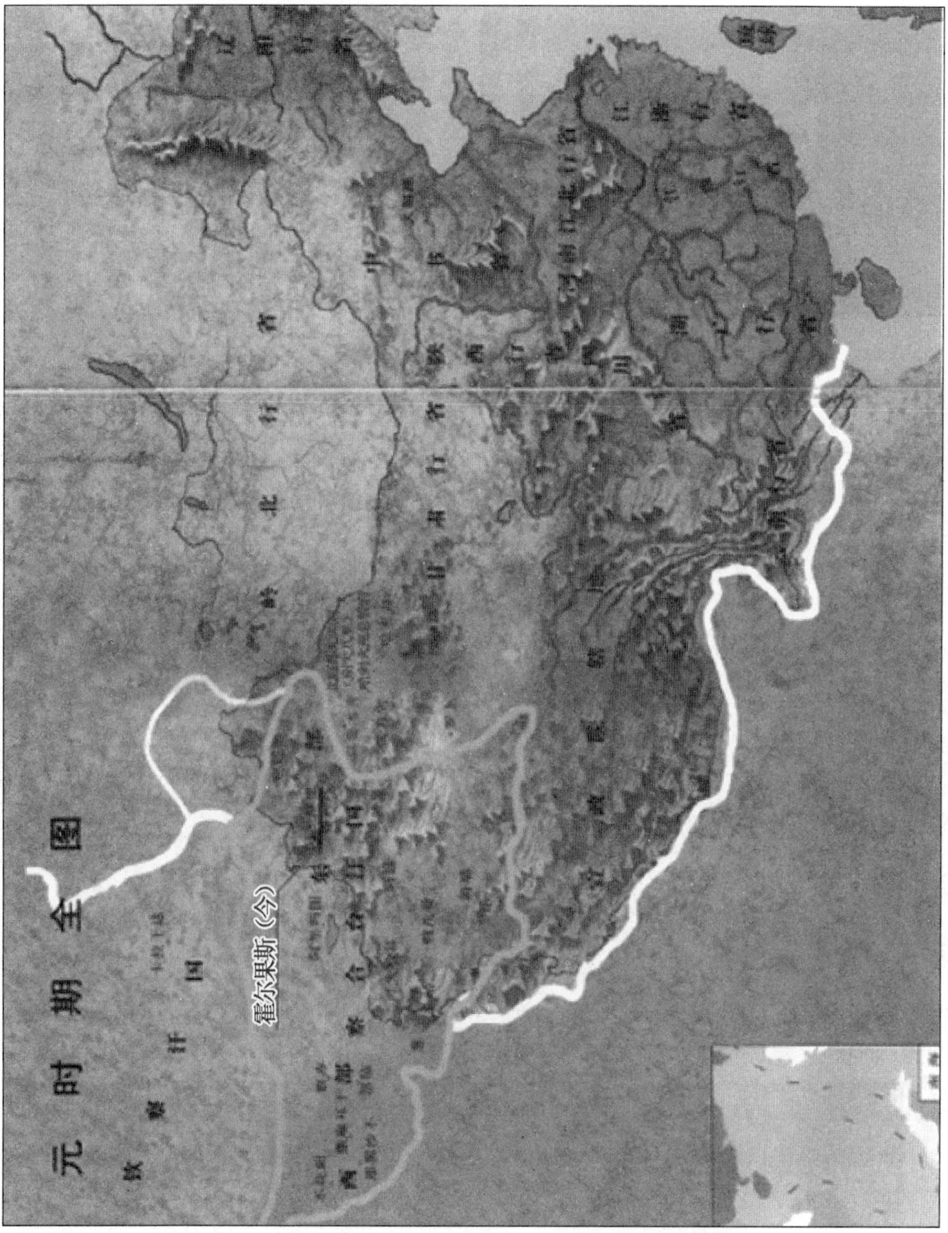

元时期的察合台汗国与阿力玛里（今霍尔果斯）
（地图来源：《图说新疆历史丛书·元明时期的新疆》第 1 页）

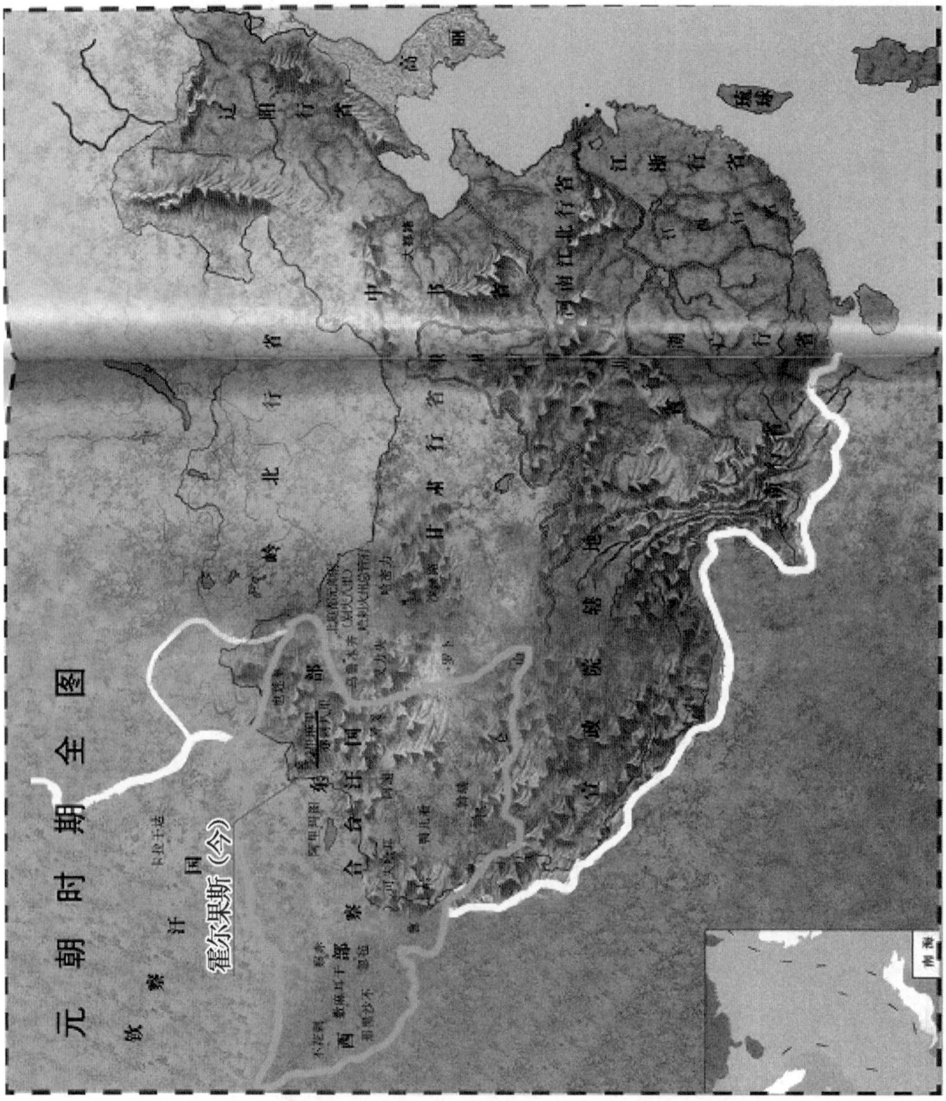

元朝时期的察合台汗国与阿力玛里（今霍尔果斯）
（地图来源：《丝绸之路 西域文明》第164～165页）

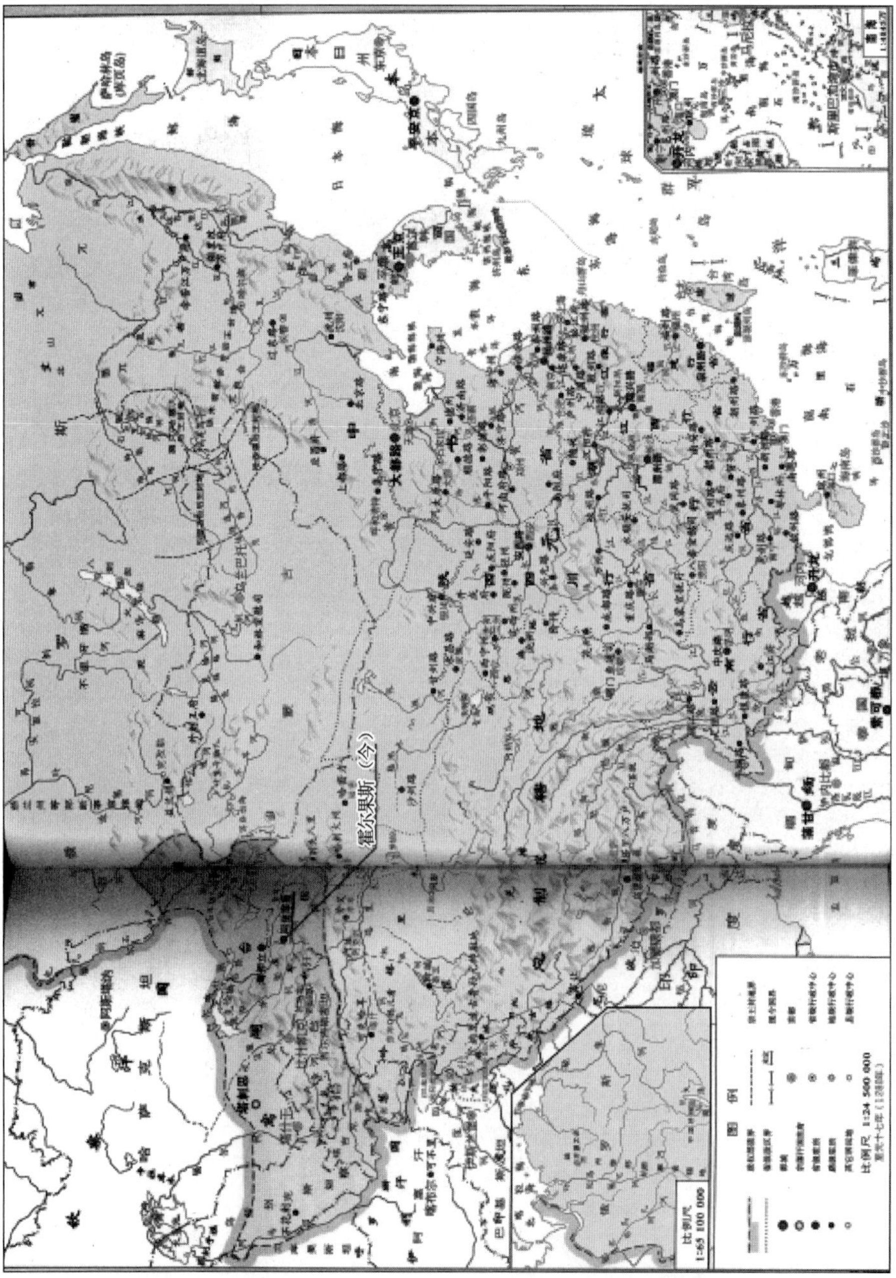

窝阔台汗国时期（公元 1280 年）的阿力玛里（今霍尔果斯）
（地图来源：新疆维吾尔自治区测绘地理信息局《地图上的新疆》第 28～29 页）

察合台汗国时期的阿力玛里—1(今霍尔果斯)
(地图源自霍尔果斯《草原之夜风情园》内的有关图片介绍)

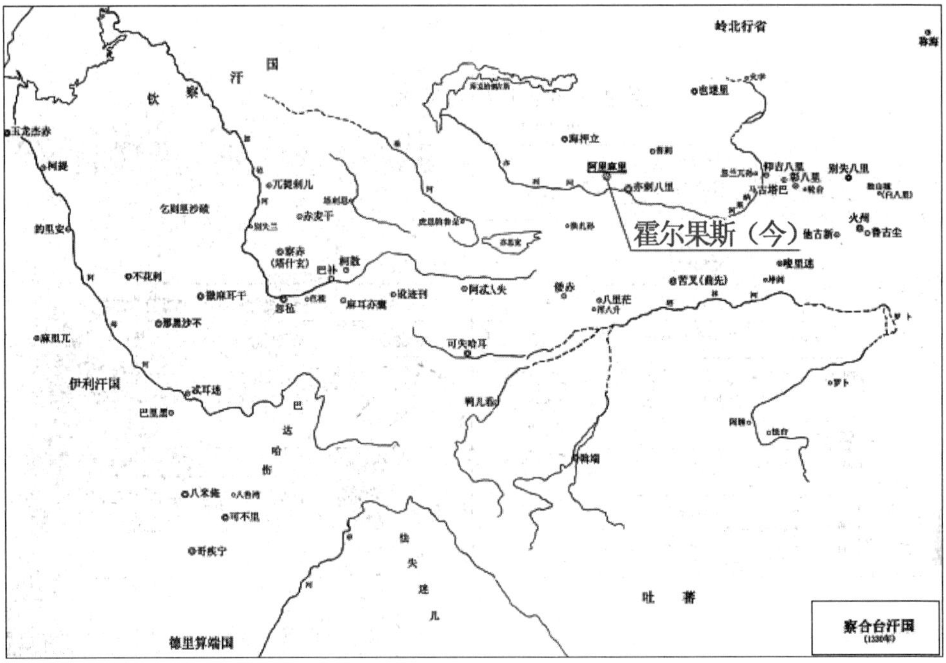

察合台汗国时期的阿力玛里—2(今霍尔果斯)
(地图源自《中国边疆通史丛书 西域通史》)

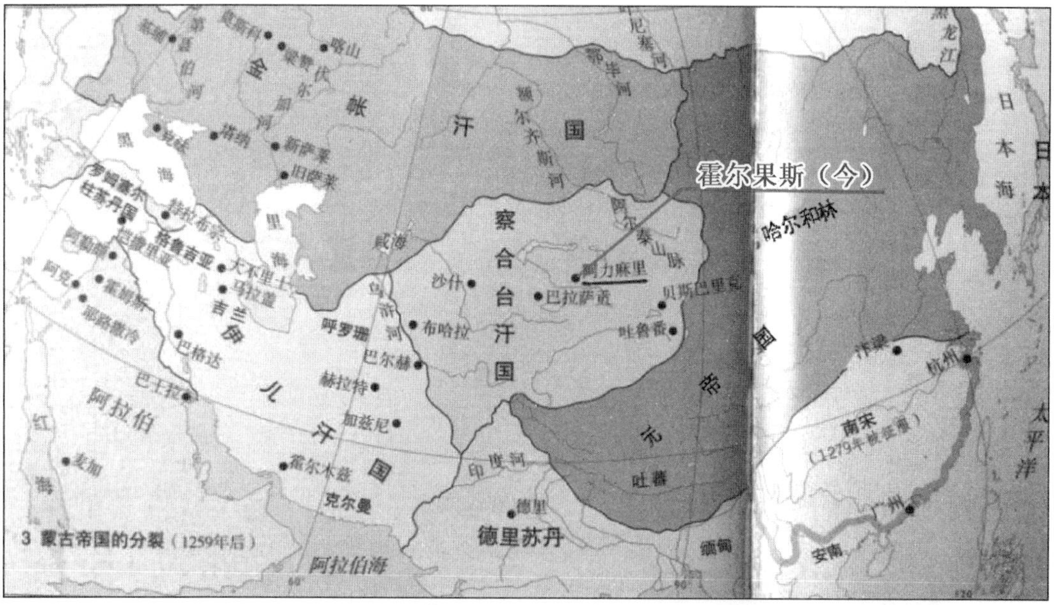

（宋）元与察合台汗国时期的阿力玛里（今霍尔果斯）
（地图源自【英】理查德·奥弗里（Richard Overy），等.《泰晤士世界历史》
深圳（广州）：希望出版社，新世纪出版社，2011 年 8 月，第 128～129 页）

元与察合台汗国时期的阿力玛里（今霍尔果斯）
（地图源自《中国军事史》第 152 页）

③ 明时期（公元 1358—1644 年）"亦里把里"附近湮没了地名的"阿力玛里"

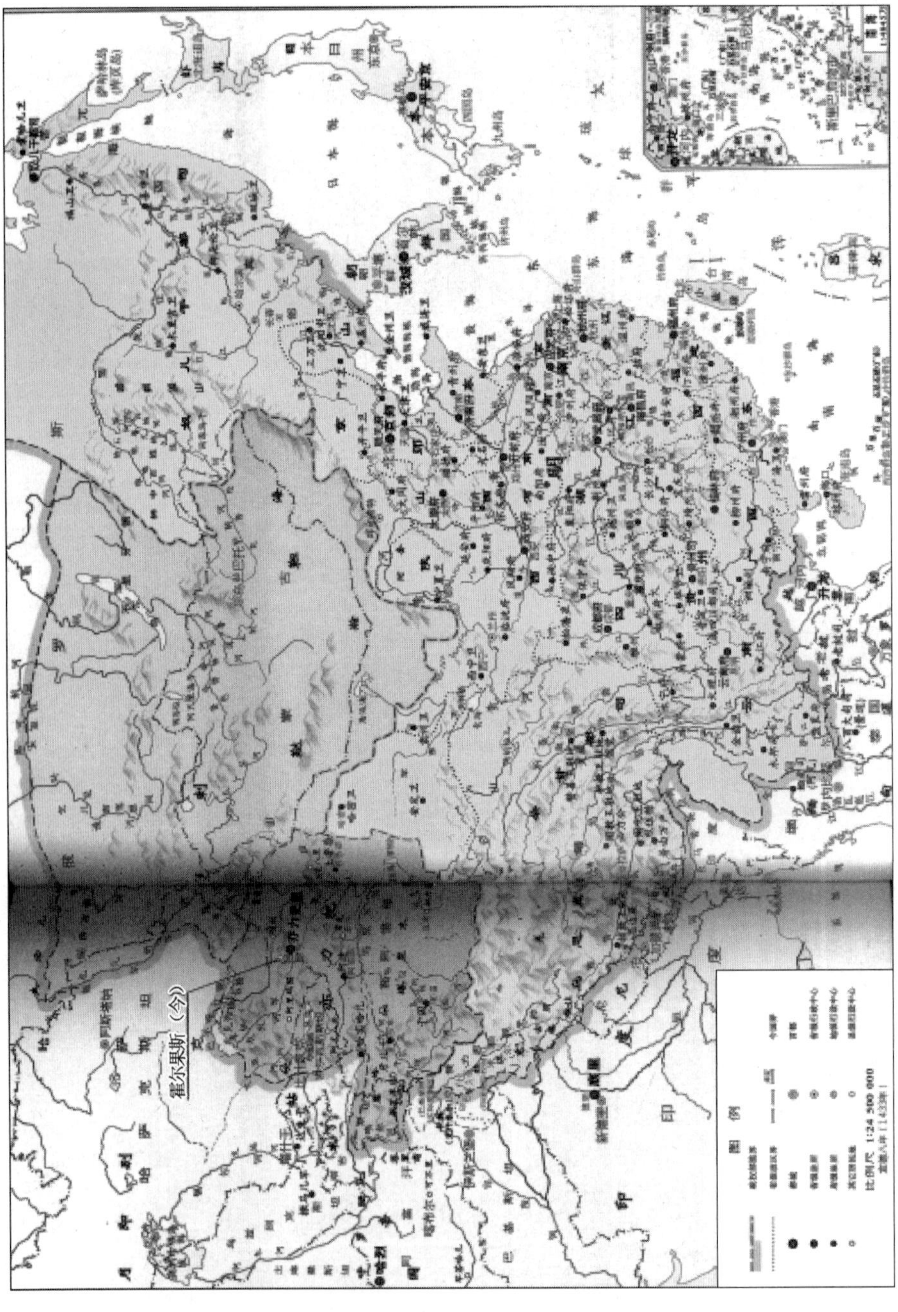

明时期"亦力把里"（今伊宁）偏左靠近现在国境虚线处应为"阿力玛里"（实际后期已废弃，故用虚线表示）"（今霍尔果斯）

（地图改绘自：新疆维吾尔自治区测绘地理信息局《地图上的新疆》第 32～33 页）

④ 清时期(公元 1644—1911 年)的“拱宸城”

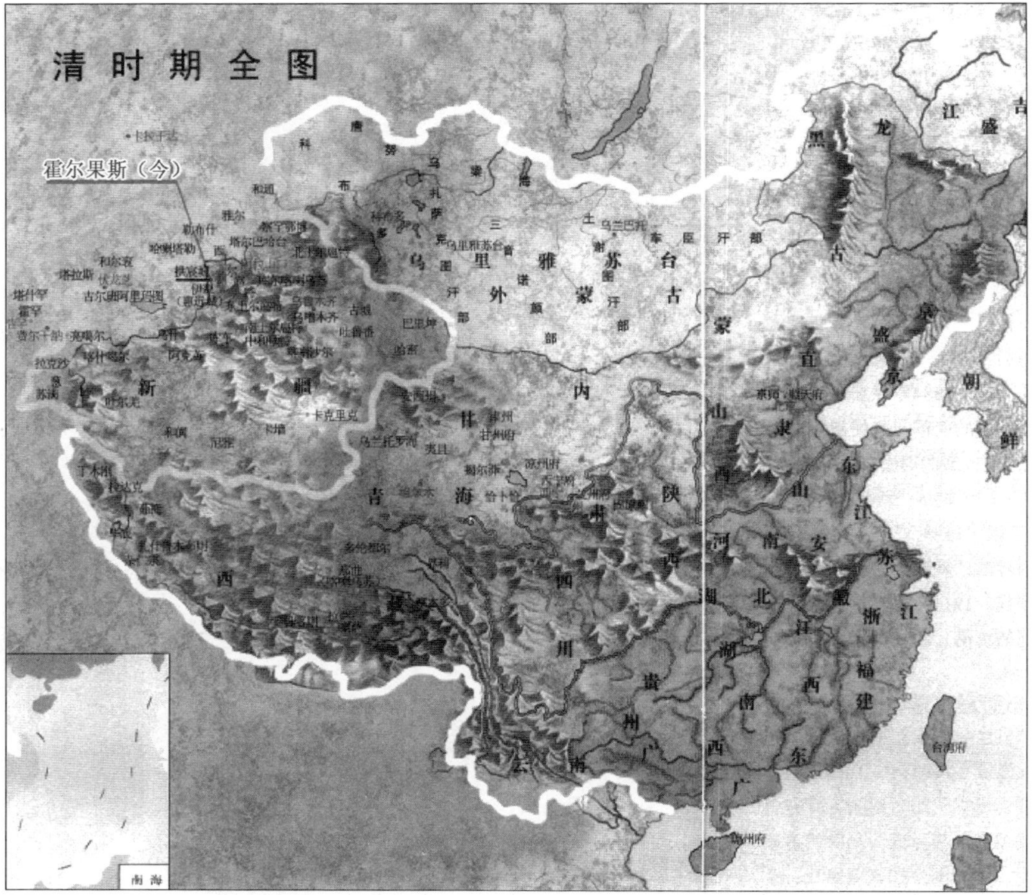

清时期的拱宸城-1(今霍尔果斯)(地图来源《丝绸之路 西域文明》
第 314～315 页,《图说新疆历史丛书 清朝时期的新疆》第 1 页)

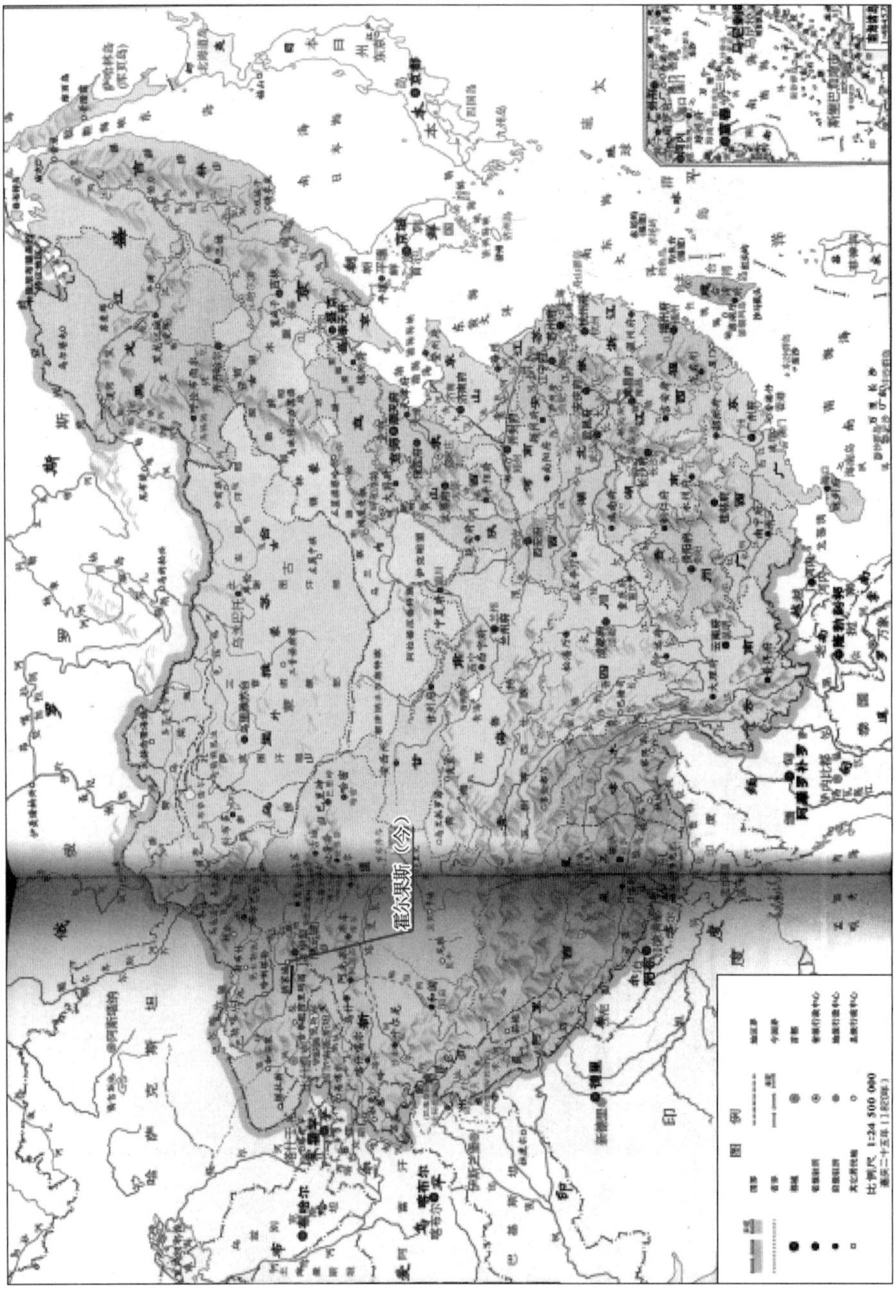

清时期的拱宸城-2（今霍尔果斯）（地图来源《地图上的新疆》第32～33页）

清时期(乾隆嘉庆年间)的拱宸城-3(今霍尔果斯)
(地图改绘自新疆霍城县惠远[镇]伊犁将军府馆藏《清乾嘉时期新疆疆域图》)

（二）歌声名曲中的"苹果城"阿力玛里——霍尔果斯

因篇幅所限，笔者在此仅以前述第三章中第三部分介绍过的，诞生于霍尔果斯当地的两首在国内外颇具影响力的著名音乐歌曲的词谱内容为代表，与读者一同分享作为特区城市最富魅力和最有特色的歌曲《草原之夜》和《毛主席的战士最听党的话》之风采，愿人们能够从中欣赏和领略到来自祖国大西北边境口岸上作为新兴历史文化名城的霍尔果斯，那些回荡在天际响彻边关的独特歌声与清纯至醇的音乐之美。

1. 歌曲《草原之夜》

（1）歌词（作词：张加毅）

美丽的夜色多沉静
草原上只留下我的琴声
想给远方的姑娘写封信
可惜没有邮递员来传情
等到那千里冰雪消融
等到草原上送来春风
可可达拉改变了模样
姑娘就会来伴我的琴声
美丽的夜色多沉静
草原上只留下我的琴声
想给远方的姑娘写封信
可惜没有邮递员来传情
可惜没有邮递员来传情
姑娘就会来伴我的琴声

美丽的夜色多沉静
草原上只留下我的琴声
想给远方的姑娘写封信
可惜没有邮递员来传情
等到那千里冰雪消融
等到草原上送来春风
可可达拉改变了模样
姑娘就会来伴我的琴声
美丽的夜色多沉静
草原上只留下我的琴声
想给远方的姑娘写封信
可惜没有邮递员来传情
可惜没有邮递员来传情
姑娘就会来伴我的琴声

（2）歌曲（作曲：田歌）

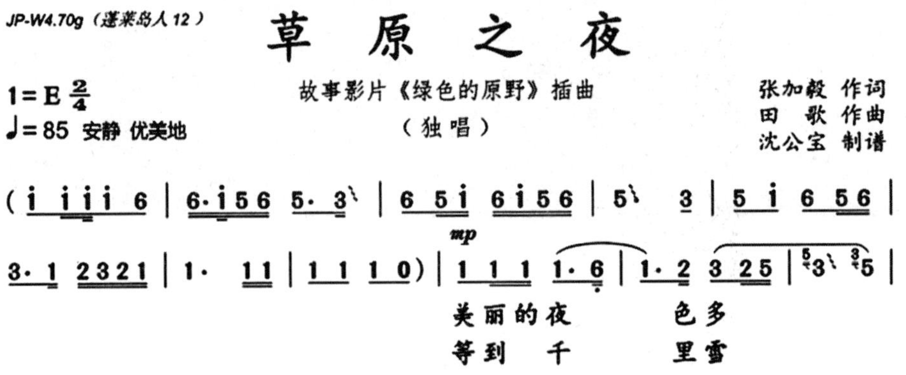

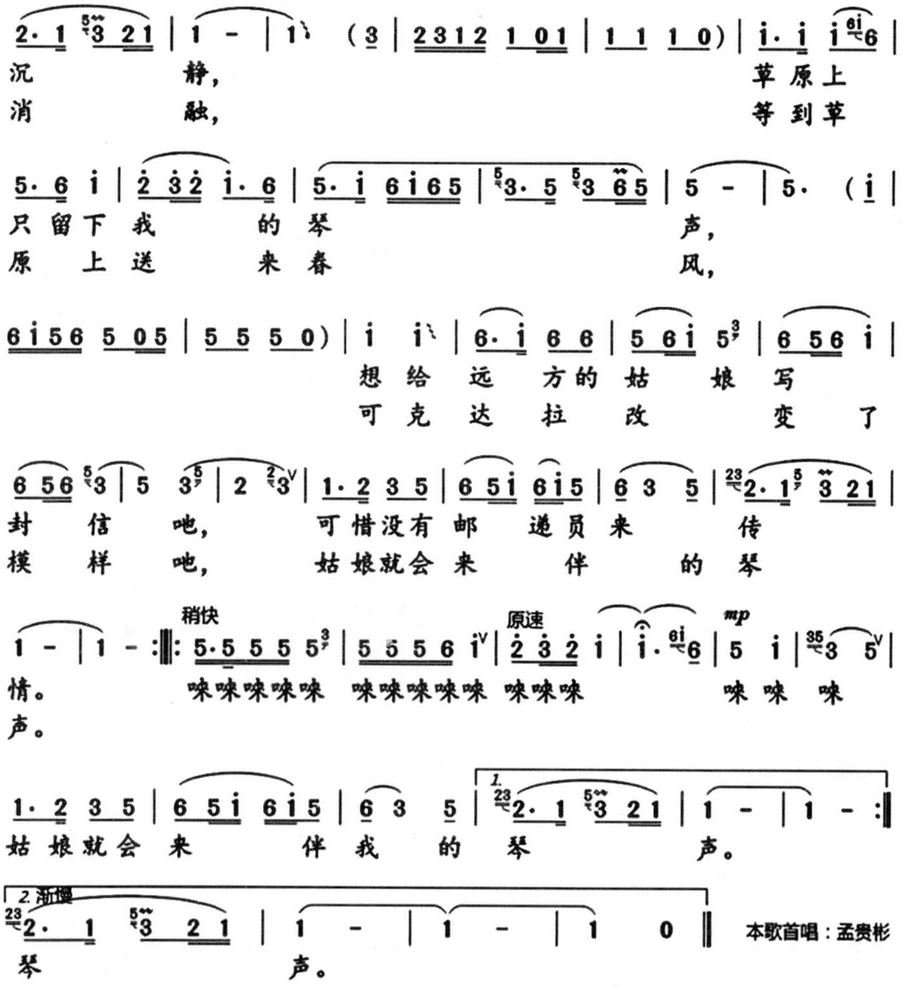

2. 歌曲《毛主席的战士最听党的话》

（1）歌词（作词：李之金）

毛主席的战士最听党的话
哪里需要到哪里去
哪里艰苦哪安家
祖国要我守边卡
扛起枪杆我就走
打起背包就出发
哎！祖国要我守边卡
扛起枪杆我就走
打起背包就出发
毛主席的战士最听党的话

哪里需要到哪里去
哪里艰苦哪安家
祖国要我守边卡
边防线上把根扎
雪山顶上也要发芽
哎！祖国要我守边卡
边防线上把根扎
雪山顶上也要发芽
哎……
毛主席的战士最听党的话

哪里需要到哪里去
哪里艰苦哪安家
祖国要我守边卡
顶风冒雪把武练
练好本领准备打
哎！祖国要我守边卡
顶风冒雪把武练
练好本领准备打
毛主席的战士最听党的话
哪里需要到哪里去

哪里艰苦哪安家	哎，祖国要我守边卡	毛主席的战士最听党的话
祖国要我守边卡	翻山越岭去巡逻	哪里需要到哪里去
翻山越岭去巡逻	敌人侵犯决不饶他	哪里艰苦哪安家
敌人侵犯决不饶他	哎……	

（2）歌曲（作曲：李之金）

毛主席的战士最听党的话

李之金词曲
吉聿制谱

1= F $\frac{2}{4}$

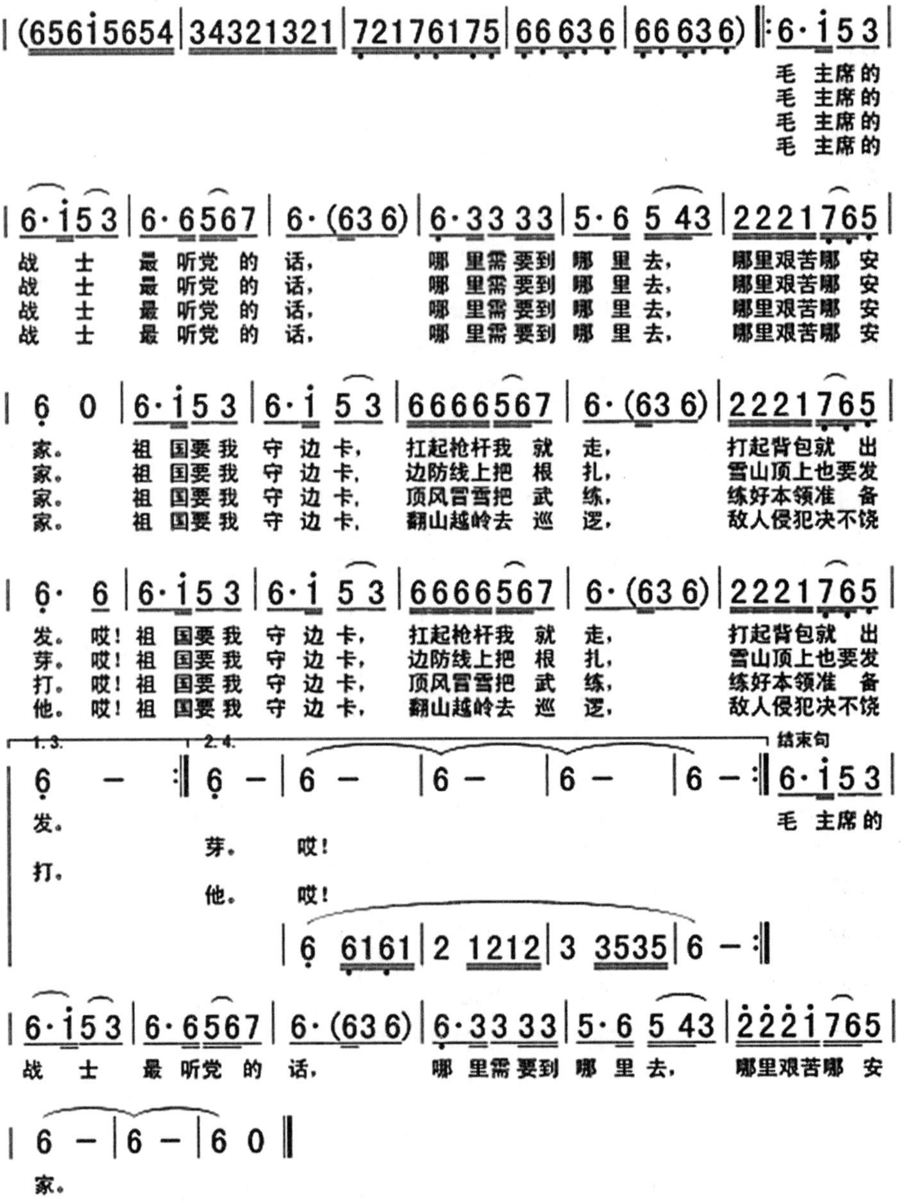

主要参考文献

[1] 陈戈.昌吉古城出土的蒙古汗国银币研究[J].新疆社会科学,1981(1).

[2] 冯素俊.中国西部百年口岸——霍尔果斯[M].乌鲁木齐:新疆人民出版社,2007.

[3] 复旦大学历史系《沙俄侵华史》编写组.沙俄侵华史[M].上海:上海人民出版社,1974.

[4] 顾颉刚,章巽,谭其骧.中国历史地图集(古代史部分)[M].上海:地图出版社,1955.

[5] 郭世忠.可克达拉草原传出的世界名曲[N].伊犁新闻网,2017.

[6] 黄达远,吴轶群.多重视角下的边疆研究——18 世纪至 20 世纪初叶的新疆区域社会史考察[M].北京:民族出版社,2009.

[7] 黄文弼.西北史地论丛[M].上海:上海人民出版社,1981.

[8] 黄文弼.元阿力麻里古城考[J].考古,1963(10).

[9] 霍城县情调查组.中国国情丛书——百县市经济社会调查(霍城卷)[M].北京:中国大百科全书出版社,1994.

[10] 基理(北京)城市规划设计公司,等.霍尔果斯市旅游发展总体规划(2016—2030)[R],2016.

[11] 江苏省城市建设规划设计研究院,江苏省城市交通规划设计研究中心.霍尔果斯经济社会发展战略规划(2014—2030)[R],2016.

[12] 江苏省城市建设规划设计研究院,苏州市规划设计研究院有限公司.霍尔果斯经济开发区(霍尔果斯园区)总体规划(2012—2030)[R],2013.

[13] 金炜,中华民族耻辱史编委会.我们怎能忘记——中华民族耻辱史[M].北京:中国广播电视出版社,1995.

[14] 李传珠.霍尔果斯口岸志(旅游业和对外贸易部分)[R].霍尔果斯,2016.

[15] 【英】理查德·奥弗里,等.泰晤士世界历史[M].深圳:希望出版社;广州:新世纪出版社,2011.

[16] 厉声,等.中国新疆历史与现状[M].乌鲁木齐:新疆人民出版社,2006.

[17] 厉声,石岚.哈萨克斯坦及其与中国新疆的关系[M].哈尔滨:黑龙江教育出版社,2014.

[18] 林鸿志,兵团第 4 师 61 团史志编纂委员会.新疆生产建设兵团史志丛书:新疆生产建设兵团第 4 师 61 团志[R].2000 年第 490 号准印证,新疆维吾尔自治区内部资料性出版物,2000.

[19] 刘迎胜.西北民族史与察合台汗国史研究[M].北京:中国国际广播出版社,2012.

[20] 吕一燃.中俄霍尔果斯河界务研究——从《伊犁条约》到《沿霍尔果斯河划界议定书》[J].近代史研究,1990(5).

[21] 马大正.新疆史鉴[M].乌鲁木齐:新疆人民出版社,2006.

[22] 苗普生,田卫疆.新疆史纲[M].乌鲁木齐:新疆人民出版社,2004.

[23] 祁韵士. 西陲总统事略(卷 5)城池衙署[M]. 台北:文海出版社,1965.
[24]【英】钱伯斯. 世界历史地图集 Chambers Atlas of World History[M]. 杨慧玫,译. 上海:三联书店,1981.
[25] 佘太山. 中国边疆史丛书——西域通史[M]. 郑州:中州古籍出版社,2003.
[26] 4 师可克达拉市文物局. 4 师可克达拉市辖区内不可移动文物[R]. 可克达拉,时间不详.
[27] 田卫疆,伊第利斯・阿不都热苏勒. 丝绸之路西域通史[M]. 乌鲁木齐:新疆美术摄影出版社,2015
[28] 田卫疆,周龙勤. 图说新疆历史丛书[M]. 乌鲁木齐:新疆美术摄影出版社,2009.
[29] 王瑟. 失落古城阿力麻里,终于找到你[N]. 光明日报,2016-2-4.
[30] (清)王树枏,等. 新疆图志[M]. 朱玉麒等,校. 上海:上海古籍出版社,2015.
[31] 王文学,62 团志编纂委员会. 新疆生产建设兵团史志丛书:62 团志[M]. 乌鲁木齐:新疆人民出版社,2000.
[32] 王彦威,王亮. 清季外交史料[M]. 台北:文海出版社,1985.
[33] 王勇,苏州科技大学课题组. 关于霍尔果斯辖区内历史文化资源受损情况严重的报告[R]. 霍尔果斯,2017.
[34] 王勇,苏州科技大学课题组. 关于亟待抢救性保护霍尔果斯辖区内历史文化资源情况的报告[R]. 霍尔果斯,2017.
[35] 王勇,苏州科技大学课题组. 关于加强国家西部边境地区历史文化资源管理的对策与建议报告[R]. 霍尔果斯,2017.
[36] 王勇,苏州科技大学课题组. 霍尔果斯历史文化旅游资源现状调研报告[R]. 霍尔果斯,2017.
[37] 王勇,苏州科技大学课题组. 加强史迹资源管理,打造支点城市文化品牌,促进边境区域经济文化可持续发展——基于霍尔果斯历史文化旅游资源调研的报告[R]. 霍尔果斯,2017.
[38] 王勇,王兆阳. "内同外通"和合精神助推国家"一带一路"建设实施//第十一届和合论坛(寒山寺文化论坛)论文集[C]. 上海:三联书店,2018.
[39] 王勇,朱昭华,王兆阳. "一带一路"倡议背景下霍尔果斯文化遗址资源的现状与开发[J]. 苏州科技大学学报(社会科学版),2018,35(5):74-82.
[40] 王勇. "一带一路"上的历史文化奇葩[N]. 苏州科技大学报,2018-11-15.
[41] 王勇. 关于开展霍尔果斯历史文化研究,建设相关系统文化工程的项目建议书[R]. 霍尔果斯,2016.
[42] 王勇. 关于挖掘和利用霍尔果斯历史文化成果,扩大霍尔果斯在国家"丝路"战略中的影响力的设想[R]. 霍尔果斯,2016.
[43] 新疆维吾尔自治区测绘地理信息局. 地图上的中国新疆[M]. 北京:中国地图出版社,2016.
[44] 新疆维吾尔自治区地图集编纂委员会. 新疆维吾尔自治区地图集[M]. 北京:中国地图出版社,2009.
[45] 新疆维吾尔自治区文物局. 新疆维吾尔自治区第三次全国文物普查资料汇编——霍城县不可移动文物[R]. 新疆维吾尔自治区内部资料准印证(2011)年 199 号,2011.
[46] 新疆文物管理局. 新疆历史文明集粹[M]. 乌鲁木齐:新疆美术摄影出版社,2009.
[47] 徐松. 新疆识略(卷 4) 伊犁舆图[M]. 台北:文海出版社,1965.
[48] 叶骁军. 中国都城历史图录(第三集)[M]. 兰州:兰州大学出版社,1987.
[49] 叶骁军. 中国墓葬历史图鉴(上、中、下)[M]. 兰州:甘肃文化出版社,1994.

[50] 叶骁军. 中国墓葬历史图录(第三集)[M]. 兰州:甘肃文化出版社,1987.
[51] 伊犁哈萨克自治州地方志编纂委员会. 新疆维吾尔自治区地方志丛书:伊犁哈萨克自治州志[M]. 乌鲁木齐:新疆人民出版社,2004.
[52] 岳峰. 丝绸之路　西域文明[M]. 乌鲁木齐:新疆美术摄影出版社,2015.
[53] 赵天杰. 开创社会稳定和长治久安新局面,打造"塞外江南"新伊犁[N]. 伊犁晚报,2018-1-5.
[54]【伊朗】志费尼. 世界征服者史(上、下)[M]. 呼和浩特:内蒙古人民出版社,1980.
[55]《中国军事史》编写组. 中国军事史[M]. 北京:解放军出版社,2003.
[56] 中国古都学会,等. 嵩山文明与中国早期王都[M]. 北京:科学出版社,2016.
[57] 中国人民政治协商会议霍城县委员会文史资料委员会. 霍城文史资料(第六辑)[R]. 霍城,2009(12).
[58] 周一良,吴于廑. 世界通史·中古部分[M]. 北京:人民出版社,1972.
[59] 朱昭华. 试论曾纪泽的中俄陆路通商交涉[J]. 西域研究,2011(2).
[60] 作者不详. 清仁宗实录[M]. 北京:华文书局,1985.
[61]【美】作者不详. 世界通史. 美国国家图书馆藏.

结　　语

得名于霍尔果斯河，地处欧亚经济板块中心位置和新亚欧大陆桥我国最西端的霍尔果斯，位于东经 80°29′、北纬 44°14′的伊犁河谷谷口。霍尔果斯也是遥远的大西洋暖湿气流能够到达的最东端，西承中亚五国，与哈萨克斯坦隔霍尔果斯界河相望，距哈萨克斯坦最大城市阿拉木图 350 千米；东接内陆省市，距伊犁哈萨克自治州首府伊宁市 90 千米，距新疆维吾尔族自治区首府乌鲁木齐市 670 千米；周边与其接壤的境内市县，北面和东北面有博尔塔拉蒙古自治州的温泉县和博乐市，东面和南面为伊犁自治州的霍城县和可克达拉市。霍尔果斯还是我国西部生态环境优良、自然地理条件最好、地缘位置最佳的中国西北地区最大的国际综合性陆路一类口岸和成立于 2014 年的新兴特区城市。

在漫长的历史发展中，近代以来的霍尔果斯，一直都是以边关重镇的口岸形象存在于人们的记忆和有关文献的记录里，成为守卫着我国与中亚国家开展经济文化交流的国际大通道和桥头堡。特别是最近几十年，这座新时代边城的蓬勃发展使古老丝路焕发了青春。霍尔果斯经历了口岸从开到关再由闭到开、公路从简陋到高速、铁路从无到有、外贸从单一向区域经济演变、口岸向城市纵深发展等一系列的沧桑巨变，显现出前所未有的快捷高速发展的态势。

在现当代国家西部大开发和“一带一路”西部核心区尤其是陆上丝绸之路经济带与边疆边境地区经济文化事业的建设中，霍尔果斯有着特殊的地位，在国际上有着重要的影响。这里是当今时代中国最长的高速公路之一，也是中国最重要的东西大动脉之一，全长 4 395 千米连接徐州、开封、郑州、洛阳、西安和兰州、乌鲁木齐、伊宁等主要城市的连(运港)-霍(尔果斯)高速公路 G30 的尽头，是始于中国最大城市上海、总长达到 4 818 千米的国道 G312(沪[上海]-霍[尔果斯])的终点和连接中国新疆西部两大口岸霍尔果斯和都拉塔、全长 90 余千米的省道 S213 霍(尔果斯)-都(拉塔)公路的起始地(零公里)，更是横跨欧亚的国际化“双西”(中国西部-欧洲西部)高速公路的起/讫点和中欧铁路班列的主要连接通道所在地，是在我国能源战略上有着特殊重大意义、作为我国首条引进境外天然气资源建设的当今世界最长(境内外全长约一万千米)的中(国)-哈(萨克斯坦)(暨中国-中亚)天然气管道的境外末站和我国管道天然气西气东输工程中亚气源的起点——“中国能源通道国门第一站”的所在，是国家在“一带一路”建设中经济高速发展的重要节点城市，是西部大开发战略中缩微版类似深圳经济特区的霍尔果斯经济特区，也是新疆维吾尔自治区与伊犁哈萨克自治州重要的经济增长极，是我国陆上向西开放的桥头堡和主阵地，是被赋予了“一带一路”、“国际口岸”等标签的国家级“丝路窗口”。

经过近些年的快速发展，霍尔果斯以国门口岸树立的良好形象早已深入人心，吸引了海内外的极大关注，也是当地民众引以为骄傲的根本所在。但囿于种种原因，一旦人们论及城市的文化，却少有表现自信的，因为对霍尔果斯实际拥有的极为丰厚的历史文化资源，不是熟视无睹视而未见，就是无从知晓甚或忽略；因此在每年数以百万计的外来游人眼里，霍尔果斯尚属一个文化底蕴不足的边关重镇，或仅为国家和地区发展经济所需的边陲商贸之地或欠缺人文历史的新兴口岸而已。每年到访这里的众多游客和出入境人员，除为国门的形象和边境贸易吸引或受到以中哈国际边境合作中心代表的经济利益所驱使外，似鲜有因慕其厚重的人文历史之名，被其深沉、丰富的文化旅游资源（特别是在元（明初）时期作为东西方文化交汇地，辖区内有一座享誉世界的亚欧历史名城、也是中亚地区政治、经济和文化中心古都的王城阿力麻（玛）里）所吸引而来之人。

现在，通过本书对特区城市史迹遗存有关情况所做抛砖引玉的略解和基本文明架构的介绍，相信读者已能清楚地看出，虽然霍尔果斯以市为名的时间很短，但其人文历史的基本脉络已相当清晰。作为因故与边疆史研究初结良缘的新兵而非史学研究的专业人员，笔者在研究与学习过程中，用多角度多方位新视域内呈现的史迹遗存现象和在归拢、编撰、梳理有关图片资料信息间相互关系时的大胆探索，尤其是针对不同时期当地有代表性人文遗迹所属不同年代和特性、按其内在时序要求和文物特点进行编排后，做出的以文明年代主线串接和初略分析，以及诸多反映其各个不同侧面的照片和相应图表的展示与说明，似应已找寻到了各个信息（载体）间内在的主要联系，初步展现了边关重镇和特区城市自身独有的极具当地特色的人文历史脉络，基本还原出了霍尔果斯独具特色的历史文化风貌。目的所在正是笔者写作唯愿读者了解的内涵——这座看似新兴、表面上历史与文化乏陈的内陆边陲新城，实则有着十分厚重的历史文化积淀。

自信源于积累，霍尔果斯在古城新市的经济与文化事业建设中要增强文化自信，在为国家守护和建设好绿水青山自然疆土的过程中要同时守护和建设好宝贵的不可再生的文化国土，积极创新文化积累的方式应是必经之路。而最好、最快、最有效的方法就是对不可再生的历史文化资源基于尊重、保护、引导、利用的基本原则，以只争朝夕的精神，采取有力的措施，坚决避免边疆历史文化遗产正因保护不力而逐渐离我们远去的现实不可逆转地发生。故而，首先应抓紧做好的是对域内（外）具有深厚历史底蕴和丝路人文积淀的有关历史文化遗存资源的抢救性保护和发掘，这是增强特区新城文化自信最为便捷可行的文化积累途径，也是一个用现代项目管理方法按系统工程要求应该和可以做成的、功在当代利于后世的大事、善事和要事、急事。① 因此，如今的霍尔果斯在发展经济的同时，面对厚重的城市人文资源和严峻的文物保护形势，尽最大的可能及时救助和积极保存保护与利用好这些宝贵的历史文化积淀来更好地建设和发展城市已势所必然。搞好霍尔果斯

① 王勇：《关于加强国家西部边境地区历史文化资源管理的对策与建议报告》[R]，霍尔果斯，2017 年 10 月。

的历史文化资源保护和适当利用的意义重大，发展基于历史文化资源保护和开发利用的文化事业与相关产业，将提升霍尔果斯未来的社会经济发展水平和特区城市的文化品位及其在国家"一带一路"核心区建设中的城市地位。

在这方面，以苏州为代表的内地古城保护及国内外其他地区对历史文化资源的开发利用所具有的国际视野和前瞻性文物保护理念和先进观点与许多成功的案例和经验，可为霍尔果斯的文化经济发展提供有益的借鉴和启发。其中，汲取东部发达地区在城市高速发展中对历史文化资源"边发展边破坏—再保护重建"的教训，摆脱"先经济后文化"的落后模式，让文化产业与经济并重发展，在城市建设之初就综合性的做好规划搞好布局，保护好文物资源，重视适当地开发和利用，减少资源浪费和资产损失的做法就很有参考价值。若此，霍尔果斯搞好始于文保开启的、为文化经济及其产业建设打好理论基础的有关本地历史文化研究，进而衍生出建设成龙配套的系列文化产业，发展文化经济，则条件优越得天独厚。而文化产业的发展，又将成为特区城市建设的新亮点和经济增长点，影响并辐射沿线地区和中亚国家。

在此，笔者十分真诚地热烈希望①国家能在"一带一路"新丝路经济带建设的大背景下，吸收最前沿的文保理念，借鉴国内外类似环境下行之有效的文物保护与管理制度，尽快牵头制定符合地区实际、有长远发展目标分层级的国家边疆文化发展建设战略规划，实施"文化丝路"战略，发展相关文化产业，以此为新丝路经济带核心区的建设和发展提供源自当地历史文化的不竭内生动力。同时，建立中央与地方、地方各行政主体共同参与、兵地融合一体化发展的联动管理体制与机制，明确各个机构的牵头单位及其守护和开发利用有关文化国土资源的责权利，分担国家边疆边境文化发展建设的战略规划与设计，使历史研究、考古发掘、古迹遗存等文物的保护和适当开发利用等真正地落到实处，将丰富的历史文化资源尽快地适当转化为推进边疆边境地区经济与文化可持续发展的现实生产力，成为一个未来可支撑当地经济持续稳定健康和谐良性发展的新增长极，增强当地民众对中华文化与东方文明的向心力、凝聚力和辐射力，实现口岸城市所在地经济与文化"双轮"驱动下两个建设并重的弯道(或换道)超车与跨越式发展。

具体到霍尔果斯这座已跨越千年几经兴废的历史文化名(古)城和边关重镇，争取在国家、自治区和地方(州、市)支持下，基于文物保护的前提，以阿力玛里的史迹考古发掘及相关研究与文化产业建设为抓手，尽快启封和发掘这颗蒙尘太过久远的丝路明珠的价值，将(蒙)元学或(察合台)汗国(史)学、西域蒙元史迹(汗国王城)考古研究及相关研究基地建设，与当地以发展历史文化旅游为载体的文化产业(如相关景观与设施平台及下游配套项目等)建设有机地结合起来，在抚去历史尘埃的过程中，让千年驿站百年口岸的边关重镇霍尔果斯这座年轻而古老的特区新城获得前所未有的文化自信，为城市未来长久可持续发展注入不竭的文化动力！

---

① 王勇:《加强史迹资源管理 打造支点城市文化品牌 促进边境区域经济文化可持续发展——基于霍尔果斯历史文化旅游资源调研的报告》[R]，霍尔果斯，2017年12月。

为此，特别建议在抢救性保护的前提下，放眼十年至三十年甚至更长的时间，国家和地方各级政府可以围绕霍尔果斯的历史文化资源情况，分层级地大胆规划出在不同时期不同层次上的区域文化发展战略（目标）——如以建设（成）历史文化名（古）镇或历史文化遗产为目标，将阿力玛里（故城）短期规划为市、州级，中期规划建设成自治区级和远期规划建设成国家级，最终实现建成世界历史文化遗产的目标。则国家和（自治）区、州、市（县）将由此获得因建设历史文化名（古）城和挖掘历史文化遗产所创造的包括产、学、研（考古）等成龙配套的边疆地区新兴多业态全链式文化产业，在国家推进的“一带一路”西部核心区建设中，造就出由文化产业支撑的新经济增长极，在助推城市繁荣与发展中，除口岸外贸型经济支柱外，增加有自生造血功能的文化产业，使特区城市形成经济与文化双轮驱动、双翼齐飞、可持续稳定健康发展的良性新格局，不断提升边疆古城新市霍尔果斯在国家西部大开发和“一带一路”核心区建设中从节点到支点的城市地位，打造“苹果城”新名片，把霍尔果斯古城新市早日建成享誉海内外、经济文化繁荣、人民乐居富足、社会和谐安定的现代化国际明星之城，依托内地和背靠祖国的强大经贸实力，以自身深厚的历史底蕴和奇葩般瑰丽灿烂的文化，影响周边国家、辐射中亚地区，重放历史文化名城的异彩，重塑现代“苹果城”繁荣昌盛新的辉煌。

此外，考虑到伊犁州府所在地伊宁市是国家西部重镇和历史文化名城，具有全州政治、经济和文化区域中心的优势，近年来在引领自治州建设“塞外江南”新伊犁[①]的发展中成就斐然，结合两市距离不足百公里，拥有高速公路和多条（对外开放的）国道、省道，以及铁路和规划将未来建设的高铁（高速铁路）和机场（伊宁市机场和霍尔果斯通用机场［规划建设］）等的便捷交通情况，笔者更是希望并建议该地区汲取长三角、珠三角等地已有区域“经济-文化”名城联动、统筹规划布局、补（错）位协调发展的成功经验，进行该区域霍（尔果斯）—伊（宁）经济—文化圈（带）的总体规划设计，基于两座古城及其历史文化资源保护与利用的要求，在发掘老祖宗留下的历史文化之“铂山”，推进当地自然生态环境绿水青山“金山银山”的建设中，积极搭建“文化—旅游—经济—贸易”的大平台，通过开拓霍—伊区域经济文化圈（带），打造类似东部沿海“沪（上海）—苏（州）”或“广（州）—深（圳）”双（名）城“经济—文化”联动发展模式、具有“塞外江南”新伊犁直观形象感的霍（尔果斯）—伊（宁）双（名）城陆上新“沪—苏”或新“广—深”概念的经济文化圈（带），建成“历史文化＋青山绿水”的“塞外江南”。

至于有关的实务操作，似可以伊宁-霍尔果斯区域的历史文化资源保护为前提，基于良好的自然条件与悠久的历史积淀，将两市经济-文化圈（带）区域内不仅拥有塞外江南自然美景，也有众多史迹遗存和王陵故城，既有口岸城市的边境风光，更具区域中心优势和国际贸易繁华景象的丰富旅游资源，以文化产业建设为抓手，以文化与景观旅游为切入点，以项目（成熟一个开展一个）建设为载体，以具（体形）象化的内地“双（名）城经济-文化联动发展”模式为参照，兵地统筹、依规有序、渐次推进，形成“文化-旅游-经济-贸易”交错

---

① 赵天杰：《开创社会稳定和长治久安新局面 打造“塞外江南”新伊犁》[N]，伊犁晚报，2018-1-5.

发展、相互融合的霍-伊经济文化圈(带),为国家向西开放的边疆和特区城市“一带一路”核心区建设不断注入拥有自身(历史)文化动能的新活力。

笔者深信,在目光极为深邃、胸怀极其博大、又能聚集一切力量成就认定目标所致伟大事业的我们党坚强统一的领导下,通过这样一系列的文化经济和建设活动,在历史与未来的交汇处,在传统与创新的融合地,在深植于口岸城市这片土地上历久弥新、开放、包容、奋进、共享精神的激励下,在新时代不断迈向“一带一路”西部核心区重要支点城市灿烂未来的霍尔果斯特区,边关重镇将在建成新兴历史文化名城的同时,成为国家向西开放和“一带一路”沿线地区中华文化建设的楷模,成为守卫和建设好祖国西部文化国土的光辉典范。而基于拥有厚重历史文化底蕴生长出来的文化自信和文明自觉,终将使霍尔果斯成为一个可奏响世界新经济文明主旋律与文化交融新乐曲最强音,一个在海内外无论是面向东方还是西方,也无论是经济还是文化,都能既打开新疆、中国,也能打开东(中)亚和世界开放之门的地方!在守护好利用好的伟大祖国边疆文化国土上,增强了文化自信和文明自觉的“塞外江南”新伊犁的各族人民,一定会谱写好祖国边疆有鲜明地域特色、文化经济与建设事业和谐健康可持续发展的美好新篇章,人们也会不断刷新对霍尔果斯古城新市和边城伊宁以及国家西部边疆边境地区的观念和认识,共圆建成“一带一路”繁荣昌盛现代化祖国的伟大“中国梦”!

后　记

呈现于读者面前的本书，很大程度上应算作是笔者用心和双脚在援疆助霍期间围绕所在城市的历史文化问题，从资源性项目管理的角度，经踏实丈量过有关史迹现场并进行了较为深入系统地综合研究后所获得某种客观认知的一部还愿之作。

20 世纪 60 年代初，即迄今为止的 56 年前，笔者作为新中国艰苦创业第一代石油工程师的后代，也是作为刚刚全程开通运营的兰新铁路最早的幼儿乘客之一，在母亲和外婆的肩背手牵之下与王进胞弟一起从遥远的出生地，号称天府之国的聂荣臻元帅故乡四川江津辗转来到了国家在“一五”初期发现的新中国第一个特大油田——北疆克拉玛依油城，从此与祖国的西域结下了不世情缘——其间沐浴着边疆文化的雨露滋润，曾有过 15 个年头在新疆边城经历风雪洗礼和启蒙成长的生活，后折返内地参加了多起国家级石油大会战等重要的石油工程建设，并最终落户于所谓人间天堂的国家历史文化名城之江南高校从事教学科研与项目管理工作。眨眼间匆匆过去了整整 40 年，心心念念的斗转星移中，曾多么希望有机会能以自身所学再返这片曾养育过自己的故土略表回馈之意。十分幸运地是 2016 年 5 月笔者偶闻伊犁州在南京发布的有关消息后经积极争取，很快就作为柔性引进的紧缺型专家入选并最终参与到江苏对口支援新疆伊犁哈萨克自治州的建设工作中。这个意外创造出的平台终于使笔者有机会实现圆梦新疆、回馈西北故土的愿望！弹指间又是长达一年半倏忽已过的三个年头，回首援疆的历程，能在边陲新城——这座历史上曾两度存废过王城都邑的土地上尽己所能地为国家西部大开发战略和“一带一路”核心区建设的实施，为口岸特区城市的建设和发展略尽绵薄地做点实实在在的事情，真正是还了自己深藏内心多年的夙愿！

自从当初来到作为江苏省对口援疆的伊犁州和苏州市对口援疆的受援城市——地处“一带一路”战略核心区重要节点、居于我国向西开放桥头堡位置、成立于 2014 年的边境口岸特区新城霍尔果斯市，笔者在从事有关建设项目管理业务的活动中，因项目前期工作的业务要求和后来的课题研究需要，曾多方接触和了解到了许多有关这座新兴边陲城市的过去和现在的一些情况，深深为这片现拥 1 908.55 平方千米国土面积、曾存有在人类文明社会发展史上发出过耀眼光芒的著名古代王城阿力玛里的土地上，步履所及之处无不蕴藏着十分丰厚的历史文化宝藏而被深深地吸引和受到强烈地震撼！非常希望能有机会将自己在此期间工作和学习与研究过程中，特别是通过严细认真的课题调研分析所了解和获得的关于这座实际应为边陲古城新市的过去与现实情况和有关成果与最新认知分享给更多的人们！作为笔者学习和研究的收获向读者奉上的一份薄礼，也是援疆助霍工作期间所取得初步成果的一部分，献给读者的这本以图片为主的文集即是其间自己所学所思及所从事有关研究后主要结论的表达。如此，也可以说，本书是自己参与援疆工作的一个小小的心得与总结。是自己为国服务40多年后人生旅途即将发生转折前，在职业生涯中做过的另一件最有价值的事情和最有意义的纪念。

笔触至此，我禁不住要向两年前曾坚定支持儿子来霍援疆却在不久后就因突发心梗撒手人寰而未能见上儿子最后一面的耄耋老母表达深深的歉疚和痛彻心肺的终身遗憾之情！愿此书的出版能略微告慰为新中国曾在疆艰苦创业、为奠基和开拓新疆石油工业奉献了全部青春和热血、早在38年前就已不幸因公去世的生父王生(王仲光)和生母钟淑昭的在天之灵，呈上此作权当小小的祭奠，敬(谨)祈双亲和先人们见谅！

而作为在援疆助霍事业上完成的一项工作任务，自己在为其间的坚持感到无愧和欣慰的同时，特别为派出与接受笔者参加援疆工作的有关单位深表感激！正是苏州科技大学和苏州对口支援伊犁州霍尔果斯前方工作组、中共霍尔果斯市委组织部与市政府住房和城乡建设局，一再将原定半年时限的柔性援疆工作在本人同意的情况下，于到期后两度再三地延长，并将业务工作的重点内容适时地从原来的建设项目管理转到历史文化系统工程的前期研究上，由此让笔者获得了更多宝贵的实际学习、深入研究和进行系统思考的机会，并从中真正洞开了自己的眼界，确确实实是获益多多，感触深深！而今天看来为此所付出的一切，不论是经历的困苦还是曾受过的磨难都已是物有所值甚或物超所值了。

为此，笔者衷心感谢给自己提供了如此良机的苏州科技大学和苏州对口支援新疆伊犁州霍尔果斯市前方工作组的领导，特别是苏州对口援疆霍尔果斯前方工作组的前后两任组长——时任中共霍尔果斯经济开发区管委会韩江副主任和中共霍尔果斯市委陈东安副书记，正是他们高瞻远瞩的及时正确决策，才使得这项关乎江苏与苏州未来文化援疆和受援地文化发展的基础性调研活动，能够顺利成为当年苏州对口援疆的亮点工作任务并得到有效地推进。很难设想，如果没有他们当初果断的决定性支持和持续性的帮助与鼓励，本项研究与踏勘查实工作很可能不是胎死腹中就是早已中途夭折了！感谢中共霍尔果斯市委组织部、市住房和城乡建设局与市旅游局的各位领导，没有他们的鼎立支持和无私的帮助，要完成这项任务艰巨、业务量繁重的调研工作并取得最终的研究成果也是无法想象的。

成书之际，为有幸能邀请到曾于课题调研中有过诸多指导帮助和支持与鼓励的我国著名新疆智库权威专家、中国社会科学院研究生院中国边疆历史系教授、博士生导师、现任中国社会科学院中国边疆研究所新疆研究室主任的许建英博士，欣然拨冗为本书不吝赐文作序予笔者以极大地鼓舞和鞭策深表感谢！感谢苏州寒山寺文化研究院副院长、苏州科技大学蒙元史专家董粉和副教授于百忙中抽空审阅了早期的书稿并提出了许多中肯而宝贵的修改意见；感谢课题组重要成员、苏州科技大学人文学院教授、在边疆史研究方面卓有建树的史学专家朱昭华博士不辞辛苦、理性认真地多次帮助笔者逐一厘清和确认有关西北边疆历史脉络方面的重要认知；感谢著名的新疆社会科学院新疆人文史与考古学老专家、前新疆龟兹石窟研究所所长陈世良研究员在遗迹辩识和年代划分与新疆人文史略等方面给予笔者的重要指点和系统性梳理；感谢苏州科技大学的历史与旅游学也是中国古墓葬研究的老专家叶骁军教授，以及学校环境工程学院副院长、测绘专家张序教授和环境工程学家陈亢利教授及其研究生丁旻炜同学，还有霍城县文物管理局的陈利民等同志和我的胞兄王强等在有关咨讯与地图注释（改绘）等方面给予笔者的诸多宝贵帮助；感谢援疆以来始终指导支持、关心鼓励和积极帮助笔者做好有关国家边疆边境史迹调研与信息反映工作的原苏州科技大学党委书记、现任苏州大学党委书记的江涌教授和苏州科技大学王荣庆副书记；感谢助力启动了本书出版发行工作的苏州对口援疆霍尔果斯前方工作组副组长兼霍尔果斯市委组织部副部长的张伟同志以及在霍尔果斯市引智事业中竭心尽力帮助援疆干部做好工作的人才办主任路先兴等领导同志。感谢本书出版单位东南大学出版社，正是以马伟老师为代表 的众多编辑同志，积极努力的推动和恪尽职守、严细认真、反复审校、诚实敬业的工作，才使作者的最终研究成果能在短期内很快转化为正式的出版物荣登各地新华书架，充分体现出出版界对"一带一路"文化建设事业和援疆工作的大力支持，对促进边疆文化事业繁荣和发展做出的特殊贡献。

值此本书付梓之时，研究与写作中始终萦绕笔者脑际的一幕幕调研过程的生动画面，终于可借用文字向那些关心、支持和帮助过自己的亲友们表达由衷的谢意和真挚的感谢！

首先，我要特别真诚的感谢在那段前后长达一年多的持续性调研和野外踏勘中，多次顶风冒雪、栉风沐雨、不辞辛劳为笔者提供了无私帮助和重要信息支持的当地向导和各民族的护边员与基层领导同志。他们中有提供了诸多重要资讯的新疆生产建设兵团第 4 师 61 团场的杨利涛连长和霍尔果斯市莫呼尔乡的哈萨克族老村干耶尔肯别克，有刘春功、赛里克、哈那提、沙地克、沙山别克以及景贵民、徐冬红、姚美坤、雷新玉和霍城县文物局的陈利民等同志，感谢在文史资料收集过程中主动提供了重要参考信息与史实故事和资料帮助的人们，其中既有霍尔果斯口岸管理委员会退休的老领导李传珠书记，也有令我尊敬的在兵团屯垦戍边事业中默默奋斗和奉献了一生的团场退休干部 62 团的王维金和 61 团的沈光尧等老同志，还有曾在驻霍城的兵团 64 团场从事过历史教学工作并对当地人文史有一定研究的丁巴图（晓乐）老师和兵团第 4 师原文联何金良主席、霍尔果斯国际文旅公司黄利苹董事长，以及在现场调研与实际寻访过程中为笔者提供了切实帮助与具体指导的霍尔果斯市政府现任水利林业局（时任住建局副局长）的吴新局长和初期作为主要向导、助手的市住房和城乡建设局的李辉同志等，对在调研中后期提供文物资讯与交通工具上帮助最大、早已年逾花甲却几乎一路都以志愿者身份伴随左右、默默地一直在为所热爱和守护的边疆故土及其文物保护事业大义担当献计出力、不畏艰险无私奉献、课题组幸遇的当地退休干部、原霍尔果斯口岸气象局首任局长史建新老同志，笔者要特别致以最崇高的敬意和深深的感谢！感谢长年驻守边关的人民子弟兵——那些一直在为祖国无私奉献着青春热血和忠勇赤诚的解放军边防部队的指战员同志们，如果没有这些同志提供的有关当地史迹遗存等方面的第一手现场重要信息，再美好的愿望也很可能早已化为了泡影。同时对写作过程参阅和借鉴过的以著名作家和记者郭士忠和王瑟，以及冯素俊等同志为代表的国内外诸多著述和文献资料等的作者和出版者致以深深的谢意！最后，作为抚慰自己内心歉疚的方式，尤为感激在遂愿完成援疆助霍任务和成书期间于无声中辛苦付出、倾心奉献并参与了部分现场踏勘及部分文稿校改与撰修工作、提供了背后坚强支撑和全方位帮助的课题组另两位重要成员与家人及其他点拨过笔者的人们，是陈延辉、王兆阳等一路不弃的忠实陪伴和理解支持才让笔者最终一步步坚持走到了今天！

有幸能在一座看似兴废久远甚或泯灭多年、实则却积淀着极为厚重历史的祖国西北边陲的土地上，亲手以钩沉的方式粗略记录下一些或多或少，或可算作当地标志性遗产或遗存的情况，并在有关研究报告、论文和所摄图片基础上汇编整理成本书，以供后来者进一步研究、参考或借鉴与品评，真正需要感谢的人实在是太多了，限于篇幅恕难在此逐一提及和完全表达，谨祈能够得到友人们的谅解！

总之，不论是在项目落实和课题研讨的过程中，还是在进行有关霍尔果斯历史文化问题的调研现场与对照踏勘查实的工作里，以至最后写作与成书的经历，都使笔者深深地感到，个人的力量十分微薄，一己之力实在渺小，微不足道的努力，其结果很大程度上也只是在关键之处起了一点非常有限的作用——于无声表达历史事件的各种遗迹或遗存的现象中找出相互联系、发现和最终串接起各个事件或因素间实际存在着的某种内在的客观规律而已。故而，创作本书的最大祈望就是能够为国家西部大开发和“一带一路”核心区文化建设抛砖引玉，愿能因此吸引来更多对祖国边疆文化有爱心和感兴趣的人们今后能有机会或创造机会参加到这项关乎边疆文化发展有意义的幸事中来，不断献计（技）出力，为不断丰富和发展特区城市的文化，更好地建设国家“一带一路”核心区的经济和文化事业，在尽心尽责建设、保卫和守护好祖国边疆文化国土、不断提升特区文化品位和城市地位的过程中，积极讲好中国故事，尤其是讲好“霍尔果斯—阿力玛里”作为“一带一路”上连接国内外陆上丝路重要驿站古城新市的故事，夯实和打牢边关重镇的文化建设基础，发掘和供足发展当地文化经济（的素材）资源，发现和共享越来越多客观、真实、可信、有益的本土文化养料。以此人文情怀，不断温暖和滋养祖国西北边陲曾闪耀过历史文化瑰丽光芒的这块宝贵名城圣土。

最后，笔者愿借用曾读到过的一段文字，略表促使自己最终动笔写作本书的心声：我们中国一直以来都是一个奋力向上的大国。五千年前我们曾和埃及人一样面对洪水；四千年前我们曾和古巴比伦人一样把玩青铜器；三千年前我们和希腊人一样思考哲学；两千年前我们和罗马人一样四处征战；一千年前我们和阿拉伯人一样无比富足；当今时代我们正和傲慢的美利坚人一较长短！只是五千年来我们一直都在世界的牌桌上，而我们的对手却已经换了好几轮——这就是笔者作为炎黄子孙愿竭尽绵薄、为之倾心献力值得骄傲的祖国！依靠自身博大精深却永不拒溪流、有能纳百川无限包容的潜能和不畏险阻勇敢前行、吸收人类文明进步最强大的文化融合伟力，始终自信地巍然屹立于世界民族之林！